Handwörterbuch
der
Kriminologie
und der anderen strafrechtlichen Hilfswissenschaften

unter Mitberatung von

Professor Dr. Graf Gleispach, Berlin / Generalstaatsanwalt i. e. R. Dr. Hafner, Karlsruhe / Oberverwaltungsgerichtsrat Dr. Hagemann, Berlin / Reichsgerichtsrat Dr. Hartung, Leipzig / Professor Dr. Kohlrausch, Berlin / Professor Dr. Müller-Heß, Berlin

herausgegeben von

Alexander Elster und **Heinrich Lingemann**
Dr. jur. in Berlin — Landgerichtsdirektor in Köln

18. Lieferung
Vernehmungstechnik — Warenhausdiebstahl

Berlin und Leipzig 1936
Verlag von Walter de Gruyter & Co.

Inhalt der 18. Lieferung

Interesse einer wirksamen Verfolgungstechnik. Die polizeiliche Vernehmung von Kindern und Jugendlichen steht wie die Vernehmung Erwachsener überhaupt unter anderen gestaltenden Prinzipien als die gerichtliche.

Der ÖJustMinErl. vom 1. II. 1907 Zl. 2801 über die Vernehmung jugendlicher Personen als Zeugen im Strafverfahren empfiehlt, die sonst vorhandenen Beweise früher aufzunehmen, bevor zur Vernehmung jugendlicher Zeugen geschritten wird, weil diese dadurch oft überflüssig wird und die Glaubwürdigkeit der Personen, die sich auf jugendliche Zeugen berufen, geprüft werden kann. Auch wird dort dem Richter nahe gelegt, sich nicht auf die einfache Wahrheitserinnerung (ÖStPO. § 165) zu beschränken; er hätte sich vielmehr zu bemühen, dem jugendlichen Zeugen die Tragweite einer gerichtlichen Aussage und die strafrechtliche Verantwortlichkeit in einer dem Bildungsgrad und der Fassungskraft des Jugendlichen gemäßen Weise verständlich zu machen.

IV. Die Beschuldigtenvernehmung.

1. Einstellung des Vernehmenden. Die Verfolgungsorgane befinden sich während des Ermittlungsverfahrens in Suchereinstellung, die sich auf alle irgendwie verdächtigen Personen erstreckt; sie ist eine Überführungseinstellung, solange der Verdächtigte oder Beschuldigte leugnet; sie geht in eine Verständniseinstellung über, sobald der Verdächtigte gesteht; sie geht in das Gefühl der Genugtuung über den erlangten Erfolg des Geständnisses und über die Erleichterung der Arbeit über. Das Leugnen der Tat, das nach dem geltenden Parteiprozeß dem Beschuldigten in allen Stadien des Verfahrens freisteht, führt beim Vernehmenden mitunter zum Unwillen, Zorn oder gar zu einem Vergeltungsbedürfnis, besonders gegenüber dem hartnäckig und wider bessere Einsicht leugnenden Beschuldigten. Eine derartige Einstellung des Vernehmenden ist der Herstellung des seelischen Kontaktes mit dem Beschuldigten abträglich und verfälscht das Ergebnis. Das Prozeßverhalten des Beschuldigten muß ruhig aufgenommen werden; hat doch der Vernehmende die biologische Technik an der Hand, um das Verhalten des Beschuldigten zu beeinflussen. Der Vernehmende hat mit Anstand und Gelassenheit (ÖStPO. § 198) vorzugehen; er hat sich zu hüten, die Vernehmung als Vorwurf oder als Entschuldigung zu gestalten.

Die österreichische Justizverwaltung hat in den Erlassen vom 3. XI. 1892 und vom 12. IV. 1907 den Vorsitzenden in der Hauptverhandlung ausdrücklich ein mit dem Ernst der Sache und der Objektivität der Rechtspflege vereinbarliches Verhalten bei der Vernehmung zur Pflicht gemacht. Der Angeklagte soll nicht von vorn herein als bereits überwiesen behandelt werden; menschliche Schwächen, die mit der Tat nicht zusammenhängen, sollen nicht in gesuchter Weise hervorgekehrt, die Antworten dürfen nicht mit höhnischen, ironischen oder mißgünstigen Bemerkungen begleitet werden; derartiges oder auffahrendes oder rauhes Verhalten kann unnötige Konflikte heraufbeschwören, Leidenschaften erwecken und das Urteil trüben. Ebenso sehr ist auch Leutseligkeit und Familiarität, insbesondere bei weiblichen Angeklagten, unangebracht und mit dem humanen und einsichtigen Geiste unvereinbar, in dem die Leitung der Verhandlung erfolgen soll.

2. Vorbereitung der Vernehmung. Sowohl die Vernehmung des Beschuldigten zur Sache wie die zur Erkenntnis seiner Persönlichkeit bedürfen einer Vorbereitung durch das Aktenstudium vor der Vernehmung. Während im Ermittlungsverfahren nur die Anzeige und die Protokolle über frühere Vernehmungen zu Grunde zu legen sind, kommen im weiteren Verlauf die im Auszug aus dem Strafregister angeführten Verurteilungen, die Zeugenaussagen über den Leumund, die Leumundszeugnisse der Gemeinde oder der letzten Aufenthalts- und Sicherheitsbehörde, das psychiatrische Gutachten sowie die Tatbestandsaufnahmen bei sachlichen Beweisen in Betracht; so ist das Studium der Akten, das dem Vorsitzenden als Verhandlungsleiter obliegt, am umfangreichsten.

3. Einstellung des Beschuldigten. Den Beschuldigten kennzeichnet seine prozessuale Situation. Er ist derjenige, gegen den der Verdacht der strafbaren Handlung spricht; er ist als Partei in der gerichtlichen Voruntersuchung und im Hauptverfahren zur Angabe der Wahrheit nicht verpflichtet; trotzdem weist die ÖStPO. § 199 den Untersuchungsrichter an, auch den Beschuldigten zu ermahnen, daß er die ihm vorzulegenden Fragen bestimmt, deutlich und der Wahrheit gemäß beantworte. Jedoch dürfen auch nach der ÖStPO. § 202 weder Versprechungen oder Vorspiegelungen noch Drohungen oder Zwangsmittel angewendet werden, um ihn zur Aussage überhaupt oder zu einem Geständnis zu veranlassen. Die RStPO. § 136 hat die erste richterliche Vernehmung noch freier gestaltet, indem sie vorschreibt, den Beschuldigten zu befragen, ob er etwas auf die Beschuldigung erwidern wolle. Damit und durch die Vorschrift, daß dem Beschuldigten Gelegenheit zur Beseitigung der gegen ihn vorliegenden Verdachtsgründe und Geltendmachung der zu seinen Gunsten sprechenden Tatsachen gegeben werde, erhält die erste

richterliche Vernehmung den Charakter einer Entlastungsvernehmung. Das Gleiche gilt nach der ÖStPO. § 203, die zwar dem Beschuldigten ausdrücklich die Verweigerung der Aussage freistellt, aber den Richter verpflichtet, bei Antwortverweigerung, Simulation von Taubheit, Stummheit, Wahnsinn oder Blödsinn den Beschuldigten darauf aufmerksam zu machen, daß sein Verhalten die Untersuchung nicht hemmen und daß er sich dadurch seiner Verteidigungsgründe berauben könne. Diese richterliche Vernehmung steht im Gegensatz zur Vernehmung durch den Staatsanwalt und die Sicherheitsbehörden; diese wird trotz der Pflicht zur Erhebung der entlastenden Beweise infolge ihres Prozeßzwecks zur Belastungsvernehmung. Ein Zwang durch Versprechungen oder Drohungen ist schlechterdings untersagt. Dies schließt allerdings nicht aus, daß bei überwältigendem Belastungsmaterial der Richter (Untersuchungsrichter und Vorsitzender) dem Beschuldigten eine Gewissenserleichterung durch ein Geständnis nahe legt. Immer ist die Verwertung des Prozeßverhaltens zur Erschließung der materiellen Wahrheit geboten. Der Beschuldigte ist in Deutschland besonders dadurch geschützt, daß die Anwendung von Zwangsmitteln, um Geständnisse oder Aussagen zu erpressen, mit Zuchthaus bis zu 5 Jahren bedroht ist; in Österreich kann Amtsmißbrauch, wenn Schädigungsabsicht gegeben ist (§ 101 ÖStG.), oder Erpressung (§ 98 ÖStG.) vorliegen.

Ist somit der Beschuldigte auf der einen Seite infolge Wegfalls eines äußeren Zwanges zur Wahrheit rechtlich freier gestellt als der Zeuge, so ist er dennoch innerlich unfreier. Ist er schuldig im Sinne des Verdachtes oder der Anklage, so hat sein Selbsterhaltungstrieb stets gegen den Gewissensdruck zu kämpfen. Ja es sind die Fälle nicht selten, in denen ein Geständnis aus unbewußtem Gewissensdruck und Strafbedürfnis erfolgt (Th. Reik). Hat aber der Selbsterhaltungstrieb solche Kraft, daß er das Schuldgefühl verdrängt, so lastet auf dem Beschuldigten die Angst vor der Entdeckung belastender Umstände, die Furcht vor dem Ehrverlust, vor den Leiden des Strafvollzuges, vor den Auswirkungen der Haft auf die schuldlose Familie und seinen Erwerb. Wird der Beschuldigte gar durch den Staatsanwalt selbst vernommen, so steht er seinem Prozeßgegner gegenüber; wird er durch die Polizei oder die Sicherheitsbehörden vernommen, so sind dies Gehilfen des Staatsanwaltes; wird er durch den Amtsrichter, den Untersuchungsrichter oder den Vorsitzenden vernommen, so steht er einer Persönlichkeit gegenüber, die ihm infolge ihrer amtlichen Vorbildung und Schulung insbesondere in dialektischer Hinsicht weit überlegen ist. Aber selbst den Unschuldigen bringt die Kränkung über die Zumutung der Tat und die Furcht, daß ihm wegen seiner Vorstrafen und wegen des Entgegenstehens von belastenden Indizien oder Zeugenaussagen nicht geglaubt wird, in starke Affekteneinstellungen. So ist der affektiven Einstellung des Beschuldigten einerseits besonderes Augenmerk zuzuwenden, andererseits den Symptomen der Echtheit kritischer zu begegnen als bei der Zeugenvernehmung.

4. Der gesetzlich geregelte Gang der Vernehmung. Er ist für die gerichtliche Vernehmung in den Strafprozeßordnungen geregelt, so daß die Vernehmungstechnik sich nur innerhalb dieser gesetzlichen Vorschriften bewegen kann. Die erste Aufgabe des Vernehmenden ist, eine Stellungnahme des Beschuldigten herbeizuführen. Zu diesem Zwecke ist ihm der gegen ihn sprechende Verdacht einer bestimmten strafbaren Handlung schon bei der ersten richterlichen Vernehmung (RStPO. § 136, ÖStPO. § 199), nach Eröffnung der Voruntersuchung der Inhalt des Eröffnungsbeschlusses, in Österreich der Beschluß auf Einleitung der Voruntersuchung mitzuteilen (ÖStPO. § 180). Bei der Bekanntmachung des Termines der Hauptverhandlung an den verhafteten Angeklagten ist er zu befragen, ob und welche Anträge er in bezug auf seine Verteidigung zu stellen habe (RStPO. § 216), in Österreich ist er zu befragen, ob er seinen Aussagen etwas beizusetzen oder daran abzuändern finde (ÖStPO. § 220). In der Hauptverhandlung erfährt der Angeklagte durch die Verlesung des Beschlusses über die Eröffnung des Hauptverfahrens (RStPO. § 243) oder die Verlesung der Anklageschrift (ÖStPO. § 244) das, was ihm der Ankläger zur Last legt. Er ist darüber zu belehren, daß er berechtigt ist, eine zusammenhängende Darstellung des Sachverhaltes der Anklage entgegenzusetzen. Bereits aus diesem Bericht des Angeklagten ergibt sich allgemein in Österreich durch eine besondere darauf gerichtete Frage (ÖStPO. § 245), ob er sich als „Schuldig" oder „Nichtschuldig" bekennt. Im Vorverfahren wie in der Hauptverhandlung reiht sich die Fragestellung zur Ergänzung des Berichtes und zur Aufklärung von Dunkelheiten oder Widersprüchen an (ÖStPO. §§ 199, 245). Die RStPO. § 238 enthält keine besonderen Vorschriften für die Vernehmung in der Hauptverhandlung; es gelten die Vorschriften über die Vernehmung im Vorverfahren (RStPO. § 136). Es muß ihm also Gelegenheit zur Beseitigung der gegen ihn vorliegenden Verdachtsgründe und zur Geltendmachung der

zu seinen Gunsten sprechenden Tatsachen gegeben werden. Der Vernehmende wird in der österreichischen Voruntersuchung gesetzlich darin beschränkt, daß seine Fragen weder unbestimmt noch dunkel, mehrdeutig oder verfänglich sein dürfen. Sie müssen eine nach der anderen nach der natürlichen Ordnung fließen. Insbesondere ist die Stellung solcher Fragen zu vermeiden, in denen eine von dem Beschuldigten nicht zugestandene Tatsache als bereits zugestanden angenommen wird (ÖStPO. § 200). Suggestive Fragen, wodurch dem Beschuldigten Umstände vorgehalten werden, die erst durch seine Antwort festgestellt werden sollen oder wodurch ihm die zu erforschenden Mitbeteiligten durch Namen oder andere leicht erkennbare Merkmale bezeichnet werden, dürfen erst dann gestellt werden, wenn der Beschuldigte nicht in anderer Weise zu einer Erklärung über sie geführt werden konnte (s. d. Art. Suggestion). Die Fragen sind in solchen Fällen wörtlich in das Protokoll aufzunehmen (ÖStPO. § 200).

Weder die RStPO. noch die ÖStPO. enthalten Bestimmungen über den sogenannten „Vorhalt". Er geht dahin, daß die Darstellung des Vorfalls entweder nicht dem anzunehmenden Verlauf der Dinge entspreche (innerer Widerspruch) oder mit bereits feststehenden Tatsachen in Widerspruch stehe (äußerer Widerspruch). Sie erhofft eine Überprüfung und Verbesserung der Aussage durch den Vernommenen selbst. In der Hauptverhandlung kann der Vorhalt unter Mitwirkung der Mitglieder des Gerichtshofes, des Staatsanwaltes oder Privatklägers, des Nebenklägers (Privatbeteiligten) erfolgen. Über die Zulässigkeit der einzelnen Fragen entscheidet in Deutschland bei Zweifeln der Gerichtshof (RStPO. § 242); in Österreich ist der Vorsitzende, für den die Vorschriften über die Vernehmung in der Voruntersuchung gelten (ÖStPO. § 248), befugt, unangemessene Fragen zurückzuweisen (ÖStPO. § 249). Die ÖStPO. § 3 hat dem Vernehmenden sowohl im Vorverfahren wie in der Hauptverhandlung zur Pflicht gemacht, den Beschuldigten auch dort, wo es nicht ausdrücklich vorgeschrieben ist, über seine Rechte zu belehren. Dies bedeutet nicht geradezu eine Belehrung über die Straflosigkeit einer falschen Aussage. Der Vorsitzende hat in der Hauptverhandlung nach Anhörung eines jeden Zeugen oder Sachverständigen oder Mitangeklagten den Angeklagten zu befragen, ob er auf die eben vernommene Aussage etwas zu entgegnen habe (ÖStPO. § 249).

Die weiteren Aufgaben der Vernehmung zur Sache richten sich nach der Prozeßstufe, auf der die Vernehmung erfolgt; sie sind im Vorverfahren im wesentlichen Sammlung und Sichtung des belastenden und entlastenden Tatsachenmaterials, in der Hauptverhandlung Bewertung der Beweise behufs Entscheidung im Urteil.

5. Die Erforschung der Persönlichkeit des Beschuldigten soll nach dem Altmeister H. Groß der Vernehmung zur Sache vorangehen. Ihre Technik ist im „Grundriß der Kriminalbiologie" und in den Verhandlungen der Kriminalbiologischen Gesellschaft in München (1930) erörtert worden (Lenz). Die RStPO. § 136 verpflichtet den Richter, schon bei der ersten Vernehmung des Beschuldigten auf die Ermittlung seiner „persönlichen Verhältnisse" — nicht bloß der sogenannten „Personalien" wie Vor- und Zuname, Alter usw. — Bedacht zu nehmen. Dies hat aber möglichst frühzeitig, am besten schon bei der polizeilichen Vernehmung zu geschehen. Die Persönlichkeitserforschung besteht zunächst nach der von der Bundespolizeidirektion in Wien geübten Methode darin, daß durch eine kriminalbiologische Station die Abstammung, der Lebenslauf, die verwandtschaftlichen Verhältnisse und die körperlich-seelische Eigenart, erforderlichenfalls unter Zuziehung eines psychiatrischen Sachverständigen, durch einen kriminologisch geschulten und juristisch gebildeten Polizeikommissar, den sogenannten „Kriminalbiologen", ermittelt werden. Das Ziel ist die Ermittlung der hauptsächlichsten „kriminogenen Neigungen" in ihrem wechselseitigen Zusammenschluß zur Persönlichkeit. Neigung oder Disposition mit erhöhter Wahrscheinlichkeit ihrer Entäußerung ist alles, was in dem kriminellen wie nichtkriminellen Verhalten als treibende Kraft wiederkehrt; ihr stehen die hemmenden Kräfte gegenüber, die im nichtkriminellen Vorleben des Beschuldigten wirksam waren, aber bei der Begehung der Tat versagten. Für die Ableitung der Tat aus der Persönlichkeit ist die Ermittlung der Vordelikte mit ihren Motiven und Neigungen besonders aufschlußreich. Aus dem Zusammenwirken mehrerer kriminogener Neigungen, z. B. der Verbundenheit von Leichtsinn, Genußsucht, Arbeitscheu und Hemmungslosigkeit der Triebe wird die kriminogene Struktur. Aus mehreren Strukturen z. B. dem schizothymen Temperament oder dem allein herrschenden Egoismus wird die Gesamtpersönlichkeit des Beschuldigten aufgebaut (s. d. Art. „Persönlichkeitsaufbau"). Sowohl die funktionalen Dispositionen (Auswärts- und Einwärtswendung, Temperament, Affekterregbarkeit u. a. als individuelle Lebensformen) wie die materialen Dispositionen (Ich, Sexualität, So-

zialität als individuelle Lebensinhalte) werden nach den Angaben des Vernommenen und dem Akteninhalt ermittelt. Die Angaben des Verdächtigen über seinen Lebenslauf bedürfen einer Überprüfung auf ihre Wahrheit, die am besten während des polizeilichen Ermittlungsverfahrens durch die Kriminalbeamten oder im gerichtlichen Ermittlungsverfahren gegebenenfalls durch die Gerichtshilfe erfolgt. Der Richter sollte zu den bereits in Niederschrift enthaltenen Feststellungen der Polizei seine eigenen Wahrnehmungen auf einem gerichtlichen „Erhebungsblatt über Persönlichkeit und Umwelt" Stellung nehmen. Erst auf diese Weise wäre es möglich, von der für die Beurteilung der Schuld und der Strafbarkeit wichtigen Erkenntnis der Tatpersönlichkeit über ihre Wandlungen durch die verschiedenen Prozeßakte und die Untersuchungshaft zur Vernehmungspersönlichkeit vorzudringen, deren Erkenntnis für die Vernehmungstechnik unentbehrlich ist.

6. Beurteilung der Glaubwürdigkeit. a) Symptomatik des Schuldgefühls. Wie bereits in den allgemeinen Erfordernissen der Vernehmungstechnik gefordert wurde, ergibt sich für die Beschuldigtenvernehmung als erste Aufgabe, die Vernehmung zu einem emotionalen Erlebnis des Beschuldigten mit Symptomen der Echt- oder Unechtheit zu gestalten. Die ÖStPO. § 199 schreibt vor, daß der Beschuldigte nach der Vernehmung über die persönlichen Verhältnisse zu einer „zusammenhängenden umständlichen Erzählung" zu veranlassen ist. Es ist somit dem Vernehmenden Zeit und Gelegenheit gegeben, während dieser zusammenhängenden Darstellung des Sachverhaltes, wie der Beschuldigte ihn vorbringt, eine spontane Symptomentwicklung zu beobachten. Die seelische Situation des Beschuldigten ist von der des Zeugen dadurch wesentlich unterschieden, daß sich ein Schuld- oder Unschuldgefühl entwickelt. Das Schuldgefühl ist eine je nach der Individualität verschiedene Ganzheit von Scham-, Verantwortlichkeits-, Reue-, Furcht- und Ichminderungsgefühlen. Es erstreckt sich auf die Begehung der strafbaren Tat, mit oder ohne das Gefühl, daß anders hätte gehandelt werden können. Das Schuldgefühl entsteht aus dem Konflikt zwischen den Gemeinschaftstrieben und dem Selbsterhaltungstrieb. Es mischen sich Zweifelsgefühle ein, ob die Angabe der Wahrheit oder deren Leugnen zweckmäßig sei; bei der Schuldabwälzung auf Andere kommt selten das Gefühl auf, daß auch noch ein Unrecht zum Schaden eines Anderen begangen wird. Dies alles bei einem Täter, dem nicht als moralisch Entarteten die Unrechtseinsicht fehlt, und bei dem Schuldigen, der nicht in einem grundsätzlichen Gegensatz zur Rechtsordnung als Asozialer steht; bei diesem kommt es überhaupt nicht zu einem Schuldgefühl oder es wird verdrängt. Hat sich der Beschuldigte auf das Leugnen eingestellt, so treten Symptome des Schuldgefühls auf. Als solche beobachten wir: verschlossenes Wesen, Wortkargheit und Zurückhaltung, die über eine bloße Urteilsvorsicht hinausgeht; in der Mimik des Gesichtes zeigt sich der scheue, ausweichende Blick oder der verstohlen seitlich von unten nach oben sich zaghaft emporwindende Blick (Leonhardt).

b) Symptomatik des Lügegefühls. Das Lügegefühl begleitet die Einstellung des Vernommenen zur bewußten Unwahrheit. Seine Symptome sind die Unklarheit in der Schilderung des Vorganges, die Unsicherheit und Unbestimmtheit in den Antworten auf gestellte Fragen. Die Stimme wird durch den inneren Konflikt und den Gewissensdruck, der sich in Störungen des Blutkreislaufes und der Atmung äußert, leise, ja stockend bis zum völligen Versagen. Es entsteht das beredte Schweigen, insbesondere nach dem Vorhalt der belastenden Tatsachen in der Hauptverhandlung mit der Entwicklung des Schuldbeweises. Das Stottern aus dem Schuldgefühl heraus hört erst nach Überleitung des Gespräches auf einen nicht mit der Beschuldigung in Zusammenhang stehenden, einen neutralen Gegenstand, auf; das gewohnheitsmäßige Stottern aber hält an. Ein Teil des Lügegefühls wird durch die geminderte Zuversicht gebildet, sobald der Beschuldigte zweifelt, ob seine Angaben auch für wahr genommen werden. Je mehr der Vernehmende den Eindruck hervorruft, daß er nicht an die Wahrheit des Vorgebrachten glaubt, um so mehr wird die Zuversicht beim Zweifelnden geschwächt und um so mehr nimmt die Gemütsverstimmung zu, bis sie in Weinen übergeht. Doch ist das Weinen des Schuldbewußten zu unterscheiden von dem des Unschuldigen, dem Zweifel darüber aufsteigen, ob man ihm noch glaubt, weil er schon einmal auf einer Lüge ertappt wurde, weil belastende Zeugenaussagen gegenüberstehen oder weil er als rückfälliger Verbrecher die Erfahrung gemacht hat, daß man ihm überhaupt nichts mehr glaubt. Zu diesen positiven Symptomen der Lüge gesellen sich die negativen Symptome des Nichterlebnisses trotz dessen Schilderung als eines wirklichen; es bleibt das Erlebnisnachgefühl aus (Leonhardt). Die Darstellung leidet an Unanschaulichkeit und überrascht durch die Trockenheit der Darstellung, die keinerlei Teilnahme verrät. Die Symptomatik der Lüge wird noch deutlicher, wenn es zur Fragestellung und zum Vorhalt behufs Ergänzung der Schilderung und Entfernung von Dunkelheiten und Widersprüchen kommt. Hier beobachten wir nach der Fragestellung eine verlegene Haltung, eine Antwort in nicht zusammenhängenden Gedanken, das Vorkommen sichtlicher Ausflüchte oder geradezu handgreiflicher Lügen.

Nach Feststellung von Schuld- und Lügesymptomen hat der Vernehmende auf eine nähere Erörterung der Details des geschilderten Vorganges durch Fragen zu dringen. Er hat den Widerspruch mit dem erfahrungsgemäßen Ablauf derartiger Vorgänge aufzudecken; bei schweren Delikten, wie Mord, Totschlag, Kindesmord, Brandlegung, empfiehlt sich das Hinausführen des Beschuldigten auf den Tatort und die Veranlassung zur neuerlichen Schilderung des Tatvorganges. Nur bei Persönlichkeiten mit sittlich-sozialem Empfinden, nicht aber bei asozialen und antisozialen Charakteren kann der Versuch unternommen werden, den Gewissensdruck zu verstärken durch Hinweis auf die Schwere der Verletzung, auf die Folgen der Tat für das Opfer und dessen Familie; dazu kann sich die Anregung an den Beschuldigten gesellen, sein Gewissen zu erleichtern. Doch darf dazu erst geschritten werden, wenn sich deutliche Symptome des Gewissenskonfliktes zeigen. Der Beschuldigte verrät dies, wenn er nicht gerade ein durch die Routine wiederholter Strafverfahren Hindurchgegangener ist, durch seinen starren Blick, durch das betroffene und tief versunkene Anhören der Ausführungen des Vernehmenden. Von dem bisher behandelten Schuldgefühl ist das Lebensschuldgefühl zu unterscheiden, das nur dem eigen ist, der sich bereits selbst über die Tat vor seinem Gewissen Rechenschaft gegeben hat und nicht zur Schuldabwälzung auf Andere oder die Gesellschaft gekommen ist. Das Lebensschuldgefühl ist die Unlust infolge der Erkenntnis, daß der Vernommene selbst, wenn nicht ausschließlich so doch überwiegend, die Ursachen seines asozialen oder antisozialen und schließlich kriminellen Lebenswandels gesetzt hat.

c) Symptomatik des Wahrheitsgefühls. Zu seinen Symptomen zählen freier, offener Blick, Mitteilsamkeit und Auskunftsbereitschaft, freimütiges, durchsichtiges und zugängliches Wesen. Dazu kommt das Bestreben, beim Vernehmenden durch die Anschaulichkeit der Schilderung von Einzelheiten die Überzeugung von der Wahrheit hervorzurufen; darauf deuten auch spontane Verbesserungen hin. Schließlich zeigen sich die für die Erkenntnis des Wahrheitsgefühls bezeichnenden Erlebnisnachgefühle; sie bestehen bei der emotionalen Erinnerung in der Wiederkehr der Gefühle zur Zeit der Tat. Blick, Sprechweise, Stimme, Kopf-, Hand- und Armbewegungen stützen die Angaben, wenn sie unbewußt und natürlich den Aussageinhalt begleiten. Die Symptome des Wahrheitsgefühls sind jedoch auf ihre Echtheit besonders zu prüfen, weil sie auch vorgespiegelt sein können. Phantastische Veranlagung vereint mit guter Intelligenz und Bildung, Schlagfertigkeit, Übung im Lügen und das Einfühlungsvermögen in eine fremde Persönlichkeit bringen es zu stande, ein täuschendes Bild unechter Wahrheitssymptomatik zu erzeugen. Hier kann es wohl der Vernehmende im Vorverfahren, kaum aber der Vorsitzende in der Hauptverhandlung versuchen, durch Experimente in der Fragestellung die Unechtheit nachzuweisen. Die Sicherheit der Angaben kann durch die Forderungen immer genauerer Detaillierung nachgeprüft werden; bei wiederholten Vernehmungen kann ermittelt werden, ob die Symptome der Wahrheit wiederkehren, ob die Symptome bei Erörterung nicht krimineller Vorgänge wechseln; auch durch Gegenüberstellung mit den belastenden Zeugen oder Mitbeschuldigten kann die Widerstandsfähigkeit der Symptome auf die Probe gestellt werden.

7. Das Geständnis und seine Überprüfung. Das Geständnis (s. d. Art. „Geständnis" von Hartung) ist die Zugabe einer dem Schuldbeweis dienenden, somit dem Beschuldigten nachteiligen Tatsache oder gar des ganzen strafbaren Tatbestandes. Das Geständnis schöpft seinen Beweiswert aus der Erwägung, daß der Selbsterhaltungstrieb den Verdächtigen regelmäßig hindert, etwas Unwahres, das ihm zum Nachteil gereicht, anzugeben. Es besitzt daher nur dann Beweiswert, wenn es frei abgegeben und nicht durch suggestive oder verfängliche Fragen abgelistet wurde. Wir haben dem Inhalt nach das Tatgeständnis, das den objektiven Tatbestand zugibt, aber den subjektiven leugnet, vom Schuldgeständnis, das beide Tatbestände umfaßt, zu unterscheiden. Da das Geständnis ein Beweismittel wie jedes andere ist, muß es auf seine Glaubwürdigkeit nachgeprüft werden. Die formelle Prüfung erstreckt sich zunächst auf den Umfang als volles oder Teilgeständnis, ob es durch äußeren Druck infolge Androhung, Versprechung oder Furcht erzielt wurde; die materiale Prüfung geht auf das Motiv des Geständnisses zurück (Lohsing, Hartung). Überzeugend ist das Geständnis, das aus dem Einstehen für die Tat aus innerer Überzeugung von der Unvermeidlichkeit oder gar Rechtmäßigkeit der Tat entsprungen ist; überzeugend ist auch das

Geständnis aus innerer Reue, wobei es sich selbst bereits als Anfang der Einkehr und der Reue gibt. Den geringsten Glauben verdient jenes, das durch die seelische Ermüdung nach lang andauernden, wiederholten oder nächtlichen Verhören unter dem Druck der polizeilichen Haft dem zermürbten Beschuldigten entquillt. Das Geständnis, das nach Vorhalt der belastenden Indizien aus den Aussagen der Zeugen und dem Gutachten der Sachverständigen gerade nur so viel zugibt, als erwiesen ist, fördert die Ermittlung der Wahrheit nicht. Es wird mit dem Fortschreiten des Schuldbeweises immer wieder erweitert. Noch weniger Wert hat das Geständnis, das aus der Hoffnung entspringt, durch die Erleichterung der Arbeit und Kürzung des Zeitaufwandes beim Vernehmenden dessen Wohlwollen und Aussicht auf mildere Bestrafung zu erwecken. Das Geständnis aus Geltungsbedürfnis kennzeichnet die betonte Grausamkeit oder Kühnheit der Tat, die gerühmte Schwere des Erfolges, die Vielzahl angeblich begangener Verbrechen, die gleichzeitige Hervorhebung edelmütiger Beweggründe, wie sie in den Bekenntnissen Jean Jacques Rousseaus wie in denen des Eisenbahnattentäters Matuschka hervortreten (Schultz). Das Triebgeständnis, das aus dem erhöhten Mitteilungsbedürfnis infolge Überfülle des Tateindruckes oder aus dem Streben, wieder in die seelische Lage des gewissensruhigen Menschen zurückzugelangen, entspringt, wird an seinem Drang, an der übersprudelnden Hast oder gar am Selbstgenuß des Gestehenden erkannt. Das Geständnis als Schuldübernahme für den Geliebten, den Lebensgefährten, die Ehegattin, das Kind, die Eltern, für einen Schuldigen, dessen Rache gefürchtet oder dessen Erkenntlichkeit erwartet wird, ist an seiner großen Bestimmtheit und am starren Widerstreben, innere und äußere Widersprüche zuzugeben, zu erkennen. Sehr geringen Wahrheitswert hat schließlich das Geständnis, das aus dem Rachetrieb gegenüber einem Komplicen, der verraten hat, oder gegenüber dem Anzeiger entsprungen ist; es ist an seiner Beladenheit mit Haßaffekten zu erkennen. Die Praxis des Strafverfahrens zeigt auch das Vorkommen falscher Geständnisse insbesondere aus pathologischen Gründen (Beispiele bei Hentig).

Ein schweres Hindernis für den Abschluß der Erhebungen und für die Erhebung der Anklage bildet erfahrungsgemäß der W i d e r r u f des polizeilichen Geständnisses. Der Runderlaß des preußischen Ministeriums des Innern vom 22. VI. 1927 verweist auf den häufigen Fall, daß Beschuldigte ein vor der Polizei abgelegtes Geständnis vor Gericht widerrufen, und empfiehlt den Polizeiorganen, durch freundliches Ermahnen oder ernstes Zureden, mit wohlwollender Behandlung, geschickter Einwirkung auf das Ehrgefühl und das Vorhalten der ermittelten Beweisgründe der Schuld auf die Angabe der Wahrheit hinzuarbeiten, unlautere Kniffe aber zu unterlassen. Es wird ferner empfohlen, über die Einzelheiten der Begehung nach Inhalt des Geständnisses ein eingehendes Protokoll aufzunehmen und, wenn irgend möglich, solche Einzelheiten über die Ausführung der Tat aktenkundig zu machen, die nur der wirkliche Täter wissen konnte. Von ganz besonderer Bedeutung für die Entkräftung des Widerrufes wird die Namhaftmachung von Polizeibeamten oder sonstigen Zeugen der Vernehmung empfohlen. Es verfügt die ÖStPO. § 204 für die gerichtliche Vernehmung, daß der Beschuldigte über die Gründe seines Widerrufes durch den Richter zu befragen ist.

V. Die Protokollierung.

Die P r o t o k o l l i e r u n g ist die amtliche Niederschrift materieller oder prozessual erheblicher Angaben des Vernommenen in der sprachlichen Fassung des Vernehmenden mit Hilfe des Schriftführers. ÖStPO. § 104 stellt es dem Vernommenen frei, seine Antworten dem Protokollführer in die Feder zu diktieren; bei Mißbrauch kann ihm dieses Recht entzogen werden. In erster Linie ist zu fordern, daß das Protokoll durch den Vernehmenden selbst, am besten im Wege des Diktates in eine Schreibmaschine, die ein erfahrener Kanzleibeamter, nicht aber ein Rechtspraktikant bedient, erfolgt. Das Ziel, die erheblichen Vorgänge so niederzuschreiben, daß der das Protokoll Lesende den gleichen Eindruck bekommt, wie wenn er selbst die Vernehmung vorgenommen oder ihr beigewohnt hätte, ist nie völlig erreichbar, noch weniger, daß der Lesende die Anschaulichkeit erhält, wie wenn er selbst die bekundete Wahrnehmung gemacht hätte. Vielmehr verlangt die biologische Vernehmungstechnik geradezu, daß das Protokoll als eine A u s s a g e d e s V e r n e h m e n d e n über die Aussageart, den Aussageinhalt und über die Aussagepersönlichkeit betrachtet wird. Es liegt im Protokolle ein m i t t e l b a r e r Beweis des Augen- und Ohrenzeugen über die Aussage vor, erforderlichenfalls unter Zuziehung weiterer sogenannter „Gerichtszeugen" (ÖStPO. § 102). Das Protokoll kann nicht den unmittelbaren Eindruck der Persönlichkeit des Vernommenen ersetzen; es liefert keine Anhaltspunkte für die Glaubwürdigkeit aus der Mimik und Gestik. Trotzdem beweist die Erfahrung, daß sich der Leser eines Protokolls, auch wenn keine Angaben über die Persönlichkeit und das Verhalten des Vernommenen enthalten sind, sich stets ein Bild von seiner Eigenart entwirft; von besonderer Bedeutung ist das für den Ankläger, der nach dem geltenden Recht den Schuldbeweis u. a. mittels der Aussagen von Zeugen führen muß, die er selbst nicht gesehen hat. Mit der Abfassung des Protokolls soll regelmäßig nach Abschluß der Vernehmung begonnen werden. Es kann nicht nur Aussageinhalt und Aussageform, sondern ein Persönlichkeitsurteil enthalten, wenn ein solches gebildet werden kann. Die Beschreibung des Eindrucks, den die Persönlichkeit auf den Vernehmenden gemacht hat, ist aber nicht ein Bestandteil des Protokolls und unterliegt auch nicht der Pflicht der Fertigung durch den Vernommenen. Diese persönlichen Eindrücke der Vernehmenden sind vielmehr nach der Fertigung des Protokolls in einem besonderen Vermerk festzuhalten. Die „absatzweise" Protokollierung nach einzelnen Teilen der Vernehmung ist nur dann zu empfehlen, wenn es sich um die Feststellung der in einem längeren Zeitraum gemachten Wahrnehmungen handelt oder wenn der Zeuge oder Beschuldigte nur schrittweise zur Angabe der Wahrheit zu bringen ist; dann ist sie aber unentbehrlich.

Wie die Vernehmung selbst, so soll auch die Protokollierung zwischen dem Bericht über die zusammenhängende Erzählung des Vernommenen und den Ergebnissen der Fragestellung durch das Verhör unterscheiden, weil sich in letztere bereits die Tat- und Tätervermutung des Vernehmenden einmengt. Die Einzelheiten des Protokollinhaltes sind in den Prozeßordnungen (RStPO. §§ 188, 271, 272, ÖStPO. §§ 104—107, 163 bis 168, 198—200, 271, 452 Z. 7, 458) vorgeschrieben. Es soll das Wesentliche der Aussageform und des Aussageinhaltes wiedergegeben werden, wobei über das Wesentliche des Aussageinhaltes nicht der Vernehmende allein, sondern auch der Vernommene durch das Gewicht, das er auf bestimmte Einzelheiten der Aussage legt, entscheidet. Von der Protokollierung eines Geständnisses ist zu fordern, daß es den getreuen Wortlaut wiedergibt und insbesonders erkennen läßt, aus welchen Gründen es zu stande kam. Gerade beim Geständnis ist sein Werdegang für seine Glaubwürdigkeit aufschlußreich. Wichtig ist, daß die Überprüfung und Genehmigung des Protokolls durch dessen Verlesen vor dem Vernommenen und dessen Fertigung ernst genommen wird. Leider hindert die autoritäre Einstellung des Vernehmenden häufig genug eine Verbesserung oder Ergänzung durch den schüchternen oder sprachungewandten Zeugen. Jedenfalls soll der Vernehmende selbst das dem Schriftführer diktierte Protokoll vorlesen und dies nicht dem Schriftführer überlassen.

Zu den formellen Anforderungen der Protokollierung kommen die materiellen der unbedingten Wahrheit, erschöpfenden Kürze und vollen Klarheit der Wiedergabe des Aussageinhaltes (Höpler). Die Wahrheit der Wiedergabe wird nur gewährleistet, wenn das Protokoll die Angaben des Vernommenen nach dessen Auffassung der gebrauchten Ausdrücke, also sinngemäß wiedergibt, mag dieser individuelle Sinn auch vom sprachgebräuchlichen abweichen. Der Grund des Wissens ist stets zu erwähnen, insbesondere dann, wenn es sich um Angaben über Zeit, Ort, Entfernung oder Schätzungen überhaupt handelt. Die wortgetreue Wiedergabe ist nur ausnahmsweise nötig, so z. B. wenn es gerade auf den Wortlaut einer bezeugten Beleidigung ankommt. Die Ausdrücke des kindlichen Zeugen für die menschlichen Geschlechtsteile und für das Verhalten des Beschuldigten sind in der kindlichen Fassung beizubehalten. Bei Auffälligkeiten am Körper- oder Seelenleben des Vernommenen, insbesondere bei Zweifeln an der Zurechnungsfähigkeit wären im Vermerk die tatsächlichen Beobachtungen zu beschreiben, aber jede technische Kennzeichnung des Vernommenen, etwa als „Psychopath" oder „Geisteskranker" zu vermeiden. Die körperlich-seelische Reife des vernommenen Kindes müßte bei Zweifeln an ihren Merkmalen erkennbar gemacht werden. Bei Körperverletzungen, Drohungen und Erpressungen dürfen nicht Angaben über das wechselseitige Kraftverhältnis von Angreifer und Angegriffenen fehlen. Die bestrittene Richtigkeit der Protokollierung im Vorverfahren kann durch Vernehmung des Untersuchungsrichters und des Vernommenen überprüft werden. Die erschöpfende Kürze wird durch die präzise Fassung der Ergebnisse erzielt, ohne daß auf frühere Aussagen desselben Vernommenen, selbst wenn sie im Ergebnis auf das Gleiche hinauslaufen, Bezug genommen werden darf. Jede Vernehmung soll eine neue selbständige Leistung des Vernehmenden und des Vernommenen sein. Niemals darf daher dem Vernommenen vor seiner Vernehmung das Protokoll über seine frühere Aussage vorgelesen und nur die Bestätigung verlangt werden. Die Klarheit des Protokolls ist wegen der Möglichkeit von Umdeutungen und Widerrufen in späteren Aussagen ein wertvolles Hilfsmittel für die Lösung der Frage, ob nur ein Irrtum des Aussagenden oder ein gewolltes Abgehen von der früheren Aussage vorliegt. Die Umstände, die für die rechtliche Subsumtion der Tat von Bedeutung sind, müssen stets, soweit sie aus den Angaben zu entnehmen sind, im Protokoll erwähnt sein, ohne daß aber der Vernommene zu erkennen braucht, was als rechtlich bedeutsam ins Gewicht fällt; sonst besteht die Gefahr, daß er darnach seine Aussagen richtet.

Schrifttum:

F. Baumgarten, Die Lüge bei Kindern und Jugendlichen (Eine Umfrage in den polnischen Schulen zu Lodz), Beiheft zur Zeitschr. f. angew. Psychol. Nr. 15 (1917). — K. Böhmer, Kinderaussage und Suggestion, Deutsche Zeitschr. f. ges. ger. Medizin 7, 606. — W. Enke, Die Psychomotorik der Konstitutionstypen (1930). — F. Gorphe, La critique du témoignage, 2. ed., Paris (1927). — H. Groß, Handb. für Untersuchungsrichter, 7. Aufl. v. Höpler (1922). — Derselbe, Kriminalpsychologie, 2. Aufl. (1905). — Derselbe, Verstehen der Zeugen, Arch. f. Kriminologie, 15, 125. — Derselbe, Über Zeugenprüfung, Monatsschr. f. Kriminalpsychol. und Strafrechtsreform, 3, 576. — Derselbe, Zur Frage der Zeugenaussage, Arch. f. Kriminol. 36, 372. — A. Hellwig, Psychologie und Vernehmungstechnik bei Tatbestandsermittlungen (1927). — Derselbe, Über die Technik von Gegenüberstellungen zur Feststellung der Personengleichheit, Zeitschr. f. angew. Psychol. 34, 213 (1930). — Derselbe, Betrachtungen über das Geständnis, Arch. f. Kriminol. 4, 123. — Henschel, Die Vernehmung des Beschuldigten, Beilageheft zu Bd. 74 des Gerichtssaals (1909). — H. v. Hentig, Das Geständnis, Schweiz. Zeitschr. f. Strafr. 42, 23. — E. Höpler, Einiges über Zeugenaussagen, Arch. f. Kriminol. 51, 38. — Derselbe, Die Protokollierung im Vorverfahren, Arch. f. Kriminol. 67, 210. — W. Jaensch, Die Eidetik und die typologische Forschungsmethode (1928). — C. G. Jung, Psychologische Typen (1930). — E. Kretschmer, Körperbau und Charakter, 9. u. 10. Aufl. (1931). — Derselbe, Experimentelle Typenpsychologie, Sinnes- und denkpsychologische Resultate in Zeitschr. f. ges. Neurol. u. Psychiatrie, 113, 776. — Ledenig, Zur Frage der Zeugenvernehmung, Arch. f. Kriminol. 29, 238. — A. Lenz, Grundriß der Kriminalbiologie (1927). — Derselbe, Der kriminalbiologische Untersuchungsbogen, Mitteil. d. Kriminalbiolog. Gesellschaft 2, 125. — Derselbe, Die strafprozessualen Auswirkungen der kriminalbiologischen Persönlichkeitserfassung, Mitt. d. Kriminalbiol. Ges. 3, 69. — C. Leonhardt, Psychologische Beweisführung in Ansehung existenzstreitiger Vorgänge, Arch. f. ges. Psychol. 75, 545 (1930). — Derselbe, Beitrag zur psychologischen Beweisführung in Ansehung existenzstreitiger Vorgänge, Arch. f. d. ges. Psychol. 78, 95 (1931). — Derselbe, Die Hilfe der psychologischen Beweisführung bei der Untersuchung von Sittlichkeitsdelikten, Zeitschr. f. angew. Psychol. 39, 394 (1931). — Derselbe, Psychologische Beweisführung, Arch. f. Kriminol. 89, 203. — Derselbe, Psychologische Beweisführung in Ansehung existenzstreitiger Vorgänge, Judizium 1931, 75. — Derselbe, Psychologische Beweisführung, Monatsschr. f. kriminalpsychol. u. StrafrR. 22, 140. — M. Liepmann, Die Psychologie der Vernehmung des Angeklagten im deutschen Strafprozeß, Zeitschr. f. ges. StRW. 44, 647. — O. Lipmann, Die Technik der Vernehmung vom psychologischen Standpunkt, Monatsschr. f. Kriminalpsychol. u. StrRef. 6, 331. — Derselbe, Reformvorschläge zur Zeugenvernehmung vom Standpunkte des Psychologen, Arch. f. Kriminol. 20, 79. — Lipmann-Plaut, Die Lüge (1928). — Lohsing, Das Geständnis (1905). — K. Marbe, Persönlichkeit und Aussage, Mitt. d. Kriminalbiol. Ges. 3, 89. — E. Mezger, Der Jurist als Psychologe, Gerichtssaal 81, 365. — Derselbe, Die Beschuldigtenvernehmung auf psychologischer Grundlage, Zeitschr. f. d. ges. StrRW. 40, 152. — O. Mönkemöller, Sittlichkeitsdelikt und Psychologie der Aussage, Arch. f. Kriminol. 78, 126, 248 (1926). — Derselbe, Psychologie und Psychopathologie der Aussage (1930). — P. Plaut, Der Zeuge und seine Aussage im Strafprozeß (1931). — Derselbe, Richtlinien für die polizeiliche Vernehmung von Kindern und Jugendlichen, Zeitschr. f. angew. Psychol. 34, 311. — Derselbe, Verwahrlosung und Glaubwürdigkeit, Kriminalist. Monatshefte 6, 222 (1932). — Th. Reik, Geständniszwang und Strafbedürfnis (1925). — Schneickert, Die Zeugenvernehmung im Lichte der Strafrechtsreform in Beiträge zur Psychologie der Aussage 1, 419. — E. Seelig, Die Ermittelung der Suggestibilität als Beispiel zur kriminalbiologischen Methodenlehre, Mitt. d. Kriminalbiol. Ges. 1, 67. — Derselbe, Die Ergebnisse und Problemstellungen der Aussageforschung, Ergebnisse der gesamten Medizin 13, 401. — Derselbe, Persönlichkeit und Aussage, Mitt. der Kriminalbiol. Ges. 3, 107. — W. Stern, Die Aussage als geistige Leistung und als Verhörsprodukt, Beiträge zur Psychol. d. Aussage, 3. Heft (1904). — Stern-Wigmann, Methodensammlung zur Intelligenzprüfung von Kindern und Jugendlichen, Beiheft 20 zur Zeitschr. f. angew. Psychol., 3. Aufl., 1926. — Weingart, Kriminaltaktik (ohne Jahrzahl). — Wimmer, Gestehen und Leugnen im Strafprozeß, Zeitschr. f. d. ges. StRW. 50, 538. — E. Wulffen, Verbrechen und Verbrecher (Neue Ausgabe der „Kriminalpsychologie" ohne Jahrzahl). — Maria Zillig, Einstellung und Aussage, Zeitschr. f. Psychol. 106, 58 (1928). — Dieselbe, Experimentelle Untersuchungen über die Glaubwürdigkeit von Kindern, Zeitschr. f.

Psychol. 119, 311. — Dieselbe, Typisches Verhalten kindlicher Zeugen bei wiederholter Aussage, Zeitschr. f. Psychol. 107, 366. — Dieselbe, Experimentelle Untersuchungen über die Kinderlüge, Zeitschr. f. Psychol. 114, 1.

Adolf Lenz.

Versicherungsbetrug.

A. Kriminologie.

1. Wenn die Angabe zutrifft, daß man mit der Schadensumme, die in Deutschland jährlich durch Brände vernichtet wird, 40000 Wohnhäuser, 40 Kleinstädte, 10000 Bauernhöfe, 200 Dörfer bauen kann (Lothar Philipp, Die Brandstiftung, in Vjschr. f. angew. Kriminalistik 1935, H. 3), und wenn auch nur ein nicht unerheblicher Teil dieser Brandschadensumme auf einer versicherungsbetrügerischen Brandstiftung beruht, so wäre schon das Anlaß genug, den Versicherungsbetrug als ein außerordentlich einschneidendes und das Volksvermögen angreifendes Verbrechen zu bezeichnen. Und wenn weiter die Fälle nicht mehr vereinzelt dastehen, in denen ein Mensch ermordet wird, um die Lebensversicherungssumme, sei es die wirklich auf seinen Tod zahlbare, sei es eine unter einem Quiproquo zu erschwindelnde Summe einzuheimsen, so erhält der Versicherungsbetrug eine zweite Note schwerster Kriminalität. Aber neben diesen handgreiflichsten Erscheinungsformen kommen auch betrügerische Handlungen — und noch mehr Versuche — in den anderen Zweigen der Privatversicherung — Unfall-, Haftpflicht-, Einbruchsdiebstahl-Versicherung, ja auch bei der Versicherung gegen Krankheit und Invalidität (s. unten zu 3) — vor, sei es, daß der Versicherungsfall vorgetäuscht oder nach echtem Anfang verschlimmert worden ist, sei es, daß schon beim Eingehen der Versicherung der Betrug eingeleitet wird. Gerade letzteres bedarf sorgfältiger Beachtung durch den Kriminalisten, zumal die Skala von der noch irgendwie geschäftlich zulässigen Erlangung günstiger Versicherungsbedingungen bis zu arglistiger Täuschung scharfe Abgrenzungen mitunter nur schwer erkennen läßt. Dies mag teilweise in dem grundsätzlich aleatorischen Charakter der Versicherungsbedingungen begründet sein, bei deren Anwendung auf den einzelnen Fall der Versicherer zu höherer, der Versicherungsnehmer zu geringerer Einschätzung des Risikos geneigt ist und der Versicherungsvertrag praktisch sich häufig als ein Kampfergebnis aus diesen beiden einander zwar entgegenstehenden, aber im Endeffekt zusammen kommenden Interessen darstellt. Hier schließt sich die Rechtslage im eintretenden Versicherungsfall eng an die Sachlage beim Abschluß des Versicherungsvertrages an. Bei der Untersuchung eines strittigen Versicherungsfalles wird daher stets auf die Sachlage beim Abschluß des Versicherungsvertrages zurückgegangen werden müssen, da in den Kausalzusammenhang sich möglicherweise ein Verschuldensmoment schon von vorn herein eingeschlichen hat.

Im geltenden Strafgesetzbuch sind zwei Tatbestände des Versicherungsbetruges besonders hervorgehoben und mit Zuchthausstrafe bis zu 10 Jahren bedroht (§ 265): Betrügerische Inbrandsetzung einer versicherten Sache und betrügerisches Sinken- oder Strandenlassen eines versicherten Schiffes. Es sind also zwei besonders hervorgehobene „Mischtatbestände", bei denen es sich „um die zu einem selbständigen Verbrechen erhobene Vorbereitung eines Betruges handelt, der als die nachfolgende Erhebung der Versicherungsentschädigung unter Verschweigung der willkürlichen Herbeiführung des Versicherungsfalles gedacht ist" (Ebermayer, Komm. zum StGB. zu § 265). Es liegt also eine Mehrheit von zwei selbständigen strafbaren Handlungen vor. Mit voller Klarheit ergibt sich das Gleiche, wenn zum Zweck der Erlangung einer Lebensversicherungssumme der Versicherte vorsätzlich getötet wird; es liegt dann Mord neben Versicherungsbetrug vor. Schwierig wird diese Frage nur beim Selbstmord, der behufs Erlangung der Versicherungssumme begangen wird. Da Selbstmord nicht strafbar ist, der Tod des Versicherten hier überdies als ein Opfer dargebracht wird, so hängt es von den Versicherungsbedingungen ab, ob Selbsttötung in den vertragsmäßigen Versicherungsfall mit eingeschlossen war oder nicht.

Aber über die Sonderfälle des § 265 hinaus ist der Tatbestand des Versicherungsbetruges noch weit vielfältiger; er bedurfte — z. B. für alle betrügerischen Vermögensschädigungen, die durch arglistige Herbeiführung des Versicherungsfalles begangen werden — vielleicht keiner besonderen gesetzlichen Regelung, da solche Tatbestände ohne weiteres unter den Betrugsbegriff fallen (§ 263 StGB.). Allein es ergeben sich doch mancherlei Qualifizierungen. Es unterliegt freilich keinem Zweifel, daß nicht nur die arglistige Herbeiführung des Versicherungsfalles, sondern auch die arglistige Täuschung bei Abschluß des Versicherungsvertrages den Tatbestand des Betruges erfüllen kann („Wer in der Absicht, sich oder einem Dritten einen rechtswidrigen Vermögensvorteil zu verschaffen, das Vermögen eines Anderen dadurch beschädigt, daß er durch Vorspiegelung falscher oder durch

Entstellung oder Unterdrückung wahrer Tatsachen einen Irrtum erregt oder unterhält").

Es ist jedenfalls für die kriminologische Erfassung und Behandlung eines Versicherungsbetrugs eine einschneidende Unterscheidung angebracht einmal zwischen betrügerischem Eingehen des Versicherungsvertrages, wobei von vorn herein — sei es durch übertrieben hohe Versicherungssummen, sei es durch irreführende, unwahre Angaben behufs Erlangung ungerechtfertigt günstiger Bedingungen — dem ganzen Versicherungsvertrag ein betrügerischer Charakter von seiten des Versicherungsnehmers aufgedrückt wird einerseits, und solchen, bei denen der betrügerische dolus sich erst später einstellt, andererseits, und zweitens zwischen Tatbeständen, die sich in der Ausführung des Betruges erschöpfen, einerseits und solchen, bei denen die Täter noch andere Straftaten, wie Mord, Brandstiftung, Sachbeschädigung usw. begehen, andererseits. In letzteren werden also mehrere strafrechtliche Tatbestände praktisch zu einem einheitlichen Ausführungsakt verbunden, bleiben jedoch trotzdem verschiedene strafrechtliche Tatbestände.

2. Die sehr zahlreichen bekannt gewordenen Fälle allerverschiedensten Versicherungsbetrugs lassen den Gedanken aufkommen, daß von vielen, an und für sich nicht gerade verbrecherisch veranlagten, Menschen das in der Versicherung liegende aleatorische Moment zu Ungunsten des großen sozialen Moments überwertet wird und daß ein einseitiges kaufmännisches Bestreben versucht, die Versicherung in gerissener Weise zu übervorteilen, als gehöre dies gewissermaßen zu den Spielregeln des Versicherungsvertrags. So streng eine solche Verkennung der soziologischen und sozialwirtschaftlichen Funktion der Versicherung zu verurteilen ist, so ist doch andererseits kaum zu verkennen, daß die Praxis des nach einem Vertragsabschluß jagenden Agenten und die nicht ausreichende Prüfung des Moments unangemessener Höhe der Versicherungssumme seitens der Versicherungsgesellschaft die Gefahren erhöht. Freilich muß zugegeben werden, daß eine solche Prüfung — namentlich in der Sachversicherung — außerordentlich schwierig durchzuführen ist. Selbst in den Fällen, in denen der Versicherungsnehmer bei der Ansetzung der Versicherungssumme nur von dem Sicherungsgedanken ausgeht, kann die relativ zu hoch gegriffene Summe, der ja auch die Prämienbeträge entsprechen, bei ungünstiger Entwicklung seiner Lage einen starken Anreiz zu einem corriger la fortune geben. Eine mehr psychologische und sozialwirtschaftliche als auf Prämieneinnahmen geschäftlich bedachte Behandlung des Versicherungsantrages ist mithin eine sehr wichtige Vorbeugung gegen den Versicherungsbetrug, der sich immer mehr zu einer empfindlichen Schädigung des Volksganzen herausgebildet hat.

3. Typische Erscheinungen des Versicherungsbetruges ohne komplizierende weitere strafbare Tatbestände:

a) bei Abschluß des Versicherungsvertrages: Falsche Angaben über das Risiko; Verheimlichung wichtiger Momente; zu hohe Ansetzung der Versicherungssumme als Vorbereitungshandlung; Doppelversicherung desselben Objekts unter Verschweigen dieser Tatsache trotz Befragens;

b) während des Laufes der Versicherung:

α) der Lebensversicherung: Selbstmord, sofern er nicht in das Risiko eingeschlossen ist und ein natürlicher Tod vorgetäuscht wird, oder Verschwinden (vorgetäuschter Tod);

β) der Krankenversicherung: Simulation; Vortäuschen innerer Krankheiten;

γ) der Unfall- und Invaliditätsversicherung: Selbstbeschädigung, z. B. in Amerika wegen hoher Entschädigung für Verlust der linken Hand, ferner Fall Marek (Wien 1925) (Verlust des linken Beines durch Beilschlag; sehr hohe Dollar-Versicherungssumme für Unfall-Invalidität); künstliche Herbeiführung eines „geeigneten" Unfalls; Vortäuschen von Schädigungen aus Eisenbahnunfällen, an denen man gar nicht beteiligt war; natürlicher Todesfall als Unfall-Todesfall ausgegeben, da dafür erhöhter Versicherungsbetrag;

δ) der Viehversicherung: Vertauschen des versicherten Tieres mit einem anderen; absichtliche Herbeiführung des „natürlichen" Todes des Tieres;

ε) der Kraftwagenversicherung: vorsätzliche Herbeiführung von Unfällen, insbesondere Totalschaden (Verbrennen des Autos); Doppelversicherung entgegen den Versicherungsbedingungen; Diebstahlsanzeige für Fahrzeuge, die man nicht besitzt (mit gefälschtem Kaufzeugnis) oder versteckt hat; Überversicherung eines alten Wagens, als sei er neu;

ζ) der Reisegepäckversicherung: „Verlust" von Koffern mit angeblich sehr wertvollem Inhalt, was in doppelter Hinsicht nicht zutrifft (kein echter Verlust und kein echter Inhalt);

η) der Versicherung bei Versendung von Wertstücken, Schmuck, Seltenheiten (Wertbriefe, Geldbriefe); „ordnungsmäßiges" Fertigmachen der Sendung unter Zeugen und

Vertauschen gegen eine äußerlich gleichende Sendung mit wertlosem Inhalt;

ϑ) der Einbruchdiebstahlversicherung: fingierte oder bestellte Einbrüche. Über die Ermittelung echter Einbrüche im Gegensatz zu fingierten s. die Art. Einbrecher und Fingierte Verbrechen.

Jeder Versicherungsart — die Liste könnte noch vermehrt werden — entspricht eine spezifische Art des Betruges, der jedoch stets auf den Nenner gebracht werden kann, daß sich der Versicherte vorsätzlich an die Stelle des Schicksals setzt, das eben den Versicherungsfall hätte herbeiführen sollen.

4. Typische Erscheinungen des Versicherungsbetruges mit komplizierenden weiteren strafbaren Tatbeständen.

α) Mit Brandstiftung und vorsätzlicher Sachbeschädigung.

Brandstiftung ist die häufigste Form der Qualifizierung des Versicherungsbetruges. Wenn alte Gebäude durch neue ersetzt werden müssen und das Bargeld fehlt, wenn die Ernte mißraten ist oder die Preise schlecht sind, wenn die Verschuldung nicht eine allmähliche Sanierung abwarten läßt — und was es an derlei Ursachen in der Stadt und auf dem Lande gibt —, so ist die Versicherungssumme von verführerischer Kraft für verzweifelnde oder skrupellose Besitzer. Oder die Ehefrau, die die Sorgen mit trägt und weibliches Mitleid mit dem Manne hat, wagt an seiner Stelle — auch wohl ohne sein Wissen — die verbrecherische Tat. Der Täter ist sich in seinem nur auf die eigene wirtschaftliche Sorge gerichteten Einspinnen wohl nicht klar darüber, daß er nicht nur den Vertragspartner betrügt, sondern zugleich durch die Feuersgefahr Nachbarn und ganze Ortsteile gefährdet oder vernichtet, die vielleicht nicht so gut versichert sind wie er selbst, weiter infolge der Schädigung der Versicherungsgesellschaft die Mitversicherten und die Volkswirtschaft schädigt und mit der Vernichtung seines eigenen Hab und Gutes auch das Volksvermögen verringert und insbesondere auch Menschenleben in Gefahr bringt. Die Techniken solcher Betrugshandlungen sind mannigfaltig wie die Brandstiftungsarten überhaupt (s. d. Art. Brandstiftung).

Die Bekämpfung der mit Versicherungsbetrug einhergehenden Brandstiftung hat bei den Motiven des Versicherungsbetrugs einzusetzen, und diese sind ganz überwiegend wirtschaftlicher Natur. O. Vogel (s. Schrifttum) sagt: „Die Fälle, in denen es gelingt, einen Brandversicherungsbetrüger seiner verdienten Strafe zuzuführen, sind verhältnismäßig gering. Das dürfte zum nicht geringen Teil daran liegen, daß die Ermittelungsbeamten es unterlassen, das Versicherungsverhältnis der Verdächtigen einer genauen Prüfung zu unterziehen, wobei sie die sachverständige Hilfe der Feuerversicherungsgesellschaften nicht entbehren können. Es wird sich vorwiegend darum handeln, ob bereits vor dem Brande versicherte Gegenstände beiseite geschafft sind oder ob eine auffallend hohe Überversicherung vorliegt."

Gründliche Hilfe gegen solche besonders volksschädigenden Verbrechen, die aus verderblichster Überschätzung des Geldes gegenüber der Ehre begangen werden, ist durch Besserung der wirtschaftlichen Verhältnisse, durch Entschuldungsverfahren und Vollstreckungsschutz, durch Stärkung des Gemeinsinnes und durch unerbittliche Ermittelung und scharfe Bestrafung zu erzielen. Jede Auszahlung von Versicherungssummen an brandstiftende Versicherungsbetrüger, die nur nicht überführt werden können, ist ein Anreiz zu neuen Verbrechen dieser Art.

β) Mit Mord, Totschlag und Havarie.

Die kriminell schlimmsten Fälle des Versicherungsbetruges zeigen, daß sich der Täter, geblendet von dem einzigen Gedanken des großen betrügerischen Gelderwerbes, über alle menschlichen Hemmungen hinwegsetzt und nicht nur ungeheure Werte des Volksvermögens, sondern auch entweder einzelne ahnungslose Menschen oder wahllos zahlreiche unschuldige zufällig Anwesende seinem verbrecherischen Vorhaben opfert. Mit kalter Überlegung von langer Hand vorbereitete Verbrechen dieser Art, bei denen der Täter ruhig erst die Karenzzeit des durch sein Zutun eingegangenen Lebensversicherungsvertrages abwartet, sind zahlreich bekannt geworden (Fall Thomas 1875, Behrendt-Walsdorff 1862, Hopf 1913, Payrleithner 1926, Strasser 1928, Erdelyi, Tetzner 1930, Saffran 1931 u. a., mitgeteilt bei Nelken, Sauer, Kenyeres, s. Schrifttum). Künstliche Havarie durch Explosionsstoffe in der Schiffsladung, durch Anbohren der Planken; Explosion oder Anzündung des Kraftwagens und Verbrennung eines unbekannten Menschen, den man ermordete und vor dem Brand in das Auto legte, damit er als der Versicherte gelte, während der wirklich Versicherte im Ausland unterzutauchen versuchte; Abstürze im Gebirge, die wie Unfälle aussehen; Ermordung der Ehefrau und der Kinder, die der Ehemann und Vater hoch versichert hatte, damit deren Tod und die Versicherungssumme ihn aus seiner mißlichen finanziellen Lage befreien oder ihn reich machen solle. Es gibt kaum Gemeinheiten des Planes und der Ausführung, die nicht mit raffiniertem Vorbedacht von dem Versicherungsbetrüger gewählt würden, und ich wüßte nicht, was solche

Tat gesinnungsmäßig noch vom Raubmord unterschiede — wenn nicht lediglich eine größere geschäftliche Routine. Häufig wirken auch Angehörige, namentlich die Ehefrau, mit, wenn es sich um Vortäuschung des Todes des Versicherten handelt.

Es werden die schwierigsten Kombinationen der Tat — die an sich sinnlos sind, weil sie doch meist sehr schnell entdeckt werden — versucht, um auf betrügerische Weise in den Besitz der Versicherungssumme zu gelangen. Gerade die Abhebung des Versicherungsbetrages, die das Ziel des Verbrechers war, wird ihm zum Verhängnis, weil sich von da aus der erste Verdacht zu erheben pflegt, der sich dann verhältnismäßig schnell verdichtet und die Ermittlung zu ganz sicheren Kombinationen veranlaßt. Die „kunstvollsten", raffiniertesten Stellen im Mosaik der Tatkonstruktion werden dann sichtbar und reihen ein Moment der Überführung des Täters an das andere, bis in den meisten Fällen dann das Geständnis den Weg zum Todesurteil frei macht.

4. Nicht nur Leichtsinn und Not sind es, sondern mehr noch skrupelloseste Verbrechensneigung und krasseste Geldgier, die beim Versicherungsbetrug am Werke sind und ernste Gefahren für fremdes Leben und fremdes Eigentum heraufbeschwören, leider begünstigt eben durch die geldlichen Chancen, die aus der sonst als segensreiche Nothilfe gedachten Privatversicherung entspringen. In dieses Lotteriespiel zwischen Prämie, Versicherungssumme und Schicksal schleicht sich der verbrecherische Instinkt als Mitspieler, der den langsamen Ablauf der normalen wirtschaftlichen Errungenschaft durch gefährlichen Kurzschluß abzukürzen versucht. Wenn, wie es nach den Darlegungen des Schrifttums den Anschein hat, die Versicherungsgesellschaften manchen bedenklichen Fall nicht mit aller Schärfe verfolgen können, weil die Beweislage zweifelhaft und eine Verurteilung zur Zahlung ihnen geschäftlich unerwünscht sein muß, so bleibt im Ergebnis doch die Auszahlung anfechtbarer Summen bedenklich im Sinne der hier dringend notwendigen Bekämpfung des Versicherungsbetrugs, der weit über rein privatrechtliche Vermögensschädigung hinausgeht. Mit energischster Abwehr verbrecherischer Herbeiführung des Versicherungsfalls müßte eben zugleich eine sorgsame sozialwirtschaftliche Behandlung des einzugehenden Versicherungsvertrags, insbesondere bei vermutlichem oder offensichtlichem Mißverhältnis zwischen Leistung, Objekt und Gegenleistung, einhergehen, so schwer dies im Einzelfall durchführbar sein mag. Es drängt sich mithin die Überzeugung auf, daß es dem hochkriminellen Versicherungsbetrug gegenüber nicht allein auf die gesetzliche Strafandrohung, die über den § 265 StGB. hinaus noch eine Verschärfung verdient, und auch nicht nur auf die kriminalpolizeiliche Ermittlung und Überführung sowie die Schärfe der richterlichen Untersuchung ankommt, sondern daß die privatrechtliche Seite der Sache eine so große Bedeutung hat — im Sinne des 'principiis obsta' —, daß die Versicherungsgesellschaften und ihre Werbepraxis ein allerdringendstes Interesse daran nehmen sollten.

Schrifttum:

S. Nelken, Verbrechen und Versicherung, Berlin-Dahlem, Verband öffentlicher Feuerversicherungsanstalten in Deutschland, 1928. — Derselbe, Brandstiftung, ebenda 1925. — H. Weck, Brandstiftung und Brandversicherungsbetrug (Beiheft zu „Versicherung und Geldwirtschaft"), Berlin 1926. — B. Kenyeres, Sachliche Beweise bei der Klärung von Todesfällen, Berlin u. Leipzig 1935. — Wartenberg, Versicherungsbetrug durch Personen, die nicht Versicherungsnehmer sind, Vjschr. f. angew. Kriminalistik VI (1934), 133ff. — Sauer, Kriminalsoziologie, Berlin 1933. — E. Liebermann v. Sonnenberg und O. Trettin, Kriminalfälle, Berlin 1934. — P. M. Grempe, Feuerverbrechen und Autounglücke bei Mord und Versicherungsbetrug, Krim. Monatshefte 1935 S. 10. — O. Vogel, Brandstiftungen und ihre Bekämpfung, Berlin 1929. — Vierteljahrsschrift f. angew. Kriminalistik, hrsg. von J. K. Kley, Lothar Philipp, Hans Schneickert; z. B. VII. Jahrg., H. 3 (1935).

Alexander Elster.

B. Statistik.

Die nachstehenden statistischen Ausführungen beziehen sich nur auf den Versicherungsbetrug im eigentlichen Sinne (§ 265 StGB.), da die anderen Erscheinungsformen der betrügerischen Handlungen in den verschiedenen Zweigen des Versicherungswesens im Rahmen der Reichskriminalstatistik unter dem Tatbestand des Betruges (§ 263 StGB.) in einer Summe ausgewiesen werden. Das ist bis zum Jahre 1892 einschließlich auch bezüglich des Versicherungsbetruges geschehen. Erst vom Jahre 1893 ab werden die wegen dieses Deliktes angeklagten und rechtskräftig abgeurteilten Personen in der Kriminalstatistik des Deutschen Reichs gesondert mitgeteilt, wobei allerdings nicht unterschieden wird, ob es sich um Brand- oder Seeversicherungsbetrug handelt.

Ausweislich der beigegebenen Übersicht schwankt in der Vorkriegszeit die Zahl der wegen Versicherungsbetruges rechtskräftig verurteilten Personen zwischen 41 (1902) und 14 (1904).

Während des Krieges ist die Kriminalität auf dem Gebiet des Versicherungsbetruges stark zurückgegangen.

Auch nach dem Kriege bleibt sie in Zusammenhang mit der zunehmenden Inflation gering, nach deren Überwindung haben sich jedoch die Fälle von Versicherungsbetrug wieder wesentlich vermehrt. Die Höchstzahl weist in der Nachkriegszeit das letzte Berichtsjahr 1933 mit 96 Verurteilungen auf.

Die wegen Versicherungsbetruges (§ 265 StGB.) Verurteilten im Deutschen Reich[1]) in den Jahren 1893—1933.

Jahre	Rechtskräftig Verurteilte insgesamt	Darunter			
		Weibliche	Jugendliche[2])	Vorbestrafte	Ausländer
1893	25	.	1	7	.
1894	37	.	2	3	.
1895	28	.	—	6	.
1896	24	.	—	13	.
1897	29	.	1	12	.
1898	23	.	—	8	.
1899	16	.	—	4	.
1900	28	.	—	14	.
1901	20	.	—	4	.
1902	41	.	2	17	.
1903	30	.	1	15	.
1904	14	.	1	4	.
1905	30	.	—	8	.
1906	22	.	—	10	.
1907	16	.	—	5	.
1908	32	.	—	10	.
1909	22	.	2	15	.
1910	23	.	—	12	.
1911	24	.	—	9	.
1912	37	.	—	14	.
1913	30	.	—	16	.
1914	37	.	2	14	.
1915	8	.	—	2	.
1916	7	.	1	2	.
1917	5	.	—	—	.
1918	2	—	—	2	—
1919	3	1	—	1	—
1920	2	1	—	—	—
1921	6	2	—	2	—
1922	5	—	—	4	—
1923	3	—	—	—	—
1924	10	1	—	3	—
1925	39	2	—	17	—
1926	75	3	—	31	—
1927	61	2	2	17	—
1928	58	4	—	14	—
1929	37	2	—	15	2
1930	52	3	—	19	2
1931	57	7	1	21	—
1932	74	18	—	22	—
1933	96	7	2	37	1

[1]) Jeweiliges Reichsgebiet.
[2]) Bis 1923 die 12—18 Jahre alten, ab 1924 die 14—18 Jahre alten Personen.

Die Beteiligung des weiblichen Geschlechts am Versicherungsbetrug, über die statistische Daten erst vom Jahre 1918 ab vorliegen, ist im allgemeinen recht gering. Erst in der letzten Zeit macht sich eine auffallende Verstärkung bemerkbar.

Die Jugendlichen sind wegen des speziellen Deliktscharakters in der mehr als vierzigjährigen Berichtsperiode jährlich, wenn überhaupt, mit 1, höchstens 2 Verurteilten vertreten.

Die absolute Zahl der Vorbestraften unter den wegen Versicherungsbetruges Verurteilten zeigt häufig von Jahr zu Jahr teils recht erhebliche Unterschiede; anteilsmäßig muß aber die Vorbestraftenkriminalität im allgemeinen als ziemlich hoch bezeichnet werden. In manchen Jahren, hauptsächlich vor dem Kriege, beträgt sie 50% und noch mehr, so z. B. in den Jahren 1896, 1900, 1903, 1909, 1913.

Über den Einfluß der Jahreszeiten auf die Gestaltung der Versicherungsbetrugskriminalität liegen statistische Ergebnisse nicht vor, doch läßt er sich indirekt wegen seiner Konkurrenz mit der Brandstiftung an dem jahreszeitlichen Verlauf der letzteren beobachten.

In dem Schaubild im Art. „Jahreszeiten" (Bd. I, S. 702) ist die saisonmäßige Bewegung der vorsätzlichen Brandstiftung in einigen europäischen Ländern dargestellt.

Der Aprilgipfel der vorsätzlichen Brandstiftungskriminalität, die nach den Erfahrungen der Praxis vorwiegend auf dem platten Lande vorkommt, dürfte seine Hauptursache im Versicherungsbetrug haben. Teils gilt es hierbei, für überwinterte Restbestände an landwirtschaftlichen Produkten, sei es daß sie wie Heu und Stroh verdorben oder schwer abzusetzen sind, durch die erhoffte Versicherungssumme eine wirtschaftliche Sanierung herbeizuführen, teils weil für den Wiederaufbau der angezündeten und niedergebrannten Gehöfte die in den Frühjahrsmonaten beginnende Bausaison besonders günstig ist.

Bei dem Spätsommer- bzw. Herbstgipfel dagegen kommen zwei ursächliche Momente in Frage. Einmal ist es wieder der Versicherungsbetrug, wobei nach Einbringung der Ernte die vollen Scheunen — zumal nach einer qualitativ schlechten Ernte — eine besonders hohe Versicherungssumme erhoffen lassen, während nach den näheren Ausführungen im Art. „Jahreszeiten" der andere Grund in Haß, Rache, Streit z. B. bei Ent-

Einzeldarstellung

	Jahr der Tat	Persönliche Verhältnisse des Täters: Geschlecht	Alter in Jahren	Familienstand	Beruf	Ausländische Staatsangehörigkeit	Vorstrafen: insgesamt	davon gegen die Person	davon gegen das Vermögen	Ausführung: Tat	Tatort
1.	1925 und 1926	m.	47	verh.	Kaufmann	Ungarn	—	—	—	er erschoß Frau und Kind, die beide hoch versichert waren, und versuchte einen Unfall vorzutäuschen	in der gemeinsamen Wohnung
2.	1927	m.	27	verh.	Versicherungsagent	—	2	—	1	er ertränkte einen Arbeiter seines Freundes, nachdem er ihn zu dessen Gunsten versichert hatte	in einem Teich
3.	1927	m.	46	verh.	Händler	—	—	—	—	er erschlug seine Ehefrau	in der Küche
4.	1929	w.	42	verh.	ohne selbständigen Erwerb (Ehemann: Fleischermeister)	—	1	*)	*)	sie stiftete einen Bekannten (vgl. lfd. Nr. 5) an, ihren Stiefsohn umzubringen	—
5.	1929	m.	45	verh.	Fleischermeister	—	—	—	—	er erschlug den Stiefsohn der unter lfd. Nr. 4 aufgeführten Anstifterin	im Walde

*) Angaben hierüber wurden bei Auswertung der Akten nicht aufgefunden.

lassung von landwirtschaftlichen Arbeitskräften zu suchen ist.

Zum Schluß ist noch auf eine Reihe statistischer Angaben über den Betrugsmord zu verweisen, die sich in einer vor kurzem vom Statistischen Reichsamt veröffentlichten Sonderuntersuchung über die in den Jahren 1928—1930 wegen Mordes zum Tode Verurteilten findet (vgl. „Mordstatistik. Eine Untersuchung auf der Grundlage von Todesurteilen, die in den Jahren 1928, 1929 und 1930 rechtskräftig geworden sind.“ Bd. 433 der Statistik des Deutschen Reichs. Kriminalstatistik für das Jahr 1931, Berlin 1934). Von 124 Mördern, die in diese Untersuchung einbezogen waren, hatten allein 5 den Mord begangen oder dazu angestiftet, um eine Lebensversicherungssumme zu erhalten. In der synoptischen Einzeldarstellung dieser 124 Mordfälle werden über die persönlichen Verhältnisse der 5 Betrugsmörder, die Ausführung der Tat sowie die persönlichen Verhältnisse ihrer Opfer die in der obigen Übersicht zusammengestellten Angaben mitgeteilt.

Ernst Roesner.

Verstädterung.

Die Verstadtlichung eines Landes, d. h. die ständige Zunahme der Stadtbevölkerung im Verhältnis zur Landbevölkerung hat meist zur Folge die sogenannte „Verstädterung“. Als verstädtert kann man diejenigen Menschen — und zwar nicht nur Stadtbewohner — ansprechen, die unfähig „im Heimatboden zu haften oder in neuem Boden Wurzel zu fassen, losgelöst von diesem geistig wie körperlich als Nomaden über den Boden treiben oder sich treiben lassen“ (Zeiß). Der Begriff der Verstädterung drückt eine Abwertung aus (Pfeil). Das Stadtleben mit seiner Stadtkultur und Stadtwirtschaft ist das Positive, die Verstädterung das dazugehörige Negative.

von 5 Betrugsmorden

der Tat		Tatzeit			Persönliche Verhältnisse des Opfers					Aburteilung	
Tatmittel oder Tötungsart	Tatmotiv	Monat	Wochentag	Tageszeit (Stunde)	Geschlecht	Alter in Jahren	Familienstand	Beruf	Beziehung des Opfers zum Täter	Ort	Jahr
mit einer Pistole	um die bei Unfall verdoppelte Lebensversicherungssumme zu erhalten	Febr.	Sa.	8—9	w.	38	verh.	ohne selbständigen Erwerb	Ehefrau	Stade	1927
		Okt.	Sa.	8—9	m.	16	led.	Schüler	Sohn		
durch einen Stoß in das Wasser	um die Auszahlung der Versicherungssumme an den Freund herbeizuführen	Febr.	Sa.	18½	m.	25	led.	Freiarbeiter	bekannt	Neustrelitz	1928
mit einer gefüllten Bierflasche	um die Auszahlung der Lebensversicherungssumme zu erhalten	Juli	Sa.	6—7	w.	50	verh.	ohne selbständigen Erwerb	Ehefrau	Stendal	1928
—	sie wollte die Lebensversicherungssumme haben								Stiefsohn	Ratibor	— 1930
mit einem Hammer u. einem Knüppel	angestiftet von dessen Stiefmutter	Febr.	Mo.	19¼	m.	22	led.	Fleischergeselle	bekannt		

Die Verstädterung als solche läßt sich statistisch nicht erfassen. Verstädtert kann ein Volk sein, wenn die Hälfte seiner Bevölkerung in Städten wohnt; ebenso ist es aber denkbar, daß ein Volk mit $^2/_3$ Stadtbevölkerung gar nicht oder weniger verstädtert ist als das vorgenannte. Bei der Verstädterung kommt es ausschließlich auf das Verhältnis der Menschen zu ihrer Umwelt an. Zeiß vergleicht treffend den verstädterten Menschen mit einem entwurzelten = wurzellosen Baum. Bei der Übersiedlung des Landbewohners in die Stadt bringt er als körperliche wie geistige Nahrung noch einige Wurzelballen heimatlicher Erde mit in den neuen Boden. Diese wird indessen in zunehmendem Maße aufgezehrt und von der neuen Erde durchsetzt, welch letztere schließlich die erstere völlig verdrängt. Die empfindlichsten Wurzeln, auf die Nahrungsaufnahme aus dem Heimatboden allein abgestellt, sterben infolge des Wechsels ab, ohne daß sich dafür Ersatz bildet, und es bleiben nur einige große, den elementarsten Lebensbedürfnissen genügende zurück. Das ist der verstädterte Mensch in seiner Wurzellosigkeit, der mit der Umgebung, in der er sich gerade mehr oder minder zufällig befindet, gar nicht oder nur lose verbunden ist.

Daß diese Wurzellosigkeit nicht allein in der Stadt vorhanden zu sein braucht, sondern ihren Ursprung auf dem Lande haben kann, zeigen die Beispiele in weiten Gebieten Australiens, Nordamerikas, des europäischen Sowjetrußlands u. a. Nur wird im allgemeinen der Widerstand der Landbewohner gegen die Entwurzelung ein nachhaltigerer sein.

Die Verstädterung würde nun aber trotz der an sich durchaus nicht begrüßenswerten Vorgänge lediglich theoretisch wissenschaftliches Interesse beanspruchen können, wenn sie nicht für das Volkswohl bedenkliche Folgen nach sich ziehen würde. Hand in Hand mit zunehmender Verstädterung des Einzelindividuums geht dessen innere Umgestaltung (Zeiß). Die Verantwortung, die den Landbewohner ursprünglich an seine Scholle band, geht nach und nach verloren. Aber nicht nur diese eine grundlegende Verantwortung allein, sondern das gesamte Verantwortungsgefühl. Naturwissenschaft, Technik, Sozialhygiene, kurz alle Errungenschaften der modernen Zeit beschleunigen, ohne daß die Entwicklung zwangsläufig so sein müßte, die Entwurzelung des Stadtmenschen, indem sie ihm eine Verantwortung nach der anderen abnehmen, seine Verantwortungslosigkeit fördern. Auf der anderen Seite bildet sich bei ihm als Reaktion zunehmender Egoismus und Lebensangst aus. Der verstädterte Mensch fühlt keine Verpflichtung mehr gegenüber der Volksgemeinschaft, Kinder zu haben, es tritt eine Verminderung der Fortpflanzungstätigkeit ein.

Die Fruchtbarkeitsziffern in der Stadt und auf dem Lande weisen ganz außerordentliche Unterschiede auf und zwar Unterschiede, die nicht erst in den letzten Jahren aufgetaucht sind, vielmehr bereits seit geraumer Zeit bestehen.

Für Preußen gelten nach dem Statistischen Jahrbuch für den Preußischen Staat, 10. Jahrg. 1912, S. 35—37 nachstehende Zahlen:

Tabelle 1: Fruchtbarkeitsziffern in Preußen in Stadt und Land.

Provinzen	Auf 1000 weibliche im Alter von über 15 bis 45 Jahren stehende Personen entfielen im Durchschnitt jährlich Lebendgeborene					
	1876—1880		1891—1895		1906—1910	
	in den Städten	auf dem Lande	in den Städten	auf dem Lande	in den Städten	auf dem Lande
1. Ostpreußen	142,13	185,07	133,66	194,79	119,47	171,97
2. Westpreußen	162,13	211,59	149,54	211,50	142,93	203,52
3. Stadtkreis Berlin	149,21	—	106,23	—	84,10	—
4. Brandenburg	169,06	174,87	145,10	165,49	94,77	122,31
5. Pommern	161,07	185,85	146,35	180,04	125,51	157,01
6. Posen	166,34	208,82	154,15	201,59	148,58	198,02
7. Schlesien	148,04	181,66	137,92	190,27	120,44	182,45
8. Sachsen	176,52	183,03	160,32	177,92	119,50	152,47
9. Schleswig-Holstein	165,50	157,18	154,73	160,33	120,03	149,95
10. Hannover	152,60	158,15	142,04	154,81	111,95	147,34
11. Westfalen	186,21	190,29	168,60	196,20	160,46	196,95
12. Hessen-Nassau	134,27	171,67	108,20	155,75	98,00	143,05
13. Rheinprovinz	170,47	183,81	152,68	180,49	127,37	180,24
14. Hohenz. Lande	145,21	193,74	79,40	154,42	91,09	159,77
Staat	160,64	182,93	140,65	181,85	117,61	168,77

Schon der erste Blick auf die Tabelle bestätigt die vorerwähnten Einflüsse der Stadt auf die Bevölkerung. In allen Provinzen Preußens — das Gleiche findet man bei sämtlichen anderen deutschen Ländern — ist die Fruchtbarkeitsziffer in den Städten geringer und zwar ganz bedeutend geringer als auf dem Lande. Überall zeigt die Fruchtbarkeitsziffer eine stark fallende Tendenz, wobei die Stadt im allgemeinen dem Lande gegenüber einen starken Vorsprung hat. In den preußischen Städten sank die Anzahl der Lebendgeborenen auf 1000 weibliche Personen im Alter von über 15—45 Jahren von 1876—1910 um 43,03, hingegen auf dem Lande nur um 14,16. Mit an der Spitze des Rückganges der Fruchtbarkeitsziffern marschiert Berlin mit einem Weniger von 65,10 in dem fraglichen Zeitraum. Die ländlichen Gegenden der preußischen Provinzen zeigen vielfach zu Ausgang des Jahrhunderts und um die Jahrhundertwende herum ein beachtliches Steigen der Fruchtbarkeitsziffern. Die entsprechenden Zahlen im Vergleich zu 1876—1880 liegen aber im Jahrfünft 1906—1910 nur noch bei Westfalen mit 6,66 und bei Schlesien mit 0,79 höher. Nur unbedeutend ist die Fruchtbarkeit in der Rheinprovinz (— 3,57), Schleswig-Holstein (— 7,23) und Westpreußen (— 8,07) zurückgegangen.

Dieselbe rückläufige Bewegung — in der Stadt schneller als auf dem Lande — tritt bei der Geburtenziffer zu Tage. In Preußen finden wir folgenden Verlauf derselben (Statistisches Jahrbuch für den Preußischen Staat, 10. Jahrg. 1912, S. 35—37):

Tabelle 2: Geburtenziffern in Preußen in Stadt und Land.

Provinzen	Auf 1000 der mittleren Bevölkerung entfielen durchschnittlich jährlich Lebendgeborene					
	1876—1880		1891—1895		1906—1910	
	in den Städten	auf dem Lande	in den Städten	auf dem Lande	in den Städten	auf dem Lande
1. Ostpreußen	35,43	41,19	31,91	41,30	27,67	33,91
2. Westpreußen	38,78	46,61	34,43	44,61	32,82	40,70
3. Stadtkreis Berlin	42,21	—	30,41	—	23,50	—
4. Brandenburg	37,91	38,30	33,87	36,43	24,82	28,07
5. Pommern	37,00	40,12	33,84	37,75	29,05	32,28
6. Posen	39,51	46,69	35,39	43,95	33,74	40,73
7. Schlesien	37,12	40,48	34,60	41,99	29,75	38,25
8. Sachsen	39,63	39,31	36,78	37,68	28,34	32,63
9. Schleswig-Holstein	36,00	32,80	34,58	32,64	27,27	30,72
10. Hannover	35,06	33,46	33,39	32,41	26,84	30,65
11. Westfalen	42,22	39,58	38,27	39,87	36,94	39,72
12. Hessen-Nassau	34,23	36,85	28,92	33,43	26,19	30,58
13. Rheinprovinz	40,34	38,77	36,69	37,58	31,06	37,00
14. Hohenz. Lande	35,00	41,71	20,38	32,73	22,87	32,91
Staat	38,66	39,61	34,33	38,66	29,01	35,18

Die Geburtenziffer der Stadtbevölkerung Preußens anfangs etwa der der Landbevölkerung nahekommend, sinkt im Vergleich zu dieser von 1876/80 bis 1906/10 um mehr als das Doppelte. Die Geburtenziffer Berlins mit 42,21 Lebendgeborenen auf 1000 der mittleren Bevölkerung, in den Stadtbezirken neben der Westfalens die höchste und in den Landbezirken nur von Westpreußen mit 46,61 und Posen mit 46,49 übertroffen, zeigt eine Abnahme von über 44% auf 23,50 Lebendgeborene, während die Stadtbezirke Westfalens — eine allerdings gegen Verstädterungserscheinungen besonders widerstandsfähige Provinz — 1906/10 im Durchschnitt noch eine Geburtenziffer von 36,94 aufweisen. Im einzelnen kann hier auf eine nähere Erläuterung der Tabelle nicht eingegangen werden. Sie bestätigt indessen die zum Teil bereits bei den Fruchtbarkeitsziffern gewonnenen Ergebnisse.

Der Geburtenüberschuß verringerte sich bis vor kurzem unaufhörlich. In den Sonderheften zu Wirtschaft und Statistik, Nr. 15, Berlin 1935, S. 56, werden folgende Ergebnisse gebracht („Neue Beiträge zum deutschen Bevölkerungsproblem"):

(Tabelle 3 s. 2. Spalte.)

Auf den Anstieg im Jahre 1934 ist weiter unten noch einzugehen.

Für Preußen beträgt der Geburtenüberschuß nach städtischen und ländlichen Bezirken unterschieden (Statistisches Jahrbuch für den Freistaat Preußen von 1928, 1930, 1931, 1932, 1933):

(Tabelle 4 s. S. 962 oben.)

Tabelle 3: Lebendgeborene und Geburtenüberschuß im Deutschen Reich[1].

Jahr	Lebendgeborene in absoluten Zahlen	Geburtenüberschuß in absoluten Zahlen	Auf 1000 Einwohner kamen	
			Lebendgeborene	Geburtenüberschuß
1913	1 606 051	721 163	26,9	12,1
1919	1 173 328	254 318	19,7	4,3
1920	1 545 086	640 710	25,8	10,7
1921	1 522 954	682 734	25,1	11,3
1922	1 404 215	523 589	23,0	8,6
1923	1 297 449	439 551	21,1	7,1
1924	1 270 820	511 745	20,5	8,3
1925	1 292 499	547 808	20,7	8,8
1926	1 227 900	493 541	19,5	7,9
1927	1 161 719	404 699	18,4	6,4
1928	1 182 815	443 295	18,6	7,0
1929	1 147 458	341 496	17,9	5,3
1930	1 127 450	416 600	17,5	6,5
1931	1 031 770	305 954	16,0	4,7
1932	978 210	278 590	15,1	4,3
1933	956 971	227 472	14,7	3,5
1934[2]	1 181 179	464 314	18,0	7,1

[1] Ohne Saarland. — [2] Vorläufige Zahlen.

Berlin weist überhaupt keinen „Geburtenüberschuß" mehr auf. Die städtischen Bezirke in der Provinz Brandenburg zeigen in den Jahren 1929, 1931 und 1932 bereits beachtliche negative Ergebnisse. 1929 und 1931 betrug der „Geburtenüberschuß" in den städtischen Bezirken des Regierungsbezirkes Potsdam —1,8 bzw. —1,7, des Regierungsbezirkes Frankfurt —1,3 bzw.

Tabelle 4: Geburtenüberschuß in Preußen in Stadt und Land.

Provinzen	Auf 1000 der mittleren Bevölkerung kam ein Geburtenüberschuß											
	1926		1928		1929		1930		1931		1932	
	in den Städten	auf dem Lande	in den Städten	auf dem Lande	in den Städten	auf dem Lande	in den Städten	auf dem Lande	in den Städten	auf dem Lande	in den Städten	a de La
1. Ostpreußen .	6,36	13,56	5,5	12,9	4,4	11,5	4,7	12,2	3,5	10,3	4,1	11
2. Brandenburg	1,80	8,37	0,7	7,6	— 1,6	5,7	0,4	7,1	— 1,4	5,0	— 1,3	4
3. Stadt Berlin	— 0,03	—	— 1,5	—	— 2,4	—	— 1,3	—	— 2,5	—	— 2,9	–
4. Pommern .	5,17	11,79	5,3	11,2	3,3	9,1	4,4	9,6	3,1	8,5	3,1	8
5. Grenzmark Posen-Westpr.	6,67	13,42	6,8	12,4	5,6	9,3	6,6	9,8	5,9	8,4	5,9	9
6. Niederschlesien . .	3,92	11,05	2,7	10,4	0,9	8,3	1,8	9,7	0,8	7,8	0,2	6
7. Oberschlesien	8,85	15,95	8,0	15,5	8,4	14,6	8,8	15,9	7,4	13,5	6,8	13
8. Sachsen . .	5,33	10,64	4,4	10,1	2,3	7,8	3,5	9,1	2,0	7,1	1,5	6
9. Schleswig-Holstein .	4,87	9,36	3,9	9,7	2,3	8,2	3,0	8,6	1,3	7,5	1,4	7
10. Hannover .	6,18	9,71	5,7	9,0	3,5	7,0	5,4	8,7	4,0	7,5	3,5	7
11. Westfalen .	10,06	15,04	9,2	13,7	7,2	11,6	8,6	13,3	6,3	11,0	5,5	10
12. Hessen-Nassau . .	4,32	10,74	3,5	9,5	1,8	8,0	2,6	8,7	1,6	6,6	1,1	6
13. Rheinprov. (ohne Saargebiet) . .	7,50	10,86	6,5	9,6	4,8	7,9	6,4	9,0	4,6	7,2	3,9	6
14. Hohenzoll. Lande . .	3,54	7,09	3,4	5,6	7,3	3,1	6,2	6,0	7,1	2,7	5,3	2
Staat	5,27	11,49	4,4	10,6	2,8	8,7	4,1	9,9	2,5	8,1	2,1	7

— 1,2 und des Regierungsbezirkes Liegnitz — 0,4 bzw. — 1,0, äußerst bedenkliche Sturmzeichen, die in obiger Tabelle der Provinzen leider nicht genügend zum Ausdruck kommen. Das Land steht im Verhältnis zur Stadt noch einigermaßen günstig da, doch vermindert sich auch hier der Geburtenüberschuß andauernd. Bedenkt man nun, daß es sich bei den angegebenen Zahlen nicht um einen Geburtenüberschuß im wahren Sinne des Wortes, d. h. um ein Mehr an Geburten in Beziehung zu dem natürlichen Abgang, handelt, vielmehr ein Weniger an Todesfällen die Ziffern künstlich hochhält (vgl. dazu Burgdörfer: Volk ohne Jugend) — eine Frage, die trotz ihrer Bedeutsamkeit hier leider nur gestreift werden kann —, so eröffneten sich für die Zukunft des deutschen Volkes die ernstesten Perspektiven.

Der zum Teil noch geringe Geburtenüberschuß der ländlichen Bevölkerung wird von der Stadt restlos absorbiert. Die ursprünglich noch verhältnismäßig wenig verstädterten Landbewohner verfallen, in die Stadt eingewandert, gar zu bald diesem Gift und vermehren dann die Zahl der wurzellosen Großstädter (vgl. auch Elster, Sozialbiologie, S. 217ff.). Ostpreußen hat in den letzten 30 Jahren etwa 2½ Millionen Menschen an die Städte abgegeben (vgl. Volz). Das überschnelle Wachstum Berlins beruht fast ausschließlich auf Zuwanderung. Schöneberg ist von 1873—1875 um 119% gewachsen, davon entfallen auf Zuwanderung fast 113%. Der Vorort Wilmersdorf von Berlin ist von 1891—1895 um 178% gewachsen, davon 158% auf Zuwanderung (für diese und die folgenden Angaben vgl. Leyden). Etwas über 40% der Gesamtbevölkerung waren um die Jahrhundertwende geborene Berliner; der Rest war hauptsächlich aus den agrarischen Provinzen Ostelbiens zugewandert. Hört einmal die Zuwanderung vom Lande zur Stadt auf, dann tritt ein unaufhaltsamer Rückgang ein. Dies wäre der Tod unserer heutigen Städte (vgl. Elster, Sozialbiologie, S. 38ff.).

Der Geburtenrückgang ist nicht die einzige Auswirkung der Verstädterung, wohl aber die das Fortbestehen eines jeden Volkes am unmittelbarsten berührende. Es sei des weiteren noch verwiesen auf die Zusammenhänge zwischen Verstädterung und Kriminalität (vgl. Burchardt, Art. Stadt und Land, B, Tatortskriminalität).

Sowohl die absoluten als auch die relativen Zahlen des Jahres 1934 bei den Lebendgeborenen und bei dem Geburtenüberschuß (vgl. Tab. 3) liegen ganz erheblich höher als diejenigen des Vorjahres, entsprechen sie doch etwa den Ergebnissen des Jahres 1928, wobei hervorzuheben ist, daß in der Zwischenzeit ein unaufhaltsames, beträchtliches Absinken stattgefunden hatte. Soweit aus Teilveröffentlichungen für 1935 zu entnehmen ist, sind die günstigen Ziffern im letzten Berichtsjahr der Tabelle 3 keineswegs eine Ausnahmeerscheinung, sondern setzen sich in verstärktem Maße fort. Die überraschend hohe Zunahme der Geburtenfreudigkeit ist unschwer auf die umfassenden Maßnahmen der Reichsregierung, auf deren Aufzählung hier leider verzichtet werden muß, und auf die Festigung des wirtschaftlichen und politischen Lebens in Deutschland zurückzuführen. In welchem Verhältnis nun Stadt und Land an der Steigerung der Geburtenziffern teilgenommen haben, kann zur Zeit der Abfassung dieser Arbeit mangels Vorliegens endgültiger Daten noch nicht abschließend gesagt werden. Indessen die Teilveröffentlichungen einiger Stadt- und Landbezirke lassen vermuten, daß der Geburtenanstieg zunächst überwiegend der städtischen Bevölkerung zuzuschreiben ist. Diese nach den bisherigen Darstellungen auf den ersten Blick hin merkwürdige Erscheinung dürfte ihre Erklärung finden in den bereits oben geschilderten charakterlichen Eigentümlichkeiten der Bevölkerung in den verschiedenen Siedlungsformen. Dem äußeren Einwirkungen mit ihren verschiedenartigsten Rückwirkungen leichter zugänglichen Städter steht der Bauer gegenüber mit einem aus der Bodengebundenheit resultierenden größeren Beharrungsvermögen. Äußert sich dieses möglicherweise zur Zeit gerade nicht günstig, so darf nicht vergessen werden, daß erfahrungsgemäß in Kürze die bestehende Spanne überwunden wird. Ohne gewagte Vorausahnungen zu machen, kann behauptet werden, daß dann die gesunde Grundlage für die Erhaltung und Weiterentwicklung des deutschen Volkes geschaffen ist.

Schrifttum:

Frank W. Blackmar und John Lewis Gillin, Outlines of sociology, New York 1921. — F. S. Bodenheimer, Bemerkungen eines Biologen über den Begriff der Verstädterung, Zeitschr. f. Geopolitik, X. Jahrg., 1933, H. 3 (März), S. 173ff. — Derselbe, Thesen für eine menschliche Bevölkerungslehre auf biologischer Grundlage. Zeitschr. für Geopolitik, IX. Jahrg., 1932, H. 8 (August), S. 470ff. — Derselbe, Der Staat als Überindividuum, Zeitschr. f. Geopolitik, IX. Jahrg. 1932, H. 9 (September), S. 561ff. — Gotthold Bohne, Kriminalpolitik und Eugenik, Deutsch. Juristenztg., 1934, S. 17ff. — Carl Brinkmann, Gesellschaftslehre, Enzyklopädie der Rechts- und Staatswissenschaft, Bd. 48, Berlin 1925. — N. Brückner, Die Entwicklung der großstädtischen Bevölkerung im Gebiete des Deutschen Reichs, Allg. Statist. Arch., Jahrg. 1890, 1. Halbbd., S. 135ff. — F. Burgdörfer, Volk ohne Jugend, Berlin 1932. — Frederik A. Bushee, Principles of sociology, New York 1923. — Friedrich Delekat, Was ist und wie entsteht Gemeinschaft? Sonderdruck aus Philosophie der Gemeinschaft, Berlin 1929. — Alexander Elster, Sozialbiologie, Bevölkerungswissenschaft und Gesellschaftshygiene, Handb. d. Wirtschafts- und Sozialwiss., Bd. 8, Berlin u. Leipzig 1923. — Daniel Essertier, La sociologie. Paris 1930. — Th. Fischer, Die Stadt, Schriften des Bayer. Landesvereins zur Förderung des Wohnungswesens, H. 23, München 1928. — Erich Gloeden, Die Inflation der Großstädte und ihre Heilungsmöglichkeit, Berlin 1923. — Ludwig Gumplowicz, Grundriß der Soziologie, Ausgewählte Werke Bd. II, Innsbruck 1926. — Derselbe, Soziologische Essays; Soziologie und Politik, Innsbruck 1928. — Edward Cary Hayes, Sociology, New York, London 1930. — B. Horváth, Rechtssoziologie, Probleme der Gesellschaftslehre und der Geschichtslehre des Rechts, Berlin-Grunewald 1934. — Siegfried Kracauer, Soziologie als Wissenschaft, Eine erkenntnisreiche Untersuchung, Dreden 1922. — Martin Leinert, Die Sozialgeschichte der Großstadt, Hamburg 1925. — Friedrich Leyden, Berlin als Beispiel einer wurzellosen Großstadt, Zeitschrift f. Geopolitik, X. Jahrg., 1933, H. 3 (März), S. 175ff. — Thomas Robert Malthus, Eine Abhandlung über das Bevölkerungsgesetz, Sammlung sozialwissenschaftlicher Meister, Bd. 6, Jena 1924 (Bd. I), 1925 (Bd. II). — K. v. Mangoldt, Das Großstadtproblem und die Wege zu seiner Lösung, Sonderdruck aus der Zeitschrift „Die Wohnung", Berlin, II. Jahrg. H. 11/12, III. Jahrg., H. 1/2, Berlin 1928. — Ernst Mayer, Kleinstadt und Großstadt. Eine Lebensquelle und Tod der Völker, Schrifttum zur politischen Bildung, VII. Reihe, Volkstum H. 6, Langensalza 1926. — Georg v. Mayr, Bevölkerungsstatistik, Handb. d. öffentl. Rechts, Einleitungsband herausg. von Seydel, 6. Abt., Leipzig 1897. — M. P. Meuriot, Des agglomérations urbaines dans l'Europe contemporaine, Essai sur les causes, les conditions, les conséquences de leur développement, Paris 1897. — Robert Michels, Soziologie als Gesellschaftswissenschaft, Lebendige Wissenschaft, Bd. IV, Berlin 1926. — Ludwig Nieder, Großstadtprobleme, Sonderabdruck aus der Präsides-Korrespondenz, 1916, H. 5/6, München-Gladbach 1916. — Elisabeth Pfeil, Über den Zusammenhang von Verstädterung und Geburtenrückgang, Zeitschr. f. Geopolitik, X. Jahrg., 1933, H. 3 (März), S. 168ff. — Hermann Platz, Großstadt u. Menschentum, München 1924. — P. Quante, Nicht Verstädterung, sondern Vergewerblichung — das Schicksal der Menschen in der Zivilisation, Zeitschr. f. Geopolitik, X. Jahrg., 1933, H. 6 (Juni), S. 379ff. — A. Quetelet, Du système social et des lois qui le régissent, Paris 1848. — Edward Alsworth Ross, Principles of sociology, New York 1923. — Wilhelm Sauer, Soziologie contra Sozialphilosophie, Sonderdruck aus Jahrb. f. Soziologie, Bd. 2, Karlsruhe 1926. — Derselbe, Grundlagen der Gesellschaft, Eine Rechts-, Staats- und Sozialphilosophie, Berlin-Grunewald 1924. — Eugen Schmahl, Menschen in der großen Stadt, Oldenburg 1932. — G. Schnapper-Arndt, Sozialstatistik, Vorlesungen über Bevölkerungslehre, Wirtschafts- und Moralstatistik, Leipzig 1908. — R. Seeberg, Der Geburtenrückgang in Deutschland, Eine sozialethische Studie, Leipzig 1913. — Max Graf zu Solms, Bau und Gliederung der Menschengruppen, Karlsruhe 1929 bis 1932. — Werner Sombart, Städtische Siedlung, Handwb. d. Soziol., herausg. von Vierkandt, Stuttgart 1931. — Othmar Spann, Gesellschaftslehre, 3. Aufl., Leipzig 1930. — Herbert Spencer, The study of sociology, London 1873. — Wilhelm Steinberg, Die seelische Eingliederung in die Gesellschaft, München 1933. — Ferdinand Tönnies, Gemeinschaft und Gesellschaft, 2. Aufl., Berlin 1922. — Derselbe, Soziologische Studien und Kritiken, Zweite Sammlung, Jena 1926; Dritte Sammlung, Jena 1929. — Heinrich v. Treitschke, Die Gesellschaftswissenschaft, Ein kritischer Versuch, Philosophie und Geisteswissenschaften, Bd. 4, Halle 1927. — Walter Uhsadel, Soziologische Verhältnisse kinderreicher Großstadtfamilien, Berlin 1928. — Alfred Vierkandt, Gesellschaftslehre, 2. Aufl., Stuttgart 1928. — W. Volz, Industrie in den Osten! Die deutsche Wirtschaftsstruktur und das Problem der Ostsiedlung, Zeitschr. f. Geopolitik, X. Jahrg., 1933, H. 6 (Juni), S. 367ff. — Adolf Weber, Die Großstadt und ihre sozialen Probleme, Leipzig 1908. — Max Weber, Wirtschaftsgeschichte, Abriß der universalen Sozial- und Wirtschaftsgeschichte, 2. Aufl., München u. Leipzig 1924. — Derselbe, Wirtschaft und Gesellschaft, Grundriß der Sozialökonomik, III. Abt., 2. Aufl., 1. Halbbd., Tübingen 1925. — Leopold v. Wiese, Zur Grundlegung der Gesellschaftslehre, Jena 1906. — Derselbe, Ländliche Siedlungen, Handwb. d. Soziol., herausg. von Vierkandt, Stuttgart 1931. — Derselbe, System der allgemeinen Soziologie als Lehre von den sozialen Prozessen und den sozialen Gebilden der Menschen (Beziehungslehre), 2. Aufl., München u. Leipzig 1933. — René Worms, Die Soziologie, Wesen, Inhalt und Beziehung zu anderen Wissenschaften, Karlsruhe 1926. — Wl. Woytinsky, Die Welt in Zahlen, Berlin 1928. — H. Zeiß, Entwurzelung und Wurzellosigkeit, Beobachtungen und Fragen zum Problem der Verstädterung, Zeitschr. f. Geopolitik, X. Jahrg., 1933, H. 5 (Mai), S. 310ff. — Franz Žižek, Soziologie und Statistik, München u. Leipzig 1912.

Hans Hermann Burchardt.

Verteidigung.

Man unterscheidet die formale Verteidigung, d. h. die Stellung, Aufgabe und Tätigkeit eines im Strafverfahren neben dem Beschuldigten oder für ihn auftretenden Beistandes, von der materiellen Verteidigung, worunter der Selbstschutz des Beschuldigten und die Gesamtheit der Grundsätze und Vorschriften zur Wahrung seiner Schutzinteressen begriffen wird. Im Folgenden ist nur von der formalen Verteidigung die Rede.

1. Die Zulassung eines Beistandes für den Beschuldigten im Kriminalverfahren finden wir seit Jahrhunderten, ja seit Jahrtausenden bei allen Kulturvölkern. Sie entspricht einem im Volksbewußtsein wurzelnden Bedürfnis und ist im Wesen des Strafrechts selbst und in dessen Verwirklichung durch den Machtspruch des Staates begründet. Die Billigkeit verlangt, daß namentlich in schweren Kriminalfällen dem im Rechtsgang unerfahrenen und am Gerichtstag meist befangenen Angeklagten ein rechtskundiger, erfahrener und vertrauenswürdiger Verteidiger zur Seite steht, der sich dafür einsetzt, daß dem Angeklagten in der Entscheidung der Schuld- und Straffrage kein Unrecht widerfährt. Dies gilt namentlich im Anklageprozeß, in dem das Vorverfahren, die Erhebung der Anklage und ihre Vertretung vor Gericht einem dem Staat verpflichteten öffentlichen Organ, zur Zeit dem Staatsanwalt, übertragen ist. Wie sehr er auch der materiellen Gerechtigkeit zu dienen und demgegenüber auch die berechtigten Interessen des Angeklagten wahrzunehmen hat, so lehrt doch die Erfahrung, wie schwer es ist, die Rolle des Anklägers mit der eines Verteidigers zu verbinden. Anklagen und Verteidigen sind begrifflich entgegengesetzte Funktionen. Der Idealmensch, der beide gleichzeitig versehen könnte, ist noch nicht geboren. Wäre er da, so wäre nicht nur der Verteidiger, sondern auch der Richter überflüssig. Wir könnten alsdann zum mittelalterlichen Inquisitionsprozeß zurückkehren, in welchem Untersuchungsführer, Ankläger und Richter ein und dieselbe Person war. Wer die Früchte dieses Gebildes an der Quelle

studiert, weiß, daß dieses Ideal ewig eine Ideologie bleiben wird. Man wird daher die Stellung des öffentlichen Anklägers als Parteistellung in Kauf nehmen müssen, wie immer auch die Theorie sich gegen diese Bezeichnung sträuben mag. Dazu zwingt die psychologische Erfahrungstatsache, daß derjenige, der das Verfahren gegen den wirklichen oder vermeintlichen Rechtsbrecher bis zum Urteil durchzuführen hat, sich als Sachwalter des unmittelbar oder mittelbar verletzten Auftraggebers Staat fühlt und als solcher dazu neigt, in dem Verdächtigen und Verfolgten den überführten Täter zu erblicken. Dies vollends nach erhobener Anklage, für die er die Verantwortung trägt und deren Scheitern regelmäßig als persönlicher Mißerfolg angesehen wird. Das häufige Mißverhältnis zwischen der Auffassung und den Anträgen des Anklägers und dem Urteil des erkennenden Gerichts beweist die Richtigkeit dieser Erwägung. Seine subjektive Einstellung und der starke und leidenschaftliche Einsatz für die Interessen des Staates kann diesem nur förderlich sein, allerdings unter der Voraussetzung, daß dem Angeklagten ein Verteidiger gleichen Geblüts entgegensteht, der das Gleichgewicht an der Waage der Gerechtigkeit schafft. So wird, wie auf allen Gebieten des menschlichen Erkennens, durch die These der Anklage und die Antithese der Verteidigung die Synthese eines richtigen, dem Ideal der Gerechtigkeit am nächsten kommenden Urteilsspruchs gewährleistet.

Dieser Ausgleich kann auch nicht durch den Richter, den eigentlichen Träger der Rechtsverwirklichung, gewährleistet werden. Dies gilt namentlich in schweren Straffällen, in denen auch die Beiordnung eines Verteidigers fast überall gesetzlich vorgeschrieben ist. Hier kommt die Erkenntnis zum Durchbruch, daß der Verteidiger ein unentbehrlicher Garant der Rechtsfindung ist. Der so wägende Richter verneint damit nicht den Glauben an seine Objektivität und Fähigkeiten, offenbart vielmehr, daß er sich von dem Dünkel der Unfehlbarkeit, wie er dem mittelalterlichen Inquisitionsrichter eignete, frei weiß. Es ist menschlich durchaus zu verstehen, daß der Richter häufig aus den Akten, die er als Verhandlungsleiter kennen muß, ein Bild von Tat und Täter gewinnt, das leicht dazu führt, dem Korrekturversuch seitens des Angeklagten ablehnend zu begegnen. Häufig erfordert die Feststellung des Tatbestandes, namentlich der inneren Tatseite, die Erforschung der Persönlichkeit des Beschuldigten, seines Seelenlebens und seiner Fähigkeiten. Hierzu reicht die kurze Bekanntschaft des Richters mit dem Beschuldigten vielfach nicht aus, namentlich wenn diesem die Fähigkeit zum verständlichen Vorbringen und Verhandeln abgeht und wenn er sich gegenüber dem Richter und Staatsanwalt unterlegen fühlt. Auch führt das Bewußtsein des Richters, Repräsentant der staatlichen Strafgewalt zu sein, und das hierdurch ausgelöste Machtgefühl sowie die Gleichgültigkeit gegen den individuellen Rechtsbrecher leicht zu einer Strafbemessung, die dem Täter und seiner Willensrichtung nicht gerecht wird. Hier überall ist der rechtlich und forensisch geschulte, mit der Persönlichkeit des Beschuldigten bekannte und von seinem Vertrauen getragene Verteidiger berufen und in der Lage, an der Rechtsfindung mitzuwirken.

Diese Rechtfertigungsgründe für die Institution der Verteidigung erklären die Tatsache, daß dieselbe seit den Anfängen der Kultur überall zugelassen und heute in der Gesetzgebung aller Staaten verankert, für besondere Fälle sogar vorgeschrieben ist. Im klassischen Altertum stand diese Institution in hoher Blüte, die besonders in den romanischen Ländern sich bis heute behauptet hat. Männer wie Cicero, Quintilian, Tacitus und selbst der Kaiser Augustus pflegten die Kunst der Verteidigung, die hauptsächlich in der forensischen Beredsamkeit gipfelte. Man nannte sie orator oder patronus im Gegensatz zum rechtskundigen advocatus. Im alten deutschen Recht, als noch das Strafverfahren dem Zivilverfahren glich, wurde dem Beklagten ein dem Gericht angehöriger oder von ihm bestellter Fürsprecher beigeordnet. Aus ihm entwickelte sich später der berufsmäßige Rechtsbeistand. Im Mittelalter begegnen wir den aus dem römischen und kanonischen Recht übernommenen Prokuratoren und Advokaten, deren Stellung in den einzelnen Gebietsteilen und zu den verschiedenen Zeiten überaus mannigfaltig war. Vorübergehend war freilich die Verteidigung in Deutschland wie in anderen Staaten abgeschafft, so unter der Herrschaft des Inquisitionsprozesses. Indes blieb auch hier noch der Schein insoweit gewahrt, als dem Beschuldigten am endlichen Gerichtstag, an dem das fertige Urteil verkündet und vollstreckt wurde, ein „Fürsprech aus dem Gericht" verstattet wurde. Bemerkenswert ist, daß, als Friedrich der Große im Jahre 1780 auf Vorschlag seines Justizministers Carmer die freie Advokatur abschaffte, die Strafverteidigung in den Händen der durchweg noch unabhängigen Justizkommissare blieb. Immer und überall war die Ausschließung der Verteidigung von kurzer Dauer, und immer fielen diese Zeiträume mit einem Tiefstand der Strafjustiz zusammen. Heute ist die Verteidigung in fast allen Staaten zugelassen und als unentbehrlich anerkannt, so auch in Sowjetrußland, wo sie in den ersten Jahren der Revolution abgeschafft war. In Deutschland ist sie in der seit 1879 geltenden Reichsjustizgesetzgebung geregelt. Die nationalsozialistische Regierung hält trotz mannigfacher Gegenströmungen an dem Grundsatz der Unentbehrlichkeit der Verteidigung fest.

2. Wer ist als Verteidiger zugelassen? In der Vergangenheit gehörten die Verteidiger durchweg dem Kreis der rechtskundigen Sachwalter an, die berufsmäßig Rat und Beistand in Rechtssachen gewährten. Heute fungieren in Deutschland und den anderen Staaten hauptsächlich die Rechtsanwälte als Verteidiger. Bei uns sind daneben die Rechtslehrer an deutschen Hochschulen allgemein zugelassen. Zu Offizialverteidigern können neben diesen nichtrichterliche Justizbeamte und Referendare im Vorbereitungsdienst bestellt werden. Im Falle der nicht notwendigen Verteidigung kann heute noch jede andere Person vom Gericht zugelassen werden. Diese Ausnahme erscheint aber infolge der Überzahl von Rechtsanwälten und wegen der großen Anforderungen, die gerade heute in juristischer und ethischer Hinsicht an die Verteidiger zu stellen sind, nicht mehr gerechtfertigt.

3. Viel umstritten war und ist heute noch die Frage nach der öffentlich-rechtlichen Stellung des Verteidigers, nach seinem Verhältnis zu Staat, Gericht und dem Beschuldigten.

Was die Organisation des Verteidigerstandes angeht, der in der Praxis durchweg im Rechtsanwaltstand aufgeht, so besteht in Deutschland und in fast allen Ländern die freie, unabhängige, berufsständische, meist in der Zulassung unbeschränkte Advokatur. Das alte Problem, ob die Anwaltschaft in dieser Struktur fortbestehen oder ob ihre Unabhängigkeit vom Staat und Gericht aufgelockert werden soll, dürfte zur Zeit in Deutschland zu Gunsten des bestehenden Zustandes als gelöst gelten. Die häufigen, in der Vergangenheit unternommenen Versuche zur Einschränkung der Unabhängigkeit und Verbeamtung der Anwaltschaft endeten meist schon nach kurzer Zeit mit einem Fiasko, so z. B. unter Friedrich dem Großen, ferner auch in Frankreich und in Sowjet-Rußland. Die nationalsozialistische Regierung hält auch hier an dem Grundsatz der Freiheit und Unabhängigkeit der Advokatur fest, obschon die Tendenz besteht, in gewisser Hinsicht eine Unterordnung unter das Gericht einzuführen. So ist vorgeschlagen, daß der Richter den Verteidiger bei pflichtwidrigem Verhalten ausschließen könne. Diese Regelung erscheint bedenklich, abgesehen von dem bisher bereits anerkannten Fall, daß der Verteidiger teilnahmeverdächtig ist oder als Auskunftsperson in Frage kommt. Eine andere Frage ist die, ob wegen der Überfüllung des Anwaltstandes und der hierdurch bedingten Gefahr einer Herabdrückung des sittlichen Niveaus vorübergehend Maßnahmen zur Beschränkung der Zulassung erforderlich erscheinen, so z. B. die Einführung eines numerus clausus.

Außerordentlich wichtig und praktisch bedeutsam ist die Frage nach der Stellung des Verteidigers im Strafprozeß. Sie ist dahin geklärt, daß er sowohl öffentliches Rechtspflegeorgan als auch Beistand des Beschuldigten ist. Streitig war und ist es zum Teil heute noch, welche dieser Funktionen die primäre ist, wie diese in Einklang zu bringen sind und welche Folgerungen sich aus dieser Zwitterstellung für die Verteidigertätigkeit ergeben. In der vergangenen Zeit der liberalistischen Weltanschauung neigte man dazu, die Beistandschaft des Verteidigers in den Vordergrund zu stellen und ihn als Kämpfer an der Seite des Beschuldigten gegen den staatlichen Strafanspruch anzusehen, der zwar keine Handlung zur Strafvereitlung vornehmen dürfe, im übrigen aber der Pflicht zur Wahrheit und Offenheit überhoben sei. Diese letztere Auffassung wurde von namhaften Rechtsgelehrten (v. Liszt, Frank, Olshausen) und für den Zivilprozeß sogar vom Reichsgericht vertreten, während sie von der Standesdisziplin und den Ehrengerichten der Rechtsanwälte entschieden abgelehnt wurde. Diese Auffassung hat zu gewissen Auswüchsen der Verteidigung, namentlich von Seiten artfremder Elemente, geführt, die heute als beseitigt gelten können. Der nationalsozialistische Staat verlangt selbstverständlich von dem Verteidiger als Organ der Rechtspflege deren bedingungslose Förderung. Mit dieser grundsätzlichen Forderung ist aber das Problem noch nicht gelöst und die Eigenart der Verteidigerstellung nicht geklärt. Soll er rückhaltlos dem Recht dienen, so ist der Unterschied zwischen seiner Aufgabe und der des Staatsanwalts nicht zu erkennen; dann müßte er auch zur Verfolgung und Überführung des Beschuldigten beitragen. Das widerspricht indes dem natürlichen Volksempfinden. Richtig wird man seine Stellung dahin bestimmen und abgrenzen können, daß er dem Recht durch die Wahrnehmung der berechtigten Interessen des Beschuldigten zu dienen hat. Aus dieser Formulierung folgt, daß er im Strafverfahren eine andere Aufgabe als der Ankläger hat, daß er nicht zum Nachteil des Beschuldigten handeln und nicht zu seiner Überführung beitragen darf, daß er die ihm beruflich anvertrauten oder sonst zur Kenntnis gelangten belastenden Momente nicht preisgeben, andererseits aber niemals die Wahrheit fälschen darf und in gewissen Fällen seine Tätigkeit versagen muß. Diese Auffassung von der Stellung des Verteidigers und Rechtsanwalts ist urdeutsch und läßt sich durch die ganze Rechtsgeschichte verfolgen. Rechtsvereitlung durch den Rechtswahrer ist nach deutschen Begriffen ebenso verwerflich wie die Treulosigkeit gegen den Klienten, der Parteiverrat. Von diesem Blickpunkt aus lassen sich durchweg die Konflikte lösen, in die der Verteidiger mit sich selbst als Rechtswahrer und Beistand des Beschuldigten geraten kann und sehr häufig gerät. Aber auch diese Formel kann den Dualismus der beiden Funktionen nicht immer überwinden. In Zweifelsfällen muß das Gewissen, der Takt und das Situationsgefühl des Verteidigers entscheiden. Es wäre falsch und vergeblich, eine gesetzliche Reglementierung solcher Konfliktslagen zu versuchen, wie es hie und da empfohlen wird.

4. Vor allem muß die Wahrheitspflicht des Verteidigers oberstes Gesetz sein und bleiben. Nach römischem Recht wurden in diesem Punkte keine besonderen Anforderungen an den Verteidiger gestellt. Im Cod. Just., bei Cicero und Quintilian finden sich Stellen, die es für zulässig erklären, daß der Verteidiger mit Unwahrheiten operiert, eine Auffassung, die zum Teil sich noch in den romanischen Ländern erhalten und leider auch in letzter Zeit in Deutschland teilweise vertreten war.

Das Problem der Pflichtenkollision ist jüngst häufig mit der Frage ventiliert worden, ob der von der Schuld des Angeklagten überzeugte Verteidiger die Freisprechung beantragen dürfe, wenn die Hauptverhandlung die Schuld seines Klienten nicht ergeben habe. Gegen die Wahrheitspflicht würde ein solches Verhalten nicht direkt verstoßen. Bisher hielt man den Verteidiger allgemein hierzu für berechtigt, weil der nicht überführte Angeklagte ein Recht auf Freisprechung habe. Von einem solchen Recht kann aber begrifflich nicht die Rede sein. In der Tat tritt in diesem Falle die Zwiespältigkeit der Verteidigerstellung am stärksten hervor. Als Rechtspflegeorgan dürfte er zwar nicht auf schuldig plädieren, müßte jedoch die Verteidigung niederlegen, weil er durch den Antrag auf Freisprechung aktiv die Rechtspflege benachteiligen würde. Als Beistand würde er durch die nicht mißzuverstehende Niederlegung des Mandats seinen Auftraggeber benachteiligen und somit indirekt sich des Treubruchs schuldig machen. Man wird grundsätzlich die Niederlegung der Verteidigung im Interesse der Rechtspflege für berechtigt halten können, und zwar nach dem Grundsatz, daß bei Pflichtenkollision die höhere auf Kosten der minderen zu erfüllen ist. Allerdings kann man den Standpunkt vertreten, daß der an sich gegebene Treubruch des Verteidigers, der gemäß §§ 300 und 356 StGB. mit Strafe bedroht ist, unter Umständen der Rechtspflege nachteiliger sein könnte als die Freisprechung eines nicht überführten Beschuldigten, sofern dieser nicht als schwerer Volksschädling in Frage kommt.

Jedenfalls ist der Vorschlag, den Verteidiger im Falle der Ablegung eines Geständnisses zu verpflichten, dieses an Staatsanwalt oder Gericht weiterzuleiten, durchaus abzulehnen. Hierdurch würde der Fürsprecher und Beistand des Beschuldigten zu seinem Widersacher gestempelt. Es läge nach der heutigen Auffassung, die bis in die Anfänge der Rechtsgeschichte zurückreicht, Parteiverrat vor. Deshalb kann auch dem Vorschlag nicht beigepflichtet werden, daß der Verteidiger auf Verlangen des Gerichts seine Schweigepflicht brechen müsse.

5. Über die Rechte des Verteidigers gibt die Strafprozeßordnung Aufschluß. Im Vorverfahren sind sie auf den Verkehr mit dem Beschuldigten und die Akteneinsicht beschränkt. Die erstere Befugnis kann aber bis zum Abschluß des Vorverfahrens der richterlichen Aufsicht unterstellt, die letztere grundsätzlich bis zu diesem Zeitpunkt überhaupt versagt werden. Die Hauptbefugnisse des Verteidigers in der Hauptverhandlung bestehen darin, daß er Zeugen und Sachverständige unmittelbar befragen, Beweisanträge stellen, Ausführungen auch im Widerspruch mit dem Beschuldigten machen und in einem Schlußvortrag das Ergebnis der Verhandlung tatsächlich und rechtlich würdigen kann. Es wird von der künftigen Gestaltung des Strafprozesses abhängen, ob und wie weit diese Rechte des Verteidigers bestehen bleiben oder eingeschränkt werden. Wird die bisherige Struktur des Strafprozesses als eines Anklage- und Parteiprozesses aufgegeben und der Angeklagte in die Stelle eines Untersuchungsobjektes herabgedrückt, so werden damit auch die Rechte des Verteidigers beschnitten werden. Andererseits sollen im künftigen Verfahrensrecht im Gegensatz zum geltenden gewisse Pflichten des Verteidigers, die sich aus seiner Stellung als Diener am Recht ergeben, verankert werden.

Theodor Klefisch.

Verwahrlosung.

1. Bei der Besprechung der Verwahrlosung ist scharf zu trennen die Begriffsbestimmung und die Ursachenlehre. Das Wort „Verwahrlosung" wird hergeleitet von dem mittelhochdeutschen Wort „wahrlos". Es bedeutet „ohne die nötige Wahrung sein", und zwar sowohl in körperlicher als auch in geistiger Hinsicht. Beide Formen von Verwahrlosung können unabhängig von einander und selbständig hervortreten oder sich mit einander verbinden. Die körperliche Verwahrlosung ist eine Störung der äußeren Erscheinungsform des Menschen. Sie tritt uns als langdauernde Vernachlässigung des Körpers oder der Kleidung, in der Hauptsache in der Form der Unsauberkeit und ihrer Folgen, entgegen. Der Begriff der sittlichen Verwahrlosung ist wesentlich vielseitiger. Ich bezeichne sie als eine Erschütterung des seelischen Gleichgewichts in dem Sinne, daß das Triebleben aus den verschiedensten Ursachen heraus die Gesamtpersönlichkeit richtunggebend und einseitig beeinflußt und eine Entgleisung von dem geraden Wege der geordneten Lebensführung herbeigeführt hat. Die sexuelle Verwahrlosung sehe ich als eine Unterform der sittlichen Verwahrlosung an. Kommt es zu Handlungen, die eine Störung des Gemeinschaftslebens hervorrufen, so spricht man von Dissozialität. Verstößt eine antisoziale Handlung auch gegen das Strafgesetz, so sprechen wir von Kriminalität. Mit den Begriffsbestimmungen zahlreicher anderer Schriftsteller habe ich mich in einer einschlägigen Arbeit (H. Többen, Zur Begriffsbestimmung der Verwahrlosung, Freie Wohlfahrtspflege, 5. Jahrg., 1930, H. 5, S. 193—200) auseinandergesetzt, u. a. mit Reicher, Gertrud Moses, den grundlegenden Arbeiten von Gruhle und Lund, mit Knauthe, Ziehen, Heller, Rühle, Francke, Langenberg, Cimbal, Haarmann, Rehm, Bopp, Bappert und Maria Giesen. Neuerdings bezeichnet Hilde Eiserhardt die Verwahrlosung als „einen Zustand der Lebensführung, der sich in einer körperlichen Vernachlässigung oder in einem hemmungslosen Vorherrschen einzelner Triebe äußert und auf der Unfähigkeit beruht, die eigenen Angelegenheiten zu besorgen und sich in geordnete Verhältnisse zu fügen" (H. Eiserhardt, Ziele eines Bewahrungsgesetzes, Aufbau und Ausbau der Fürsorge, Veröffentlichungen des Deutschen Vereins für öffentliche und private Fürsorge, H. 15, Frankfurt a. M. 1929, S. 64, 65). Die hier erfolgte Hineinschiebung der „Unfähigkeit, die eigenen Angelegenheiten zu besorgen", in eine Begriffsbestimmung der Verwahrlosung halte ich nicht für unbedenklich, weil diese Unfähigkeit eine Voraussetzung für die Entmündigung ist, deren Notwendigkeit keineswegs bei allen Verwahrlosten vorliegt. Bei der Darlegung der Begriffsbestimmung der Verwahrlosung habe ich stets die klare und deutliche begriffliche Trennung der drohenden und tatsächlichen Verwahrlosung gefordert. Dabei führte ich aus, daß die tatsächliche Verwahrlosung ein fertiger Zustand sei, dessen Beseitigung zwar möglich, aber erschwert sei. Die drohende Verwahrlosung habe ich als ein wahrscheinlich bevorstehendes, aber noch nicht vorhandenes Ereignis bezeichnet und auf die Möglichkeit der Verhütung hingewiesen, die in vielen Fällen aussichtsreicher sei als die Heilung und die Beseitigung eines bereits eingerissenen Übels. In der Zeitschrift für Gesundheitsverwaltung und Gesundheitsfürsorge habe ich kritisch Stellung genommen zu den in der modernen Fürsorgepraxis gebräuchlichen Begriffsbestimmungen „subjektive" und „objektive Verwahrlosung" (H. Többen, „Subjektive" und „objektive Verwahrlosung", Zeitschrift für Gesundheitsverwaltung und Gesundheitsfürsorge, 1. Jahrg., 1930, H. 13, S. 348—350). Die Anwendung der Begriffe „subjektive" und „objektive Verwahrlosung" gibt — wie ich in dem genannten Artikel ausführte — zu den verschiedensten Deutungen Anlaß. Schmitz (L. Schmitz, Die Fürsorgeerziehung Minderjähriger. Textausgabe mit Einleitung und ausführlichen Erläuterungen, 5. Aufl., Düsseldorf 1917, S. 32—33) und Heß (W. Heß, Art. „Fürsorgeerziehung" im Handwörterb. d. Wohlfahrtspflege, Berlin 1929, S. 246 bis 250) verwenden den Ausdruck „objektive Verwahrlosung", wie ich erwähnte, nur im Hinblick auf das tatsächliche Vorliegen einer Verwahrlosung. Spricht man, wie es heute in der Fürsorgepraxis vielfach der Brauch ist, bei einer Gefährdung der Kinder durch das Milieu von „objektiver Verwahrlosung", so ist der dieser Begriffsbestimmung zu Grunde liegende Sinn offenbar der, daß sich die Bezeichnung auf ein Objekt, d. h. auf die Außenwelt, bezieht im Gegensatz zum Subjektiven, nämlich der seelischen Welt des gefährdeten Kindes. Zu Mißverständnissen führt jedoch in diesem Falle die Ausdrucksweise: „Das Kind oder der Jugendliche ist objektiv verwahrlost." Durch diese Fassung schreibt man, wie ich darlegte, dem Kind selbst einen Zustand der Verwahrlosung zu, in welchem es sich in Wirklichkeit gar nicht befindet. Trotz der einleuchtenden Tatsache, daß Heß die Gefährdung durch das Milieu einer drohenden subjektiven Verwahrlosung gleichsetzt, erscheint es mir entsprechend meinen früheren Ausführungen unverständlich, weshalb von anderer Seite im gleichen Fall der Begriff

„subjektive Verwahrlosung" angewendet wird. Hinsichtlich der Anwendung von „subjektiv" und „objektiv" in unserem Sprachgebrauch möchte ich in diesem Zusammenhang darauf hinweisen, daß der Sprachforscher Eduard Engel ganz allgemein und ohne jeden Hinweis auf die oben genannte Literatur sich sehr absprechend über die Anwendung der Wörter „subjektiv" und „objektiv" in unserem Sprachschatz äußert (E. Engel, Menschen und Dinge, 2. Aufl., S. 144, 145). Wenngleich es mir völlig fernliegt, seine ätzende, zweifellos über das Ziel hinausschießende Kritik auf die Äußerungen der vorgenannten Autoren in Anwendung zu bringen, so halte ich es meinen früheren Darlegungen entsprechend doch für dringend wünschenswert, die Begriffe „objektive" und „subjektive" Verwahrlosung aus der Terminologie zu streichen, zumal eine Gegenüberstellung von „Gefährdung" oder „drohender Verwahrlosung" einerseits und „Verwahrlosung" andererseits vollkommen genügen und vor allen Dingen eindeutig sein würde.

2. Bei den Ursachen der Verwahrlosung sind zu unterscheiden genotypische und paratypische Ursachen. In den meisten Fällen sind die Anlageschäden weit bedeutungsvoller als die Milieuschäden. In dieser Beziehung wird auch auf die Äußerung von Groß (W. Groß, Rasse. Eine Rundfunkrede vom 10. X. 1934. Erhältlich im Rassenpolitischen Amt, Berlin NW 7) hingewiesen: „Wichtiger als die Einflüsse der Umwelt sind die erblichen Anlagen, die der Einzelne oder ein ganzes Volk mitbekommen." In seltenen Fällen sind die Milieuschäden wichtiger als die Anlageschäden. Oft liegt es so, daß der flexiven Kraft des Milieus eine flexible Persönlichkeit ausgesetzt wird.

Die Ursachen der Verwahrlosung teile ich folgendermaßen ein:

A. Inweltschäden (Genotypische Ursachen).

I. Die von früher Jugend auf nachweisbaren Anlageschäden: 1. Der angeborene und im frühen Kindesalter erworbene Schwachsinn. 2. Psychopathie. 3. Epilepsie. 4. Encephalitis und Parkinsonismus. 5. Frühzeitig hervortretende, auch schon bei den Vorfahren bemerkte Veranlagung zur Verwahrlosung ohne nachweisbare psychische Abwegigkeiten.

II. In der späteren Jugend hervortretende Neigung zur Verwahrlosung: 1. Verwahrlosung unter dem Einfluß der Pubertät. 2. Verwahrlosung unter dem Einfluß der in der Pubertät auftretenden Schizophrenie. 3. Verwahrlosung unter dem Einfluß der übrigen in der Jugend auftretenden Geistesstörungen. 4. Verwahrlosung unter dem Einfluß der Verkrüppelung. 5. Verwahrlosung unter dem Einfluß von Sinnesfehlern (Sehschwäche, Blindheit, Schwerhörigkeit, Taubheit, Taubstummheit).

B. Umweltschäden (Paratypische Ursachen).

I. Das ungünstige engere Milieu: 1. Das Milieu des innerhalb der Familie erzieherisch ungünstig beeinflußten Kindes: a) Vernachlässigung durch die Eltern, durch Haushälterinnen und Dienstmädchen. b) Mißhandlung durch die Eltern, insbesondere durch einen trunksüchtigen Vater und eine trunksüchtige Mutter und durch sittenlose Eltern, ferner durch Geschwister. c) Verführung zur Unsittlichkeit, zum Stehlen, zum Lügen und Betteln, durch die Eltern, durch Geschwister und Kostgänger. d) Verständnislosigkeit von seiten der Eltern (Gegensatz der Generationen). e) Verwöhnung durch die Eltern und Geschwister. Erhöhte Gefahr für die einzigen und die jüngsten Kinder. 2. Das Milieu des entwurzelten Kindes: a) Das ausgesetzte Kind. b) Das uneheliche Kind. c) Das verwaiste Kind. d) Das Pflegekind. e) Das Adoptivkind. f) Das umkämpfte Kind.

II. Der erweiterte Lebenskreis des Kindes und Jugendlichen als Ursache der Verwahrlosung: 1. Die Schule (Verführung durch Schulkameraden, in Ausnahmefällen durch gewissenlose Lehrer). 2. Die Arbeit und Arbeitsstätte (Verführung durch Vorgesetzte und Mitarbeiter, Ausnutzung, Gefahren des Zusammenlebens der Geschlechter). 3. Die Freizeit.

III. Das durch die Art der Ansässigkeit bedingte Milieu: 1. Das Großstadtmilieu. 2. Das Industriemilieu. 3. Das Landmilieu.

IV. Das wirtschaftliche Milieu: 1. Das kärgliche Milieu: a) Pauperismus. b) Arbeits- und Erwerbslosigkeit. c) Wohnungsnot. 2. Das üppige Milieu.

V. Das geistige Milieu: 1. Lektüre. 2. In Ausnahmefällen Kino und Theater.

VI. Das zeitliche Milieu.

C. Zusammenwirken innerer und äußerer Ursachen oft besonders deutlich beim Alkoholismus und den übrigen Rauschgiftsuchten.

3. Beim angeborenen Schwachsinn sind für die Entstehung der Verwahrlosung ursächlich bedeutungsvoll das oft gesteigerte Triebleben, die Urteilsschwäche und die damit zusammenhängende erhöhte Verführbarkeit.

Bei der Psychopathie schaffen eine Prädisposition für die Verwahrlosung die Haltlosigkeit, Erregbarkeit, Süchtigkeit, Triebhaftigkeit, der Mangel an Zuverlässigkeit, die Willensschwäche. Oft ist allerdings auch eine im abwegigen Sinne gesteigerte Energie die Ursache des Abgleitens. Bei der Hysterie sind besonders gefährdet diejenigen Formen, welche wir infolge ihrer Depravation als hysterischen Charakter bezeichnen.

In ähnlicher Form unterscheidet man die Epilepsie vom epileptischen Charakter. Beim Parkinsonismus schafft das gesamte Krankheitsbild eine höchst eigenartige Veranlagung zur sexuellen Verwahrlosung.

Bei der Verwahrlosung Jugendlicher ohne nachweisbare psychische Abwegigkeiten ist besonders auf eine erbliche Belastung in dem Sinne zu achten, daß die Vorfahren schon „eine leichte Jacke" anhatten.

Die Verwahrlosung unter dem Einfluß der Pubertät ist in besonderem Maße bedingt durch die Abhängigkeit von den Affekten des Augenblicks, durch geistige Kurzsichtigkeit, durch den Kurzschluß der Gedankengänge, durch die erhöhte Verführbarkeit, durch die Verknüpfung der Phantasie mit der erwachenden Sexualität (vgl. E. Spranger: Psychologie des Jugendalters, Leipzig 1924, S. 105—127), durch den Mangel an Ehrfurcht vor der Majestät des Staates im Sprangerschen Sinne, durch den Gegensatz der Generationen, durch die oft in diesem Zeitabschnitt hervortretende Diskrepanz zwischen Motiv und Tat, durch die Eigenschaften des Trotzalters in Verbindung mit einem stark gehobenen Selbstgefühl und einem ungewöhnlichen Selbständigkeitsdrang. Daß die in der Jugend hervortretende Geistesstörung, insbesondere die Schizophrenie, zumal in der Phase der sogenannten Scheinheilung, eine besondere Rolle spielt, ist ohne weiteres klar, weil bei dieser Erkrankung ein Zerfall der Persönlichkeit in dem Sinne stattfindet, daß Stimmung und Vorstellungsinhalt oft nicht einander entsprechen.

Hinsichtlich der Beziehungen zwischen Verwahrlosung und Verkrüppelung verweise ich auf den Art. Krüppeltum.

Was die Verwahrlosung unter dem Einfluß von Sinnesfehlern anbetrifft, verdient eine besondere Beachtung die Sehschwäche, da sehschwache Kinder in Normalschulen oft dem Unterricht nicht folgen können, deshalb des Schulbesuches überdrüssig und so Schulschwänzer werden. Bei der Blindheit sind die Gefahren der Verwahrlosung wesentlich geringer, da blinde Kinder auf Grund des Gesetzes betr. die Beschulung blinder und taubstummer Kinder vom 7. August 1911 in die geordneten Verhältnisse einer Blindenanstalt kommen. Bei schwerhörigen Kindern wurzelt die Verwahrlosung oft in einem Mißtrauen und dem dadurch bedingten schiefen Verhältnis zur Außenwelt. Dasselbe gilt in verstärktem Maße für die tauben und taubstummen Kinder, die durch den Sinnesfehler oft in eine psychische Isolierung geraten, wie sie auch bei den einzigen Kindern vorliegt.

Für die sittliche Schädigung eines Menschen und die daraus entstehende Verwahrlosung ist ursächlich neben den geschilderten, durchweg bedeutungsvollen Anlageschäden die Umwelt nicht unwichtig. Allerdings gibt es Menschen, die infolge eines vorbildlichen sittlichen Haltes selbst den ungünstigsten Umwelteinflüssen nicht erliegen. Einen unangreifbaren Beleg gibt, da das doch immerhin imaginäre Verhalten der lebenswahrsten Kinder der Phantasie wie Oliver Twist und David Copperfield nicht beweisend ist, die Autobiographie des berühmten Afrikaforschers Henry Morton Stanley (Mein Leben, Verlag Die Lese G. m. b. H., München 1911).

Bei der von mir gegebenen Einteilung der Umweltschäden, d. h. also der paratypischen Ursachen der Verwahrlosung, habe ich zunächst das ungünstige engere Milieu, und zwar das Milieu des innerhalb der Familie erzieherisch ungünstig beeinflußten Kindes, herausgestellt. Hier spielt neben der Vernachlässigung und Verführung durch Eltern und Hausangestellte besonders die Mißhandlung der Kinder namentlich im Trinkermilieu eine Rolle. Richter, Ärzte und Fürsorger haben gerade in den letzten Jahren ein großes einschlägiges Material beobachten können. Mitunter gibt die teilweise im Gegensatz der Generationen begründete Verständnislosigkeit der Eltern bei der Berufswahl und auch bei sonstigen Anlässen den Anstoß zu dysthymischen Reaktionen und zum Verlassen des Elternhauses. Diese Verständnislosigkeit schlägt auf der anderen Seite bei den einzigen und jüngsten Kindern oft in eine Verwöhnung aus, die eine Quelle für eine spätere Entgleisung werden kann. (Vgl. auch d. Art. Soziale Umwelt.)

Weit gefährdeter als das im Elternhause aufwachsende Kind ist natürlich das entwurzelte Kind. In einer relativ kleinen Anzahl von Fällen trägt die Kindesaussetzung mit Schuld an der Verwahrlosung, da diese Findlinge gelegentlich nur aufgenommen worden sind, um später, rücksichtslos ausgebeutet, dem Verbrechen oder der Prostitution zugeführt zu werden. Allerdings ist in solchen Fällen durch eine sehr sorgfältige Analyse zu prüfen, inwieweit genotypische Ursachen beteiligt sind. — Eine bedeutungsvolle Rolle bei der Entwicklung der Verwahrlosung spielt auch die uneheliche Geburt. Wächst das uneheliche Kind bei der Mutter auf, so muß naturgemäß in vielen Fällen die Erziehung leiden, da einmal die Mutter wegen ihres wirtschaftlichen Existenzkampfes sich oft nicht um das Kind kümmern kann und andererseits häufig einen Verkehr unterhält, der die Seele des Kindes gefährdet. Das uneheliche Kind kann aber auch bei Fremden und Verwandten aufwachsen, bei denen es günstige oder ungünstige Verhältnisse antreffen kann. Ist in einer inzwischen geschlossenen Ehe der bisher unehelichen Mutter der Ehepartner nicht der Kindesvater, so können auch hier je nach dem Charakter des Stiefvaters, von einzelnen Ausnahmen abgesehen, die Verhältnisse als recht ungünstig bezeichnet werden. Die unehelichen Kinder sind endlich auch deshalb der Gefahr der Verwahrlosung ausgesetzt, weil sie meistens eine schlechte Ausbildung erhalten, und erfahrungsgemäß der ungelernte jugendliche Arbeiter viel leichter der Verwahrlosung anheimfällt als der in stabileren Verhältnissen lebende gelernte Arbeiter. — In zahlreichen Fällen trägt weiterhin die Verwaisung mit zur Verwahrlosung bei. Den Mutterwaisen fehlt die liebende Fürsorge der Mutter, den Vaterwaisen die strenge Leitung des Vaters. Gerade die Nachkriegszeit hat uns gezeigt, daß unter den sogenannten Witwensöhnen manche Halbwüchsige vorhanden waren, die jeglichen Autoritätsgefühls gegenüber der Mutter entbehrten und ihre oft allzu große Milde in schnödester Weise mißbrauchten. Die Spargroschen der Mutter wurden nicht selten in leichtsinniger Gesellschaft verpraßt. Bei den Vollwaisen ist die Gefahr der Verwahrlosung relativ gering, weil sie meistens sehr früh der Obhut eines Waisenhauses zugeführt werden. — Bei den Pflegekindern können sich oft sehr pflichtbewußte Pflegemütter mit Erfolg bemühen, die wirkliche Mutter zu ersetzen und den Werdegang des ihnen anvertrauten Kindes in günstige Bahnen zu lenken. Die früher nicht selten beobachtete traurige Tatsache, daß derartige Kinder sogenannten Engelmacherinnen anheimfielen, die sie aus schnöder Gewinnsucht verhungern ließen, ist angesichts der Betreuung durch eine moderne Jugendfürsorge und der den Kreisärzten obliegenden Beaufsichtigung der Haltekinder seltener geworden. Mißhandlungen und üble Ausnutzung der Arbeitskraft der Pflegekinder kommen in diesem Milieu aber zweifelsfrei auch jetzt noch vor. — Die Lage des Adoptivkindes ist, von Ausnahmen abgesehen, nicht selten eine günstige, weil der Beweggrund der Adoption aus der Liebe zum Kind und demnach aus selbstloser Absicht entspringt. — Dagegen haben die umkämpften Kinder meistens ein sehr trauriges Los. Sie werden in den Brennpunkt des Kampfes der geschiedenen Eltern gestellt. Von Erbitterung und Rachsucht erfüllt, wiegelt der eine Elternteil den Sohn oder die Tochter gegen den anderen Elternteil auf und bringt das junge Menschenkind in schwere seelische Konflikte. Infolge der zerrütteten Verhältnisse ist es leicht möglich, daß die Kinder aus solchen Ehen vom geraden Wege der geordneten Lebensführung abweichen. — Hinsichtlich des erweiterten Lebenskreises des Kindes und Jugendlichen als Ursache der Verwahrlosung ist zunächst die Schule zu erwähnen. Weit davon entfernt, den durchweg pflichtbewußten Lehrerstand irgendwie zu bemakeln, muß betont werden, daß in Ausnahmefällen gewissenlose Lehrer die ihnen anvertrauten Schüler in sexueller Hinsicht verführen. Ohne daß die einschlägige Kasuistik hier eingehender behandelt werden soll, muß auf einen sehr krassen Fall hingewiesen werden. Ein Lehrer veranlaßte einen Knaben und ein Mädchen, sich zu entkleiden, zeigte dem Mädchen unter dem Mikroskop die Spermien des Knaben und verging sich an den Kindern in übelster Weise. Diese Verführung hatte die sehr bedenkliche Folge, daß unter den Schülern und Schülerinnen dieser Schule mehrfach Geschlechtsverkehr vorkam. Gelegentlich kann es auch zur Verführung der Schulkameraden kommen, namentlich im Sinne mutueller Onanie und eines Boxens gegen die Genitalien durch Knaben beim Baden. Es handelt sich hier nicht selten um abwegige Bahnungen des in der Pubertät erwachten Sexualtriebes. Daß bei jugendlichen Arbeitern auf der Arbeitsstätte Verführungen durch Mitarbeiter und Vorgesetzte möglich sind, ist selbstverständlich, zumal in manchen Fabriken die Gefahren des Zusammenlebens der Geschlechter trotz aller Schutzmaßnahmen unverkennbar sind. Nicht selten kommt es auch in kaufmännischen Betrieben zur Verführung jugendlicher weiblicher Angestellter durch Vorgesetzte unter Ausnutzung eines Vertrauensverhältnisses. Besonders dort, wo Jugendliche gemeinsam wohnen und arbeiten, ist immer auf die Gefahr homosexueller Verführung zu achten. Für einen großen Teil der Jugend decken sich die Gefahren der Freizeit mit denen des Groß- stadt- und Industriemilieus. Es bedarf keiner näheren Ausführung, daß das Großstadtmilieu unserer Jugend besonders deshalb sehr gefährlich wird, weil die Verführung in verschiedenster Form namentlich an die männliche Jugend herankommt, mag sie nun als Circe an stillen Straßenecken sich ihr nähern oder in Kabaretts oder Varietés als leicht geschürzte Muse ihre schlüpfrigen Chansons herunterleiern. Aber auch die weibliche Jugend ist in den Großstädten besonders gefährdet. Bei ihr spielen namentlich die Gefahren der Urbanisation eine

Rolle. — Zu den Gefahren der Großstadt gesellen sich im rheinisch-westfälischen Industriegebiet trotz der vorbildlichen Wohnungspolitik der Ruhrbauaktiengesellschaft das Wohnungselend, das Schlaf- und Kostgängerunwesen, der früher erfolgte Zuzug zahlreicher landfremder, nicht bodenständiger Familien und die ungewöhnliche Bevölkerungsdichte. — Das Landmilieu hat durch die modernen Verkehrsmöglichkeiten, namentlich durch den Kraftwagen, viel von seiner Eigenart insofern verloren, als ein reger Austausch mit der städtischen Bevölkerung stattfindet. Besondere Gefahren sind darin zu erblicken, daß bei Hirtenknaben und Stallschweizern durch das nahe Zusammensein mit dem Vieh bei angekränkelten Persönlichkeiten sich eine Neigung zur Zoophilie entwickeln kann. Da es oft an geistiger Anregung und, besonders während der Ernte, an guten alkoholfreien Getränken fehlt, ist nach meinen Erfahrungen die Landjugend des öfteren den Gefahren des Alkoholmißbrauchs ausgesetzt. Die straffe Erziehung und körperliche Ertüchtigung durch HJ und SA haben eine wesentliche Besserung geschaffen. — In wirtschaftlicher Hinsicht ist namentlich das kärgliche Milieu herauszuheben. Hier liegen die Gefahren besonders in der Arbeitslosigkeit. Sie „schafft bei dem jungen Menschen einen Zustand mangelnder Energieabfuhr, der eine Schädigung seiner Entwicklung bedeutet und sich vielfach in gemeinschädlichen oder gemeinlästigen Äußerungen entlädt" (W. Villinger, s. Schrifttum). Durch Ankurbelung der Wirtschaft, durch Arbeits- und Militärdienst sind wesentliche Gefahrenquellen beseitigt. Beim üppigen Milieu liegen im Gegensatz zum kärglichen Milieu die Gefahren der Verwöhnung, der Blasiertheit und der Eigensucht vor. — Den Gefahren der Lektüre, des Kinos und des Theaters begegnen wirksam die Maßnahmen der Reichsschrifttumskammer.

Schrifttum:

H. Eiserhardt, Ziele eines Bewahrungsgesetzes. Aufbau und Ausbau der Fürsorge, Veröffentlichungen des Deutschen Vereins für öffentliche und private Fürsorge, H. 15, Frankfurt a. M. 1929, S. 64, 65. — E. Engel, Menschen und Dinge, Leipzig o. J., 2. Aufl., S. 144, 145. — W. Groß, Rasse. Eine Rundfunkrede vom 10. Oktober 1934. Erhältlich im Rassenpolitischen Amt, Berlin NW 7. — W. Heß, Art. „Fürsorgeerziehung" im Handwörterb. d. Wohlfahrtspflege, Berlin 1929, S. 246—250. — L. Schmitz, Die Fürsorgeerziehung Minderjähriger. Textausgabe mit Einleitung und ausführlichen Erläuterungen, Düsseldorf 1917, 5. Aufl., S. 32—33. — E. Spranger, Psychologie des Jugendalters, Leipzig 1924, S. 105 bis 127. — H. Többen, Die Jugendverwahrlosung und ihre Bekämpfung., Münster i. W., 1927, 2. Aufl., S. 53 bis 60. — Derselbe, Zur Begriffsbestimmung der Verwahrlosung, Freie Wohlfahrtspflege, 5. Jahrg. (1930), H. 5, S. 193 bis 200. — Derselbe, „Subjektive" und „objektive Verwahrlosung", Zeitschr. f. Gesundheitsverwaltung und Gesundheitsfürsorge, 1. Jahrg. (1930), H. 13, S. 348 bis 350. — Derselbe, Das nach der Scheidung der Eltern umkämpfte Kind, Die Medizinische Welt, 1930, Nr. 30. — Derselbe, Gefährdung und Schutz der Jugend des Rheinisch-Westfälischen Industriebezirks, D. Ztschr. f. d. ges. ger. Med. (1929), 13. Bd., 3. H. — W. Villinger, Arbeitslosigkeit, Arbeitsscheu und Verstandesschwäche bei jugendlichen Kriminellen, Mitt. d. kriminalbiolog. Gesellsch. IV (1933), 147—166. — Ilse Schulze-Steinen, Die deutsche Forschung nach den Ursachen der Jugendverwahrlosung in den letzten drei Jahrzehnten, Bethel bei Bielefeld 1935.

Heinrich Többen.

Verwahrung, Bewahrung.

1. Begriffe. Verwahrung und Bewahrung sind Begriffe, denen Reformbestrebungen auf dem Gebiet des Strafrechts- und des Fürsorgewesens in den letzten 20 Jahren einen bestimmten Inhalt gegeben haben. Beide bezeichnen ein Absondern von Menschen aus der Volksgemeinschaft, eine Sonderbehandlung, ohne zunächst etwas über den Grund dieses Eingreifens und die Art der Unterbringung zu sagen. Der Gedanke, der diesem Eingreifen in die persönliche Freiheit zu Grunde liegt, in den ersten Nachkriegsjahren entstanden, stammt aus verschiedenen Wurzeln. Ein verarmtes, in seinem gesunden Menschenbestand geschwächtes Volk wollte es nicht länger dulden, daß eine Gruppe von Menschen, die wie Schmarotzer an der Kraft des Volkskörpers zehrten, weiterhin von ihrer persönlichen Freiheit falschen Gebrauch machten. Hinzu kam die von der Strafrechtsreform vertretene Forderung, die Allgemeinheit stärker als bisher zu schützen vor Menschen mit verbrecherischem Hang („Zustandsverbrecher").

Die beiden Begriffe Verwahrung und Bewahrung wurden zuerst gleichbedeutend neben einander gebraucht. Zur Unterscheidung der verschiedenen Beweggründe und Ziele kam man jedoch dazu, die vorwiegend auf dem Gedanken der Sicherung der Volksgemeinschaft vor gemeingefährlichen und rückfälligen Verbrechern beruhende strafrechtliche Form als Verwahrung, die andere, unter fürsorgerischen Gesichtspunkten angestrebte Form der Aussonderung gemeinschaftsunfähiger Menschen als Bewahrung zu bezeichnen.

2. Geschichtliches. Von den beiden Wurzeln der Bewegung zur Schaffung einer gesetzlich geregelten Verwahrung oder Bewahrung ist die aus der Strafrechtsreform kommende die ältere. Sie geht ausschließlich vom Schutz der Volksgemeinschaft aus, erstreckt sich aber auf zwei ganz verschiedene Personengruppen. Man erkannte zunächst die Notwendigkeit und die Aufgabe des Strafrechts, „die Allgemeinheit mehr als bisher vor verbrecherischen Anschlägen zu schützen und gegen verbrecherische Irre und geistig Minderwertige, vor allem aber gegen gefährliche Gewohnheitsverbrecher die nötigen Sicherungen zu schaffen" (Entwurf eines ADStGB. nebst Begründung, Walter de Gruyter, Berlin 1925). Man erkannte, daß die zeitlich begrenzte Freiheitsstrafe hier vielleicht den Forderungen der Gerechtigkeit, nicht aber den Forderungen der Rechtssicherheit zu entsprechen vermag. Der Satz „Keine Strafe ohne Schuld" verlor seine Bedeutung angesichts der Erkenntnis, daß der Rechtssicherheit nicht gedient sei, wenn ein vermindert zurechnungsfähiger Verbrecher nach Verbüßung der verhältnismäßig kurzen, seinem Verschulden entsprechenden Strafe in Freiheit gesetzt, wenn ein Trunksüchtiger bloß gestraft, nicht auch geheilt wird, wenn ein unverbesserlicher Gewohnheitsverbrecher nach einer noch so langen Freiheitsstrafe sein verbrecherisches Gewerbe wieder aufnehmen kann. Man sah ein, daß bestimmte Gruppen von Verbrechern wegen ihres die Volksgemeinschaft schädigenden Verhaltens neben oder statt der Strafe einer besonderen Behandlung bedürfen, sei es zur Beseitigung ihres gemeingefährlichen Zustandes, sei es zur dauernden Absonderung aus der Volksgemeinschaft. Diese Forderung der Strafrechtsreform führte zu der „Sicherungsverwahrung", die im G. gegen gefährliche Gewohnheitsverbrecher und über Maßnahmen der Sicherung und Besserung vom 24. XI. 1933, RGBl. I, 995, geregelt ist (s. hierzu dieses Handwörterbuch S. 597ff.).

Die zweite Gruppe, deren Verwahrung oder Bewahrung die Strafrechtsreform forderte, waren die Personen mit gemeinschädlichem Verhalten. Der Begriff „gemeinschädliches Verhalten" als Tatbestand des Strafrechts entstammt dem Entwurf zum ADStGB. von 1919. Dieser faßte zum ersten Mal in einem besonderen Abschnitt die verschiedenen kleinen Delikte zusammen, die überwiegend auf Willensschwäche und Haltlosigkeit zurückzuführen sind. Sie werden dort aber als Vergehen bezeichnet und unter Strafe gestellt. Der Entwurf von 1925 übernahm zwar die Zusammenfassung in einem besonderen Abschnitt, fügte diesen aber als besonderes 3. Buch an und sah keine Strafe vor, sondern lediglich die Einweisung in ein Arbeitshaus. In seiner Begründung ging er davon aus, daß es sich hier überwiegend um haltlose, willensschwache Menschen handele und daß es zwecklos sei, diesem asozialen Verhalten durch kurze Freiheitsstrafen entgegenzuarbeiten. Die Beobachtung der Insassen der Arbeitshäuser hatte gezeigt, daß es sich bei den wegen Landstreichens, Bettelns usw. verurteilten und dem Arbeitshaus überwiesenen Personen fast ausnahmslos um Menschen handelte, die nach ihrer Anlage außer stande sind, sich ihren Lebensunterhalt durch geregelte Arbeit zu verdienen; ein großer Prozentsatz der Insassen erwies sich als geistig minderwertig. Vielen ist ein krankhafter Wandertrieb eigen. Aus dem Arbeitshaus entlassen und in einer Arbeitsstelle untergebracht, verlassen sie Obdach und Arbeit und irren wieder auf den Landstraßen umher. In anderen Fällen handelt es sich um Personen, die aus irgend einem Grund wirtschaftlich Schiffbruch gelitten haben oder sonst wurzellos geworden sind und es verlernt haben, sich in geordnete Verhältnisse zu fügen. An sich willensschwach, oft durch übermäßigen Alkoholgenuß völlig entnervt, versinken diese Menschen immer tiefer in geistige und körperliche Verwahrlosung. Die Haftstrafe, die sie gelegentlich erleiden, macht auf sie keinen Eindruck. Diese Menschen sich selbst zu überlassen, geht nicht an. Mag auch der Einzelne harmlos und der Allgemeinheit mehr lästig als schädlich sein, ihre Gesamtheit bildet doch eine beträchtliche Gefahr. Nach dieser Schilderung der Typen gemeinschädlicher Menschen weist die Begründung zum Entwurf von 1925 darauf hin, daß man im Wege freier Liebestätigkeit schon seit Jahrzehnten nicht ohne Erfolg bemüht gewesen sei, diesen Gefahren entgegenzutreten, die haltlosen Menschen zu stützen und, soweit möglich, an ein geordnetes Leben zu gewöhnen. Was hier zu erreichen sei, hänge aber zum großen Teil von dem guten Willen der Betroffenen selbst ab; an diesem fehle es jedoch nicht selten, vielfach deshalb, weil den Personen, die hier in Frage kommen, jedes Verständnis für die Notwendigkeit einer Einordnung in die gegebenen gesellschaftlichen Verhältnisse abgehe. „Ein staatlicher Zwang ist daher auf die Dauer nicht zu entbehren. Er sichert nicht nur die Allgemeinheit vor den Gefahren, die ihr von diesen asozialen Personen drohen, sondern er gereicht auch im Ergebnis den

Betroffenen selbst zum Vorteil. Die vielleicht zunächst als Eingriff in die persönliche Freiheit hart empfundene staatliche Maßregel erweist sich als Fürsorge, die den Betroffenen davor bewahrt, auf der Landstraße elend zu verkommen" (Begründung S. 187). Es ist kaum möglich, die Gruppe der gemeinschaftsfremden und gemeinschaftsschädlichen Menschen, die Gefahr, die von ihnen ausgeht, und die Gefahr, in die sie sich selbst bringen, in kurzen Worten treffender zu schildern, als es in jener Begründung geschehen ist. Wenn der nächste Entwurf (1927, Reichst.-Drucks. 3390) von diesen Vorschlägen abging und für diesen Personenkreis nicht nur Verwahrung im Arbeitshaus, sondern zunächst Strafe und daneben Einweisung ins Arbeitshaus vorsah, so geschah es, weil bei dem anderen Weg „der Gesellschaftschutz nicht genügend gewährleistet schien". In der Begründung zum 36. Abschnitt dieses Entwurfs zum StGB., in dem Landstreichen, Betteln, Arbeitsscheu und Gewerbsunzucht behandelt sind, heißt es (S. 191), es liege in der Linie der Gedanken dieses Entwurfs, wenn die Frage des gemeinschädlichen Verhaltens in einem besonderen Fürsorge- oder Verwahrungsgesetz auf einer breiteren Grundlage geregelt würde.

Inzwischen ist auf dem Wege der Strafrechtsreform auch für diese Gruppe von Personen eine Verwahrung geschaffen worden. Das oben erwähnte G. vom 24. XI. 1933 sieht unter den Maßnahmen der Sicherung und Besserung in § 42d des StGB. die Unterbringung in einem Arbeitshaus vor für folgende Tatbestände gemeinschädlichen Verhaltens: Landstreichen, Betteln, Ausschicken von Kindern zum Betteln, schuldhafte Nährpflichtsäumigkeit, gewerbsmäßiges Auffordern zur Unzucht, Arbeitsverweigerung bei Inanspruchnahme öffentlicher Mittel, schuldhafte Obdachlosigkeit. Die Einweisung ins Arbeitshaus erfolgt auf unbestimmte Zeit, d. h. solange ihr Zweck es erfordert. Ihr Zweck ist, den Eingewiesenen zur Arbeit anzuhalten und an ein gesetzmäßiges und geordnetes Leben zu gewöhnen. Infolge dieser Zielsetzung ist die Einweisung nur für arbeitsfähige Personen möglich. Stellt sich während des Aufenthalts einer Person im Arbeitshaus heraus, daß sie arbeitsunfähig ist, so kann sie in einem Asyl untergebracht werden.

Mit diesem Gesetz hat das Strafrecht die Aufgabe übernommen, neben der Sicherungsverwahrung für gewohnheitsmäßige oder gemeingefährliche Verbrecher durch eine zweite Form der Verwahrung die Volksgemeinschaft vor gemeinschädlichen Menschen zu schützen, deren verbrecherischer Wille verhältnismäßig gering ist, die aber doch Schädlinge am Volkskörper sind. Voraussetzung für diese Verwahrung (Arbeitshaus, Asyl) ist freilich, daß das gemeinschädliche Verhalten in einer strafbaren Handlung im Sinne des StGB. zu Tage getreten ist.

Neben diesen vom Strafrecht ausgehenden Bestrebungen zur Schaffung einer gesetzlich geregelten Verwahrung gingen — soweit es sich um gemeinschädliche Personen handelt — ähnliche Forderungen einher, die aus den Fachkreisen der Fürsorge erhoben wurden. Dieselben Tatbestände gemeinschädlichen Verhaltens, dieselben Verwahrlosungserscheinungen zeigten sich unter den von der Fürsorge betreuten Menschen. Gerade die in den Strafrechtsentwürfen gekennzeichnete doppelte Wirkung dieses Verhaltens: die Gefahr, die der Volksgemeinschaft droht, und die Gefahr der völligen Verwahrlosung und Verelendung, die diesen Menschen selbst droht, war es, die in den Fachkreisen der Fürsorge den Wunsch wachrief, hier mit Zwangsmitteln eingreifen und „bewahren" zu können. Es entsprach dem Wesen und der Zielsetzung der Fürsorge jener Jahre, daß sie stärker, als das Strafrecht es tat, von dem Individuum ausging und hier wiederum in erster Linie von den verwahrlosten Jugendlichen. Den Anstoß zu der Forderung eines Bewahrungsgesetzes gab die Tatsache, daß zahlreiche männliche und weibliche Jugendliche, die in Fürsorgeerziehung untergebracht waren, nach Erreichen der Volljährigkeit ungebessert entlassen werden mußten, unfähig, sich in ein geordnetes Leben einzufügen; völlige Verwahrlosung und schwere Schädigung der Volksgemeinschaft war unvermeidlich, Mühe und Kosten der Fürsorgeerziehung waren umsonst aufgewendet. Es ist das Verdienst von Frau Agnes Neuhaus-Dortmund, den ersten Anstoß zur Schaffung eines Bewahrungsgesetzes gegeben zu haben. Die Anregung wurde 1922 vom Deutschen Verein für öffentliche und private Fürsorge aufgegriffen, der dann in jahrelanger Arbeit Erfahrungen sammelte und die Ziele und Grenzen eines Bewahrungsgesetzes zu klären suchte.

3. Ziele und Grenzen eines Bewahrungsgesetzes. Ziele und Grenzen eines Bewahrungsgesetzes, wie es in den Jahren 1922—1933 aus den Kreisen der Fürsorge wie vom Reichstag gefordert wurde und wie es auch die „Grundsätze der Reichsregierung für den Erlaß eines Bewahrungsgesetzes" (1928) vorsahen, ergaben sich aus der Auffassung, daß Maßnahmen zur Abwehr von Schäden und Gefahren, die der Volksgemeinschaft drohen, Sache des Strafrechts sei, daß die Fürsorge nur die durch die Maschen des

Strafrechts fallenden „Asozialen" auffangen und durch ihre Bewahrung der Volksgemeinschaft dienen könne. Deshalb wurde in jenen Jahren das Bewahrungsgesetz übereinstimmend als ein Fürsorgegesetz gefordert. Abgelehnt wurde die Einbeziehung einer strafrechtlichen Sicherungsverwahrung und die Einbeziehung eines Irrengesetzes. Die Terminologie „Bewahrung" wurde mit der Absicht gewählt, eine klare Grenze zur „Verwahrung" des Strafrechts zu ziehen. Durch die schwankende Haltung der Strafrechtsreform wurden damals die Vorarbeiten für ein Bewahrungsgesetz hinsichtlich des Personenkreises sehr erschwert. Nachdem nunmehr die Sicherungsverwahrung wie die strafrechtliche Verwahrung der Gemeinschädlichen im Arbeitshaus und Asyl geregelt ist, bleibt einem kommenden Bewahrungsgesetz die Aufgabe, die Volksgemeinschaft vor allen den gemeinschädlichen Personen zu schützen, die nicht vom Strafrecht erfaßt werden. Im Schrifttum hat sich als zusammenfassende Bezeichnung der Begriff „asoziale Personen" eingebürgert. Die Bezeichnung ist unzulänglich, weil sie nicht das Wesentliche an dieser Vielheit der Tatbestände trifft. Die Mehrzahl dieser Menschen ist doch so geartet, daß es nicht nur an einer Einordnung in die Volksgemeinschaft fehlt, sondern daß ausgesprochene Schäden für die Volksgemeinschaft von ihnen ausgehen. Trotzdem würde auch die Bezeichnung „antisozial" hier nicht am Platze sein, weil man sich gewöhnt hat, hiermit die bewußt die Volksgemeinschaft störenden und schädigenden Elemente (Verbrecher) zu bezeichnen. Sicherlich liegen die Maßstäbe für die Beurteilung dieser Menschen ausschließlich in ihrem Verhalten zur Volksgemeinschaft. Es unterliegt keinem Zweifel, daß eine völlige Neutralität gegenüber der Volksgemeinschaft, ein Sichabwenden, Sichnichtbeteiligen an den Aufgaben der Gesamtheit, zu verurteilen ist. Aber ein solches „asoziales" Verhalten würde man nie als Voraussetzung einer Anstaltsbewahrung ansehen. Es muß zu diesem „asozialen" Verhalten etwas hinzukommen, das die Volksgemeinschaft stört und schädigt. Die Grenze zum Kriminellen ist sehr fließend. Dasselbe Verhalten kann Voraussetzung zur Bewahrung und zugleich — in wiederholtem und verschärftem Auftreten — ein strafrechtlicher Tatbestand sein (vgl. § 42d StGB.). Es sind Menschen, die auf der Grenze zwischen Strafrecht und Fürsorge stehen. Ohne hier die Frage erörtern zu wollen, ob ein künftiges Bewahrungsgesetz noch zum Gebiet der Wohlfahrtspflege zu rechnen sein wird oder nicht, sein Ziel und seine Aufgaben im nationalsozialistischen Staat stehen fest: Schutz der Volksgemeinschaft vor verwahrlosten Menschen, die — ob schuldhaft oder ohne Schuld — die öffentliche Ordnung und Sittlichkeit, die Volksgemeinschaft, die Volksgesundheit und das Volksvermögen schädigen oder gefährden.

Das deutsche Recht verfügt heute schon über eine Reihe von Formen und Möglichkeiten der Bewahrung, die jedoch — nach den Erfahrungen der Praxis — ungenügend sind. Jede dieser Möglichkeiten geht von anderen Voraussetzungen aus und hat eine andere Kostenregelung. Jede hat ihre besonderen Mängel und keine erfaßt einen bestimmten Kreis bewahrungsbedürftiger Personen lückenlos. Die Entmündigung (§ 6 BGB.) schafft zwar die rechtliche Basis zu einer Anstaltsbewahrung auch gegen den Willen des Bewahrungsbedürftigen, ihre Voraussetzungen sind aber in der Abstellung auf die Unfähigkeit zur „Besorgung der eigenen Angelegenheiten" hier völlig unzureichend. Die Entmündigung ist eben eine Maßnahme, die in erster Linie dem Schutze des nicht voll zurechnungsfähigen Menschen, nicht dem Schutze der Volksgemeinschaft dient. Hinzu kommt, daß auch bei vorliegender Entmündigung eine Bewahrung meist undurchführbar ist, weil es an einem kostenpflichtigen Träger der Aufgabe fehlt. Die Unterbringung im Arbeitshaus auf Grund des StGB. wurde oben besprochen. Sie findet für die Bewahrungsbedürftigen ihre Grenze einmal in der Voraussetzung der Erfüllung eines strafrechtlichen Tatbestandes, zum anderen in der Beschränkung der Bestimmung auf Arbeitsfähige. Die sogenannte „freiwillige Bewahrung" zur Abwendung einer sonst drohenden Sicherungsverwahrung oder Arbeitshauseinweisung ist indirekt durch das G. vom 24. XI. 1933 (s. oben) vorgesehen. Da das Gesetz die Sicherungsverwahrung nur vorsieht, „wenn die öffentliche Sicherheit es erfordert", die Arbeitshauseinweisung, nur „wenn sie erforderlich ist, um den Betreffenden zur Arbeit anzuhalten", kann von beiden Maßnahmen abgesehen werden, wenn der Betreffende sich freiwillig in eine Anstaltsbewahrung begibt und wenn Gewähr besteht, daß er genügend lange dort bleibt. Diese Gewähr wird — wie die Erfahrung des ersten Jahres bereits gelehrt hat — selten zu bieten sein. Auch bleibt hier ebenfalls die Kostenfrage ungelöst. Die Zwangsmaßnahmen der VO. über die Fürsorgepflicht (RFV.) vom 13. II. 1924 bieten noch am ehesten die Möglichkeit einer Bewahrung, vor allem da, wo landesrechtliche Bestimmungen hinzukommen, die die Kostenfrage regeln (z. B. Sachsen, Baden). Nach § 20 RFV. kann eine Person, die, obwohl arbeitsfähig, infolge ihres sittlichen Verschuldens der öffentlichen Fürsorge selbst anheimfällt oder einen Unterhaltsberechtigten anheimfallen läßt, von der Verwaltungsbehörde zwangsweise in einer geeigneten Anstalt untergebracht werden. In der Praxis führt diese Bestimmung aber nicht häufig zur Bewahrung; ihre Bedeutung liegt vorwiegend in ihrer abschreckenden Wirkung. In gewissen Fällen läßt sich dagegen eine Bewahrung ermöglichen auf Grund von § 13 der Reichsgrundsätze zur RFV. Nach dieser Bestimmung kann bei Arbeitsscheu und offenbar unwirtschaftlichem Verhalten des Unterstützten die Hilfe auf Anstaltspflege beschränkt, offene Unterstützung dagegen abgelehnt werden. Liegt der Mangel der ersteren Bestimmung darin, daß es den Fürsorgeverbänden meist an den geeigneten Arbeitseinrichtungen fehlt, so muß § 13 RGr. da unwirksam bleiben, wo die unterstützte bewahrungsbedürftige Person es vorzieht, auf Unterstützung überhaupt zu verzichten.

Das Ungenügen aller dieser Bestimmungen liegt darin: Sie ermöglichen nur das Erfassen gewisser Gruppen von bewahrungsbedürftigen Personen, weil sie nicht von dem Schutz der Volksgemeinschaft ausgehen, sondern anderen, ganz verschiedenen Zielen dienen.

Um welchen Personenkreis handelt es sich bei der Forderung nach einem Bewahrungsgesetz? Während die Vorschläge zur Regelung einer fürsorgerischen Bewahrung von den Mängeln des bewahrungsbedürftigen Individuums ausgingen, von hier aus den Personenkreis abgrenzten (Unfähigkeit zur Sorge für die eigene Person, Geistesschwäche, Trunksucht, Rauschgiftsucht) und nur in der Voraussetzung der „Verwahrlosung" ein auf das Verhalten zur Volksgemeinschaft bezogenes Kriterium einfügten, wird ein Bewahrungsgesetz, das von dem Schutz der Volksgemeinschaft ausgeht, das gemeinschaftsfremde oder gemeinschaftsschädliche Verhalten in den Vordergrund der Definition stellen. Nach wie vor wird es sich in erster Linie um eine Bewahrung handeln, die schon bei Minderjährigen einsetzen kann, die von der Fürsorgeerziehung als aussichtslos abgewiesen oder ungebessert aus ihr entlassen werden. Seit der Novelle zum RJWG. vom 4. und 28. XI. 1932 (RGBl. I, 522 u. 531) ist die gesetzliche Regelung einer Bewahrung solcher Jugendlicher unabweisbar geworden, die mit den Erziehungsmitteln der Fürsorgeerziehung nicht mehr gebessert werden können. Ebenso dringlich ist die Bewahrung zahlreicher erbkranker Jugendlicher, die zwar unfruchtbar gemacht sind (z. B. schwachsinnige Prostituierte), durch ihr hemmungsloses Triebleben aber weiterhin die Volksgemeinschaft schädigen, indem sie zur Verbreitung von Geschlechtskrankheiten beitragen, öffentliche Mittel in Anspruch nehmen und andere Jugendliche gefährden. Auch unter den Erwachsenen, die unfruchtbar gemacht worden sind, sind zahlreiche Fälle, die im Interesse der Volksgemeinschaft bewahrt werden müssen. Weiter bedürfen der Bewahrung unverbesserliche Trinker und ein großer Teil der Landstreicher, die im Sinne des geplanten Gesetzes zur Regelung des Wanderwesens als wanderunfähig zu bezeichnen sind.

Die Durchführung der Bewahrung müßte grundsätzlich in Anstalten erfolgen (vgl. hierzu Art. Besserungs- und Bewahrungsanstalten, oben Bd. I S. 143ff.), in leichteren Fällen in Familienpflege. Gegenüber den häufig zu hörenden Bedenken, für diese Gruppen von Menschen öffentliche Mittel auszugeben, muß darauf hingewiesen werden, daß sie, in Freiheit gelassen, dem Staat sehr viel mehr kosten durch ständige Inanspruchnahme der verschiedensten Formen offener und geschlossener Fürsorge, durch Polizei- und Gefängniskosten, wie auch durch die von ihnen ausgehende moralische und gesundheitliche Infektion. Die gesetzliche Regelung ist auf zweierlei Weise möglich: durch Ergänzung und Verbesserung der verschiedenen der Verwahrung wie der Bewahrung dienenden gesetzlichen Bestimmungen oder durch Schaffung eines Bewahrungsgesetzes, das gegenüber gemeinschädlichen Menschen ein Eingreifen des Staates im Interesse der Volksgemeinschaft ermöglicht und den Kostenträger bestimmt.

4. Ausland.

A. Sicherungsverwahrung krimineller Personen: siehe hierzu die Zusammenstellung im Art. Sicherungsverwahrung, oben S. 609. Vgl. auch Verwahrung, polizeiliche, unten S. 978ff.

B. Verwahrung und Bewahrung nichtkrimineller Personen:

1. England. Mental Deficiency Act, 15. VIII. 1913, dazu Kommentar: a Guide to the Mental Deficiency Act, 1913, by John and Samuel Wormald, London 1914, King & Son.

Der Untertitel des Gesetzes kennzeichnet seinen Inhalt, er lautet: „Ein Gesetz zum Zwecke weiterer und besserer Fürsorge für Schwachsinnige und andere geistig minderwertige Personen und zur Ergänzung der Irrengesetze." Das Gesetz definiert zunächst den Begriff „geistig minderwertig" und rechnet hierzu: Idioten, Imbezille, Schwachsinnige, moralisch Imbezille. Danach wird bestimmt, daß ein geistig Minderwertiger in einer Anstalt untergebracht oder entmündigt werden kann, wenn zu seinem geistigen Defekt hinzukommt, daß er in verwahrlostem Zustand aufgefunden wird oder eine strafbare Handlung begangen hat, oder auf Grund eines Gerichtsbeschlusses in einem „Jugendgewahrsam“ oder einer Erziehungsanstalt oder einer Trinkerheilanstalt untergebracht werden soll, ferner wenn er ein Gewohnheitstrinker ist; bei einer Frau kann die Unterbringung oder Entmündigung erfolgen, wenn zu einem der erwähnten geistigen Defekte hinzukommt, daß sie ein uneheliches Kind hat und zur Zeit der Geburt des Kindes Armenunterstützung erhält.

Der Beschluß, durch den ein geistig Minderwertiger in eine Anstalt überwiesen wird, ermächtigt zur Überführung dieser Person in Anstaltspflege innerhalb von 14 Tagen; er verpflichtet zugleich zur Bewahrung dieser Person. Nach Ablauf eines Jahres ist der Beschluß zu überprüfen und nötigenfalls um 1 Jahr, bei weiterer Bewahrungsbedürftigkeit um 5 Jahre zu verlängern.

2. Schweiz. a) Kanton Zürich. G. über die Versorgung von Jugendlichen, Verwahrlosten und Gewohnheitstrinkern vom 24. V. 1925.

Hiernach können in Bewahrung genommen werden: Jugendliche vom 12.—19. Lebensjahr, die sittlich verdorben oder gefährdet sind oder ihren Eltern böswilligen oder hartnäckigen Widerstand leisten, ferner erziehungsfähige Verwahrloste vom 18. bis 30. Lebensjahr, die einen Hang zu Vergehen bekunden, liederlich oder arbeitsscheu sind, unverbesserliche Verwahrloste vom 18. Lebensjahr an, die einen Hang zu Vergehen bekunden, liederlich oder arbeitsscheu sind, schließlich Gewohnheitstrinker.

Die Einweisung in eine Anstalt kann durch den Strafrichter oder durch die Vormundschaftsbehörde erfolgen. Die Kosten trägt, sofern der Eingewiesene bzw. seine unterstützungspflichtigen Verwandten dazu nicht in der Lage sind, bei gerichtlicher Einweisung die Gerichtskasse, bei Einweisung durch die Vormundschaftsbehörde die öffentliche Fürsorge.

b) Kanton Graubünden. FürsorgeG. von 1920.

Bewahrt werden können: Personen, die sich dem Trunk ergeben oder sonst einen liederlichen Lebenswandel führen, ferner Vaganten. Die Einweisung erfolgt durch die Vormundschaftsbehörde. Die Bewahrung wird ausdrücklich als Fürsorge bezeichnet. Die Kosten trägt, falls der Bewahrte oder seine Angehörigen sie nicht aufbringen können, die öffentliche Fürsorge.

c) Kanton Basellandschaft. G. betreffend Versorgung in Besserungs-, Zwangsarbeits- und Trinkerheilanstalten vom 28. IV. 1924.

Bewahrt können werden Personen, die durch Arbeitsscheu, Müßiggang, Liederlichkeit oder Trunksucht ihre Familien oder sich selbst nachgewiesenermaßen vernachlässigen oder der Familie zur Last fallen, oder öffentliches Ärgernis erregen, oder die öffentliche Sicherheit gefährden. Der Vollzug ist Sache der Polizeidirektion. Die Kosten trägt die öffentliche Fürsorge.

d) Kanton St. Gallen. G. betreffend die Versorgung arbeitsscheuer und liederlicher Personen in Zwangsarbeitsanstalten vom 4. VI. 1872.

Bewahrt können werden arbeitsfähige, aber arbeitsscheue und liederliche Personen über 16 Jahren, die

aa) öffentliche Unterstützung beziehen,

bb) die öffentliche Sicherheit gefährden,

cc) die Wohlfahrt ihrer Familie anhaltend und wesentlich beeinträchtigen,

dd) unter Schutzaufsicht stehen und diese Wohltat mißbrauchen.

Der Beschluß steht dem Gemeinderat der Heimatgemeinde bzw. Wohngemeinde zu. Die Kosten trägt die öffentliche Fürsorge.

3. Belgien. Loi de la Défense sociale à l'égard des anormaux et des délinquants d'habitude vom 9. IV. 1930.

Dieses Gesetz regelt neben der Sicherungsverwahrung (s. oben) auch die Bewahrung (détension préventive) von „Anormalen“; es bezeichnet als anormal eine Person „en état de démence ou dans un état grave de déséquilibre mental ou de débilité mentale le rendant incapable du contrôle de ses actions“.

Schrifttum:

Amtlicher Entwurf eines Allgemeinen Deutschen Strafgesetzbuchs nebst Begründung 1925, Berlin 1925. — Entwurf eines Allgemeinen Deutschen Strafgesetzbuchs nebst Begründung 1927, Reichst.-Drucks. 1924—1927, Nr. 3390. — v. Hippel, Die strafrechtliche Bekämpfung von Bettel, Landstreichen und Arbeitsscheu, Berlin 1895. — Derselbe, Die korrektionelle Nachhaft, Freiburg 1889. — Steigertahl, Zwangsfürsorgerische Maßnahmen gegenüber erwachsenen Personen, Berlin 1926. — Derselbe, Gemeinsame Aufgaben von Strafrechts- und Wohlfahrtspflege bei der Behandlung asozialer Personen, Monatsschr. Krim.Psych. 18, 369ff. — Gregor, Das Bewahrungsgesetz vom Standpunkt des Erziehers, Zeitschr. f. Kinderforsch., 1926, Heft 5. — Eiserhardt, Ziele eines Bewahrungsgesetzes (Veröffentlichungen des Deutschen Vereins für öffentliche und private Fürsorge), Leipzig 1929. — Derselbe, Das gemeinschädliche Verhalten, ein Grenzproblem von Strafrecht und Fürsorge, Zeitschr. f. Strafrechtswissenschaft, 1932, S. 14ff. — Fragen der Straffälligenpflege, Sonderheft der Inneren Mission, Februar 1935. — Gerl, Bewahrungsbedürftige Verwahrloste im Sinne des künftigen Bewahrungsgesetzes, Dtsch. Juristenztg., 1935, Heft 21. — Derselbe, Nationalsozialistische Weltanschauung in einem Bewahrungsgesetz, Deutsches Recht, 1935, Heft 21/22.

Hilde Eiserhardt.

Verwahrung, polizeiliche

(insbesondere: Vorbeugungshaft, einstweilige Unterbringung und Schutzhaft).

Die folgenden Ausführungen beabsichtigen, unter der allgemeinen Bezeichnung der polizeilichen Verwahrung mehrere Arten der Freiheitsbeschränkung zusammenzufassen. Die Bezeichnung ist ungenau, wie immer, wenn es gilt, verschiedenartige Begriffe mit einer gemeinsamen Überschrift zu decken, und zwar um so ungenauer, je vieldeutiger und umfassender die einzelnen Begriffe selbst sind. Es soll daher versucht werden, zunächst den gemeinsamen Grundgedanken klarzulegen und in seiner Entwicklung kurz aufzuzeigen; daran wird sich eine Erörterung der verschiedenen Arten der Verwahrung anschließen.

I. Die Freiheitsbeschränkung durch Inverwahrungnahme der Person ist einer der empfindlichsten Eingriffe in die Lebensführung der Volksgenossen. Es ist daher nur folgerichtig, wenn vom Standpunkt einer Staatsauffassung aus, die ängstlich auf Wahrung der subjektiven Rechte der Staatsbürger gegen Übergriffe des Staates und seiner Organe bedacht war, die persönliche Freiheit des Einzelnen durch ganz besondere Rechtsgarantieen gesichert wurde. Wenn diese Sicherungen in ihrem Aufbau so fest gestaltet waren, daß die Voraussetzungen, unter denen ihre — noch von jeder Staatsauffassung unter Umständen für notwendig befundene — Durchbrechung erfolgen durfte, zu den praktischen Erfordernissen des Tages vielfach im Gegensatz standen, so war das eine einseitige Übertreibung, die sich einmal rächen mußte, am ehesten und am empfindlichsten in Zeiten hochgehender politischer Erregung, äußerer oder innerer Not der Volksgemeinschaft und steigender Kriminalität. Das Wohl des Ganzen darf nicht beeinträchtigt oder auch nur gefährdet werden, weil der Tatbestand jener Voraussetzungen aus irgendwelchen Gründen, etwa gar solchen formaler Natur, nicht lückenlos zu erbringen ist.

Die Geschichte des Kampfes um den Ausgleich der Spannung zwischen den vermeintlichen Rechten des Einzelnen und denen der Staatsgewalt soll hier nicht geschildert werden; es genügt auf seinen Verlauf seit der Habeas Corpus-Akte von 1679 über die Zeit der Lettres de cachet bis in die Zeit von 1918 und ihrer Verfassung vom 11. VIII. 1919 zu verweisen. Nationalsozialistisches staatsrechtliches Denken hat neue Wege zur Lösung des Problems eingeschlagen. Danach bedeutet Rechtsfähigkeit nicht mehr, subjektive Rechte zu haben, sondern nur die Fähigkeit, in bestimmten Rechtsstellungen zu stehen. Hierin, in dieser Teilnahme am Rechtsleben als Glied einer Gemeinschaft innerhalb der ihr gemäßen und deshalb von ihr gesetzten konkreten Ordnung in einer bestimmten Stellung zu stehen, findet das Recht des Volksgenossen seinen Ausdruck. Nicht also mehr ein Gegenüberstehen von subjektivem und objektivem Recht, sondern ein Stehen im objektiven Recht, und zwar an einer bestimmten, durch die Stellung in der Volksgemeinschaft überhaupt bedingten Stelle. „Der Volksgenosse ist als Rechtsgenosse nicht Träger ‚subjektiver Rechte‘, sondern er steht in bestimmten Rechtsstellungen und damit im Recht“ (Larenz: Rechtsperson und subjektives Recht).

In dem Artikel des HdK. „Vorbeugung“ habe ich mich bemüht, die hinter dem Präventivgedanken wirksamen geistigen Kräfte aufzuzeigen. Sie waren schon lange vorhanden, aber zur Ohnmacht verurteilt, solange man in den überkommenen und gewohnten Bahnen staatsrechtlichen Denkens fortwandelte. Nicht durch irgendwelche Auslegungskonstruktionen bestehender Vorschriften noch durch neue Organisationsmaßnahmen innerhalb der bestehenden polizeilichen Verwaltung, nach denen in völliger Verkennung der Sachlage gerufen und krampfhaft gesucht wurde, konnte der naheliegende Gedanke, daß es besser sei, strafbaren Handlungen vorzubeugen, anstatt sie zu verfolgen, wirksamer als bisher in die Tat umgesetzt werden, sondern lediglich durch eine Änderung der bestehenden gesetzlichen Bestimmungen. Solange der hierzu erforderliche Umschwung der Auffassungen über das vorstehend angedeutete Problem der Stellung des Einzelnen zum Staate und zur Volksgemeinschaft sich nicht vollzogen hatte, war alles Suchen nach Möglichkeiten wirksamerer Verbrechensverhütung umsonst. Daß dies nicht überall eingesehen, dafür aber die Kriminalpolizei mit dem Vorwurf der Unfähigkeit — anstatt der von ihr selbst bitter genug empfundenen gesetzlich festgelegten Ohnmacht — bedacht wurde, ist nur daraus zu erklären, daß vielen Gutgesinnten der Unterschied zwischen dem alten Denken über grundlegende Fragen und dem sich stürmisch meldenden neuen nicht klar war, teilweise auch deshalb nicht klar sein konnte, weil ihnen ein Anders-Denken in diesen Dingen infolge lebenslänglicher Erziehung als eine Unmöglichkeit erschien. Inzwischen ist der Umschwung vollzogen, und der Riß, der sich infolge der verschiedenen meist mehr gefühlsmäßig als begrifflich erfaßten und begründeten Einstellung zu jener Frage durch die Volksgemeinschaft zog, beginnt sich durch ein von beiden Seiten entgegenwachsendes Verständnis zu schließen.

II. Von dem so skizzierten Hintergrunde heben sich diejenigen Bestimmungen ab, welche die im Interesse der Gemeinschaft gesetzte Ordnung in dem erörterten Sinne regeln. Geltendes Gesetz ist Führerbefehl und daraus sollte sich alles weitere für die Bindung des Richters an das Gesetz herleiten lassen. Daß dies der selbstverständlichen Auslegung des gesetzten Rechts im Sinne der neuen Staats- und Lebensauffassung in keiner Weise entgegensteht, sei nur nebenbei zur Behebung von Zweifeln erwähnt. Aber es darf doch immer nur eine Auslegung in der von dem nun einmal geltenden Gesetze gewiesenen Richtung sein, niemals eine Auslegung gegen das Gesetz selbst.

1. Das Institut der Untersuchungshaft (s. d.) ist lange Zeit heiß umstritten gewesen. Dem konnte auch bei einer die Interessen des Einzelnen überbetonenden Auffassung nicht anders sein. Wenn die Untersuchungshaft, „die zum Zwecke der Sicherheit des Strafvollzuges oder der ungestörten Durchführung der Strafverfolgung vom Richter angeordnete Freiheitsentziehung des Beschuldigten" (Stenglein: StPO. S. 269), von Glaser eine „vage Vorwegnahme der Strafe" genannt wurde, wenn von anderer Seite (Mitteilungen der JKV. 10 S. 539) betont wurde, es sei widersinnig, ein Strafverfahren zu betreiben mit dem Ziele, den Verdächtigen vor unverdienter Strafe zu schützen, dies aber durch Einsperrung eben derselben zu schützenden Person zu bewerkstelligen, so sind diese Vorwürfe von dem damaligen Standpunkte aus gesehen als nicht unberechtigt zu bezeichnen. Die allein entscheidende Frage aber, ob bei einer solchen Betrachtung der Dinge die Interessen der Volksgemeinschaft überhaupt gewahrt werden können, ist entweder aus Gründen der prinzipiellen Auffassung bewußt nicht gestellt oder infolge der schon angedeuteten Einstellung gar nicht für aufwerfbar erachtet worden. Heute hat das Gesetz zur Änderung der Vorschriften des Strafverfahrens und des GVerfG. vom 28. VI. 1935 (RGBl. I, 844) mit den Worten der Überschrift seines Artikels 5 „Untersuchungshaft zur Sicherung vor Verbrechen" nicht nur die Untersuchungshaft als eine nach der heutigen Rechtsauffassung zur Aufrechterhaltung der Ordnung innerhalb der Volksgemeinschaft unentbehrliche Einrichtung als solche gerechtfertigt, sondern auch ihre unverkennbar Verbrechensverhütung anstrebende Erweiterung (StPO. § 112 Abs. 1, Schluß des ersten Satzes) kurz aber unmißverständlich begründet. Insbesondere bei dem ersten der beiden neuen Gründe zur Verhängung der Untersuchungshaft wird die völlig veränderte Einstellung der Gesetzgebung deutlich. Es ist nicht mehr nur, wie bisher, die vorliegende begangene Tat, deretwegen der Täter zur Untersuchung gezogen wird, entscheidend dafür, ob er in Untersuchungshaft genommen werden darf, sondern die Persönlichkeit des Täters, d. h. der Grad seiner Gefährlichkeit für die öffentliche Ordnung. Damit ist den Strafverfolgungsbehörden ein Mittel zur vorbeugenden Verbrechensbekämpfung gegeben, das ihnen nur auf dem Wege der Gesetzgebung vermittelt werden konnte. — Der zweite der neuen Haftgründe ist bestimmt, die Lücke auszufüllen, die dann entstehen kann, wenn z. B. im Falle eines Vergehens Fluchtverdacht nicht zu begründen ist, mit Rücksicht auf die Schwere der Tat und die durch sie hervorgerufene Erregung der Öffentlichkeit es aber nicht erträglich wäre, den Angeschuldigten in Freiheit zu lassen. Hier ist offensichtlich der Abschreckungsgedanke mit wirksam gewesen, der auch schon im Falle des dringenden Verdachts Berücksichtigung verlangt, während anderenfalls der Angeschuldigte es unter Umständen in der Hand hätte, sich durch geschicktes Verhalten die Untersuchungshaft zu ersparen und schon dadurch die allgemein abschreckende Wirkung der eingeleiteten Strafverfolgung in erheblichem Maße abzuschwächen.

Es erübrigt sich, in diesem Zusammenhang weiter auf die Untersuchungshaft und die ihr vielfach vorausgehende vorläufige Festnahme (§ 127 StPO.) einzugehen. Erstere ist HdK. II, S. 850ff. eingehend erörtert, letztere im Zusammenhang mit der polizeilichen Ermittlungstätigkeit und der Festnahme (HdK. I, 317 und 416); nur der neueste Stand der Gesetzgebung war hier unter dem besonderen Gesichtspunkt der Verbrechensverhütung noch zu berücksichtigen.

2. Die einstweilige Unterbringung (§ 126a StPO.) ist ermöglicht durch Art. 2 des AusführungsG. zu dem Gesetz gegen gefährliche Gewohnheitsverbrecher und über Maßregeln der Sicherheit und Besserung vom 24. XI. 1933 (RGBl. I, 1000). Sie kann vom Gericht angeordnet werden, wenn dringende Gründe für die Annahme

vorhanden sind, daß jemand eine mit Strafe bedrohte Handlung im Zustande der Zurechnungsunfähigkeit oder der verminderten Zurechnungsfähigkeit begangen hat und daß seine Unterbringung in einer Heil- oder Pflegeanstalt angeordnet werden wird (§ 42b StGB.). Voraussetzung ist, daß die öffentliche Sicherheit die vorläufige Unterbringung erfordert. Mit den hieraus sich ergebenden Abänderungen entspricht die vorläufige Unterbringung der Untersuchungshaft, indem sie, wie diese der Strafhaft, der endgültigen Unterbringung in einer Heil- und Pflegeanstalt vorausgeht; dem Verhafteten entspricht der Unterzubringende und der an Stelle des Haftbefehls ergehende Unterbringungsbefehl und das diesbezügliche Verfahren entsprechen den Regeln der Untersuchungshaft, insbesondere hinsichtlich der Aufhebung des Unterbringungsbefehls, die jedoch nicht gegen Sicherheitsleistung erfolgen darf. Die Anordnung der einstweiligen Unterbringung kann wie der Erlaß eines Haftbefehls (§ 125 StPO.) auch im vorbereitenden Verfahren beschlossen werden.

Die durch Einfügung des § 126a StPO. vorgenommene Ergänzung des Sicherungsverfahrens (§§ 429aff. StPO.) war notwendig, weil die Verhängung der Untersuchungshaft den Verdacht einer „strafbaren" Handlung voraussetzt, der ja bei Zurechnungsunfähigen entfällt. Wenn auch rechtlich die Untersuchungshaft gegen vermindert Zurechnungsfähige zulässig ist, so würde deren Unterbringung im Untersuchungsgefängnis doch in den meisten Fällen unangebracht, wenn nicht geradezu schädlich sein, ganz abgesehen davon, daß sich viele Richter mit Rücksicht auf die zu erwartende geringere Strafe (§ 51 Abs. 2 StGB.) davon abhalten lassen werden, den vermindert Zurechnungsfähigen in Untersuchungshaft zu nehmen, so daß er trotz seiner bewiesenen relativen kriminellen Gefährlichkeit häufig zum Schaden der Allgemeinheit auf freiem Fuß verbleiben würde. Aus diesem Grunde ist der Unterbringungsbefehl auch auf die vermindert Zurechnungsfähigen ausgedehnt worden.

Da die Ermächtigung zur vorläufigen Festnahme (§ 127 StGB.) nunmehr infolge des schon erwähnten Ausführungsgesetzes zu dem Gesetz gegen gefährliche Gewohnheitsverbrecher (Art. 2 Ziff. 7) — wenigstens für die Staatsanwaltschaft und die Polizei- und Sicherheitsbeamten — auch dann gegeben ist, wenn die Voraussetzungen eines Unterbringungsbefehls vorliegen (§ 127 Abs. 2 StPO.), so ist auch hierdurch das Gebiet der vorbeugenden Tätigkeit der Kriminalpolizei wesentlich erweitert. — Hier berühren sich die beiden verschiedenen Arten der Freiheitsbeschränkung: die mit dem Ziele der Strafverfolgung einerseits und die mit dem Ziele der rein präventiven Sicherung andererseits. (Die nach wie vor bestehende Möglichkeit des Eingreifens der Verwaltungspolizei in Fällen, in denen von Zurechnungsunfähigen oder vermindert Zurechnungsfähigen der öffentlichen Sicherheit eine Gefahr droht, wird unter dem hier folgenden Abschnitt Schutzhaft behandelt werden.)

Von größter praktischer Bedeutung ist diese Erweiterung des § 127 StPO. gegenüber Süchtigen. „Man erweist der Allgemeinheit wie dem Kranken — denn ein solcher ist der Süchtige — den größten Dienst. Es werden weitere Straftaten verhindert und der Täter zunächst (wo immer auch seine endgültige Unterbringung erfolgen mag) einer ‚Entziehung' unterworfen, dann ‚entwöhnt' und schließlich auf eine Heilung vorbereitet" (Thomas in Kriminalistische Monatshefte 1934, S. 57).

3. Obwohl dieser Artikel eine vollständige Aufzählung aller Arten der Freiheitsentziehung nicht beabsichtigt, sei doch immerhin auf einige andere, ebenfalls den Normen des Strafrechts angehörende oder verwandte Bestimmungen verwiesen: §§ 51, 133 Abs. 2, 134, 135, 236, 329, 387 StPO. Festnahme zwecks Vorführung zur Vernehmung; §§ 70 und 95 StPO. Zwangshaft; §§ 230, 231, 236 StPO. Festnahme zwecks Durchführung der Hauptverhandlung; §§ 177, 180 GVG. sitzungspolizeiliche Haft; §§ 429aff. StPO. in Verbindung mit Art. 14 des G. vom 24. XI. 1933 (RGBl. I, 1000) Festnahme zwecks Durchführung des selbständigen Sicherungsverfahrens und des nachträglichen Sicherungsverfahrens; § 28 JGG. vom 16. II. 1923 betreffend die Besonderheiten der Untersuchungshaft Jugendlicher; § 22 der NotVO. vom 4. II. 1933 (RGBl. I, 35) die sogenannte Hochverrats- und Waffenhaft und schließlich noch § 1 des G. betreffend Aufenthaltsbeschränkung auf Grund des Kriegs- und Belagerungszustandes vom 4. XII. 1916 (RGBl. S. 1329). AusfAnw. vom 8. II. 1917 (RGBl. S. 116).

4. Das RGesetz vom 24. XI. 1933 gegen gefährliche Gewohnheitsverbrecher und über Maßregeln der Sicherung und Besserung hat nicht beabsichtigt, die Bekämpfung des Berufsverbrechertums erschöpfend zu regeln, und hat daher namentlich vorbeugenden polizeilichen Maßnahmen in dieser Richtung Raum gelassen (vgl. die Begründung des Gesetzes). Eins der gegebenen Mittel war die Verhängung einer polizeilichen Haft gegen kriminell besonders gefährliche Personen, um sie an der Begehung weiterer Straftaten zu verhindern, die sogenannte polizeiliche

Vorbeugungshaft. Da ein diesbezügliches Reichsgesetz nicht erlassen worden ist — es wird mit der Verreichlichung der Polizeiverwaltung zu erwarten sein —, mußte die Regelung der Landesgesetzgebung überlassen bleiben. Das ist in Preußen geschehen durch die Erl. des Pr. MdI. vom 13. XI. 1933 — II C. II 31 Nr. 356/33 — und vom 10. II. 1934 — II C. II 8 Nr. 153/34 — (im MinBliV. nicht veröffentlicht). Die anderen deutschen Länder haben sich mehr oder weniger den preußischen Vorschriften angeschlossen.

Die rechtliche Grundlage für die polizeiliche Vorbeugungshaft wird gefunden in der NotVO. des Reichspräsidenten zum Schutz von Volk und Staat vom 28. II. 1933 (RGBl. I, 83). Sie hat auf Grund des Art. 48 Abs. 2 der Reichsverfassung zur Abwehr kommunistischer staatsgefährdender Gewaltakte in ihrem § 1 die Art. 114, 115, 117, 118, 123, 124 und 153 der Verfassung des Deutschen Reichs bis auf weiteres außer Kraft gesetzt und auf diese Weise durch Aufhebung der die polizeiliche Generalvollmacht (§ 14 des Preuß. PolVwG. vom 1. VI. 1931 — GS. S. 77 — und entsprechende Vorschriften in den anderen deutschen Ländern) einschränkenden Bestimmungen u. a. auf dem Gebiete „der persönlichen Freiheit" die Polizeigewalt, d. h. die polizeilichen Befugnisse zu Eingriffen auf diesem Gebiete, wesentlich erweitert. Diese Erweiterung polizeilicher Macht findet aber ihre Grenze an den speziellen Normen über Freiheitsentziehung, z. B. allen einschlägigen strafprozessualen Vorschriften, die durch die den Art. 114 RV. außer Kraft setzende VO. vom 28. II. 1933 selbstverständlich nicht aufgehoben sind. Die Polizeiverwaltung ist also nur in dem Maße von den zahlreichen sie hinsichtlich der Eingriffe in die persönliche Freiheit beschränkenden Bestimmungen befreit, als dies dem Zweck der den Art. 114 RV. außer Kraft setzenden NotVO. vom 28. II. 1933 entspricht. Daß diese lediglich — im weiteren Sinne — polizeiliche Ziele verfolgt, die Freiheitsentziehung daher auch nur zum Zwecke der Abwehr einer von der verhafteten Person ausgehenden Gefahr erfolgen kann, ist unbestritten. Theoretische Meinungsverschiedenheiten bestehen lediglich über die Bedeutung der Eingangsworte (Präambel) der Notverordnung, bezüglich deren sich die polizeiliche Verwaltungspraxis im allgemeinen dahin entschieden hat, daß ihr eine wesentlich einschränkende Rechtswirkung nicht zukomme.

Auf dieses durch Aufhebung des Art. 114 RV. für die Polizei zur Inverwahrnahme bestimmter Personen frei werdende Gebiet der der Gefahrenabwehr dienenden Maßnahmen (§ 14 PolVwG.), die unter Erweiterung eines auch bislang schon bestehenden Rechtsbegriffes als Verhängung und Durchführung der Schutzhaft zusammengefaßt werden, ist noch zurückzukommen. Hier war zunächst nur die rechtliche Grundlage der Schutzhaft und ihr derzeitiger Umfang zu umreißen, weil aus der Schutzhaft Begriff und Anwendung einer besonderen Art der präventiven Freiheitsentziehung, nämlich der polizeilichen Vorbeugungshaft entwickelt sind. Ihre nahe Verbindung mit der kriminalistischen Praxis dürfte im Rahmen des HdK. die bevorzugte Behandlung rechtfertigen.

Die polizeiliche Vorbeugungshaft wird angewandt gegen solche Personen, die der Kriminalpolizei als ausschließlich oder zum überwiegenden Teil vom Erlös aus Straftaten lebende Berufsverbrecher bekannt sind, und zwar auch dann, — und das ist das Entscheidende —, wenn ein Ermittlungsverfahren gegen sie nicht anhängig ist. Die äußere Voraussetzung für die Verhängung der Vorbeugungshaft ist, daß der Betreffende dreimal wegen eines aus Gewinnsucht begangenen vorsätzlichen Verbrechens oder Vergehens zu Zuchthaus oder zu Gefängnis von mindestens 6 Monaten verurteilt worden ist und daß zwischen den einzelnen Straftaten ein Zeitraum von weniger als 5 Jahren liegt. Untersuchungshaft und Strafhaft, gleichgültig wegen welcher Straftat, hemmen den Ablauf der Frist. Dem Berufsverbrecher gleichgestellt sind schwere Sittlichkeitsverbrecher (§§ 173, 174, 176—178 StGB.). — Darüber hinaus kann die polizeiliche Vorbeugungshaft ausnahmsweise auch gegen Personen angewandt werden, welche, ohne vorbestrafte Berufsverbrecher zu sein, einen auf künftigen Mord, Raub, Einbruchsdiebstahl oder Brandstiftung abzielenden verbrecherischen Willen durch Handlungen offenbaren, welche die Voraussetzungen eines bestimmten strafbaren Tatbestandes zwar noch nicht erfüllen, den Begeher aber als eine Gefahr für die öffentliche Sicherheit kennzeichnen.

Durch den schon genannten RdErl. vom 10. II. 1934 ist der Kreis der strafbaren Handlungen, die zur Verhängung der Vorbeugungshaft führen können, ausgedehnt auf bestimmte Fälschungs- und Betrugsdelikte (Geld-, Scheck-, Wechsel-, Aktien- und Paßfälschungen), auf Sittlichkeitsdelikte und auf sittlich gefährdende Handlungen, die von Erwachsenen gegen Jugendliche begangen werden, ferner auf Vorbereitungshandlungen aus § 183 StGB., begangen von solchen Personen, die als gewohnheitsmäßige Exhibitionisten bekannt sind. Die äußere Voraussetzung ist in den ersten Fällen außer einer Vorbestrafung wegen Betrugs eine weitere wegen eines Verbrechens oder Vergehens aus Gewinnsucht, in den anderen Fällen eine Vorbestrafung aus den §§ 173—183 StGB.

Es ist unverkennbar, daß die polizeiliche Vorbeugungshaft eine Parallele zu der durch das G. gegen gefährliche Gewohnheitsverbrecher vom 24 XI. 1933 eingeführten Sicherungsverwahrung (§ 42e StGB.) bildet. Auch dieses wichtigste aller der Verbrechensvorbeugung dienenden Mittel, das seit mehr als 30 Jahren immer wieder von den seinerzeit in der Internationalen Kriminalistischen Vereinigung sich findenden modernen deutschen Kriminalpolitikern um Franz v. Liszt nachdrücklichst gefordert worden ist, konnte den Strafverfolgungsbehörden nur durch Erlaß eines Gesetzes, nicht durch von ihnen selbst zu schaffende innere Verwaltungsanordnungen, wie mehrfach behauptet worden ist, zur Verfügung gestellt werden.

Über die Sicherungsverwahrung ist das Nähere aus den Art. Sichernde Maßnahmen und Sicherungsverwahrung, HdK. II, S. 589ff. und 597ff. zu ersehen. (Ferner noch die soeben auch als Sonderdruck erschienene Arbeit von Heinrich Gerland, Die Sicherungsverwahrung des § 42e StGB. und ihre Voraussetzungen, Jena 1935.)

Mit Rücksicht auf die Schwere des Eingriffs, welche die Verhängung der polizeilichen Vorbeugungshaft bedeutet, zumal da ihre Dauer ebenso wie die der Sicherungsverwahrung so weit zu erstrecken ist, wie ihr Zweck es erfordert, ist die Zahl der in die Vorbeugungshaft überführten Personen absichtlich von vorn herein beschränkt worden. Es sollen grundsätzlich von jeder Landeskriminalpolizeistelle nur die gefährlichsten der unter die Bestimmungen fallenden Kriminellen des Bezirks auf diese Weise isoliert und unschädlich gemacht werden. Als Höchstzahl waren für jede Landeskriminalpolizeistelle — mit Ausnahme von Berlin — zunächst nur 5 Personen vorgesehen, später 15. Für ganz Preußen hat die Zahl der sich gleichzeitig in polizeilicher Vorbeugungshaft befindenden Personen 525 wohl kaum überstiegen. Gleichwohl ist nach den Berichten der Landeskriminalpolizeistellen die Wirkung sowohl der Vollziehung als auch nur der Androhung der Vorbeugungshaft bereits innerhalb der ersten 3 Monate ihres Bestehens als eine ganz außerordentliche fühlbar gewesen. Der gemeldete Rückgang der vorzugsweise von Berufsverbrechern begangenen Straftaten bis zu 60% gegenüber 1932 — der Tötungsdelikte um 39,9%, der Raubüberfälle um 64,2%, der Einbrüche um 49,7%, der Brandstiftungen um 22,8% — wird sicherlich nicht zu unrecht mit auf Rechnung der vorbeugenden Polizeihaft zu setzen sein. In dieser Hinsicht bemerkenswert ist folgende Übersicht:

In Berlin sind verübt:

	März 1932	März 1934	März 1935
Wohnungseinbrüche .	479	214	167
Geschäftseinbrüche .	706	238	179
Büro- und Kontoreinbrüche	117	49	30
Fahrraddiebstähle . .	1101	521	486
Raubüberfälle . . .	67	14	12

Auch die spezialprävenierende Wirkung wird als günstig gemeldet; so sind von 22 Ende Dezember 1934 entlassenen Berufsverbrechern innerhalb des folgenden Jahres nur 5 des Rückfalls überführt worden.

Die polizeiliche Vorbeugungshaft wird ergänzt durch eine Maßnahme, die, wenngleich keine „Verwahrung", doch immerhin eine Freiheitsbeschränkung ist, nämlich durch eine neue Form der planmäßigen Überwachung der Berufsverbrecher durch Verhängung von bestimmten Auflagen (RdErl. PrMdI. vom 10. II. 1934 — II C. II 8 Nr. 163/34 — ergänzt durch RdErl. vom 16. X. 1935, betreffend Verbot der Teilnahme an unsittlichen Heirats- und Lesezirkeln — im MinBliV. nicht veröffentlicht). Die wichtigsten der zunächst für zulässig erklärten Auflagen sind folgende:

a) Das Verbot, den Wohnort ohne polizeiliche Genehmigung zu verlassen. Die Genehmigung kann im Einzelfalle mit der Auflage erteilt werden, sich bei der Polizeibehörde des auswärtigen Aufenthaltsortes sofort beim Eintreffen anzumelden. Dieses Verbot bezweckt, die verbrecherische Tätigkeit reisender Einbrecher, Falschgeldvertreiber, Wechselfallenschwindler usw. möglichst zu verhindern.

b) Das Verbot, sich zur Nachtzeit — im Sommer von 23 bis 5 Uhr, im Winter von 23 bis 6 Uhr — außerhalb der polizeilich gemeldeten Wohnung aufzuhalten. Dem Betroffenen kann Ablieferung des Hausschlüssels an die Kriminalpolizei vorgeschrieben werden. Verbot und Verpflichtung bezwecken, die nächtliche Tätigkeit von Einbrechern, namentlich von Geschäftseinbrechern und Fassadenkletterern, nach Möglichkeit zu verhindern.

c) Das Verbot der Führung und Benutzung von Kraftwagen und Motorrädern. Dieses Verbot soll diejenigen Verbrecher behindern, die z. B. zu Diebesfahrten oder zum Falschgeldvertrieb Kraftwagen und Motorräder benutzen oder durch Benützung dieser Verkehrsmittel sich polizeilicher Beobachtung zu entziehen suchen.

d) Das Verbot des Aufenthalts an bestimmten öffentlichen Örtlichkeiten (z. B. Bahnhöfen, Versteigerungslokalen, aber auch in bestimmten Gastwirtschaften) sowie Verbot des Betretens von Rennbahnen und Wettannahmestellen. Diese Maßnahmen erscheinen zweckmäßig sowohl gegenüber Hehlern, wilden Buchmachern, Bauernfängern, Neppern, als auch gegenüber Dieben, z. B. Taschen- und Fahrraddieben. Ferner können Exhibitionisten und Jugendverführer von Kinderspielplätzen u. dgl. ferngehalten werden.

e) Das Verbot, unter Chiffre zu inserieren oder Inserate eines bestimmten Inhalts aufzugeben. Dieses Verbot empfiehlt sich gegenüber Heiratsschwindlern und anderen Betrügern, die ihre Opfer vorzugsweise durch Zeitungsinserate suchen.

Äußere Voraussetzung für die Verhängung der genannten Verbote und Verpflichtungen sind: dreimalige Vorbestrafung wegen einer aus Gewinnsucht begangenen Handlung oder, soweit es sich um Sittlichkeitsverbrecher handelt, zweimalige Vorbestrafung aus §§ 173 bis 183 StGB. mit Gefängnis oder Zuchthaus, es sei denn, daß seit der letzten Strafverbüßung oder, falls eine solche nicht stattgefunden hat, seit der letzten Verurteilung eine straffreie Führung von 5 Jahren liegt. Die Personen, denen die Verbote und Verpflichtungen auferlegt werden, müssen nach dem von der Kriminalpolizei zu begründenden Urteil als Berufsverbrecher zu betrachten sein, welche ausschließlich oder zum größten Teil von dem Erlös aus Straftaten leben oder, soweit es sich um aus den §§ 173 bis 183 StGB. bestrafte Personen handelt, als gefährliche Gewohnheitsverbrecher anzusehen sein, von denen mit hoher Wahrscheinlichkeit erneut gleichartige Straftaten zu erwarten sind. — Bei Nichtbeachtung der auferlegten Verbote und Verpflichtungen wird in der Regel die vorher angedrohte polizeiliche Vorbeugungshaft zu verhängen sein.

Als rechtliche Grundlage für den vorstehend inhaltlich wiedergegebenen Erlaß betreffend planmäßige Überwachung der auf freiem Fuß befindlichen Berufsverbrecher vom 10. II. 1934 gilt ebenso wie für seine Ergänzungen und wie für den Erlaß über die Anwendung der polizeilichen Vorbeugungshaft und der Schutzhaft überhaupt die schon erwähnte NotVO. des Reichspräsidenten zum Schutz von Volk und Staat vom 28. II. 1933.

Als Rechtsbehelf gegen Verhängung der Vorbeugungshaft wie der Überwachung ist in den Erlassen nur die Beschwerde im Dienstaufsichtswege bezeichnet.

Die kriminalistisch-technische Durchführung der planmäßigen Überwachung kann hier im einzelnen nicht geschildert werden; es sei auf die zur Durchführung des Erl. vom 10. II. 1934 ergangenen Richtlinien des Polizeipräsidenten in Berlin — Landeskriminalamt — vom 3. III. 1934 sowie auf den Aufsatz von Schneider: Durchführung der Überwachung des Berufsverbrechertums in Berlin (Kriminalistische Monatshefte 1935, S. 6ff.) verwiesen.

5. Mit der allgemeinen Bezeichnung (s. oben S. 981) Schutzhaft hat man im Gegensatz zu der durch den Strafprozeß nach Voraussetzungen und Wirkungen geregelten Verhaftung seit langem die polizeiliche Inverwahrnahme überhaupt bezeichnet, insbesondere diejenige, die im preußischen Recht durch das G. zum Schutze der persönlichen Freiheit vom 12. II. 1850 (GS. S. 45) — in den übrigen deutschen Ländern durch inhaltlich ähnliche Gesetze — zugelassen und im einzelnen geordnet ist. Der grundlegende Unterschied ist der, daß die strafprozessuale Verhaftung nur zufolge eines in seinen Voraussetzungen gesetzlich festgelegten richterlichen Befehls erfolgen darf, die polizeiliche Verhaftung aber durch eine allgemeine Ermächtigung der Polizei gedeckt ist, sei es nun, daß sie unmittelbar der der Polizei verliehenen Generalvollmacht, wie z. B. der des § 10 II 17 ALR. zu entnehmen war, oder, weil angesichts der Schwere des Eingriffs in die Rechtssphäre eines Anderen gewisse Einschränkungen für erforderlich erachtet wurden, einem besonderen Gesetz, wie dem genannten vom 12. II. 1850 (vgl. daselbst § 6). An Stelle der im Strafrecht genau festgelegten Tatbestände, die unter den prozeßrechtlichen Voraussetzungen zur Verhaftung zwecks Durchführung der Verfolgung wegen einer begangenen Straftat berechtigen, stehen bei der polizeilichen Schutzhaft, welche die Verhütung einer strafbaren oder sonst die öffentliche Sicherheit oder Ordnung störenden Handlung bezweckt, dehnbare Begriffe, wie Gefährdung der öffentlichen Sittlichkeit, Sicherheit und Ruhe sowie das Schutzbedürfnis einzelner Personen, Begriffe, die nicht nur innerhalb desselben Zeitraums je nach den besonderen tatsächlichen Umständen sehr verschiedener Auslegung fähig sind, sondern auch im Laufe der Zeiten entsprechend den jeweiligen politischen und kulturellen Verhältnissen wechselnder Beurteilung unterliegen.

Das geltende preußische Polizeirecht trifft in § 15 des PolVerwG. vom 1. VI. 1931 (GS. S. 77) — PolVerwG. — eine Regelung der Schutzhaft. Danach sind die Polizeibehörden nur dann befugt, Personen in polizeiliche Verwahrung zu nehmen, wenn diese Maßnahme erforderlich ist: entweder zum eigenen Schutze dieser Personen, oder zur Beseitigung einer bereits eingetretenen Störung der öffentlichen Sicherheit oder Ordnung oder zur Abwehr einer unmittelbar bevorstehenden Gefahr, falls die Beseitigung der Störung oder die Abwehr der Gefahr auf andere Weise nicht möglich ist. — Die in polizeiliche Verwahrung genommenen Personen müssen, soweit es sich nicht um gemeingefährliche Geisteskranke handelt, spätestens im Laufe des folgenden Tages aus der polizeilichen Verwahrung entlassen werden.

Das bedeutet gegenüber der Regelung durch § 6 des G. vom 12. II. 1850 insofern eine Verschärfung der Voraussetzungen, als es nunmehr nicht mehr genügt, daß die polizeiliche Inverwahrungnahme einer Person nach dem pflichtgemäßen Ermessen des handelnden Beamten zur Aufrechterhaltung der öffentlichen Sicherheit und Ordnung dringend erforderlich ist. (An Stelle der Worte „dringend erfordern" ist „nicht möglich" gesetzt.) Es bedeutet aber ferner auch eine Erschwerung gegenüber der in § 14 des PolVwG. sich findenden zur Zeit geltenden Generalvollmacht der Polizei, denn zur Inverwahrungnahme einer Person ist die Polizei danach nur befugt, wenn außer den allgemeinen Voraussetzungen polizeilichen Handelns (§ 14 PolVwG.) auch noch die besonderen des § 15 vorliegen. Das heißt, daß es z. B. bei einer zum eigenen Schutze einer Person vollzogenen Verwahrung erforderlich ist, daß der Betroffene als Teil des Publikums geschützt wird, also nicht seiner selbst und seiner Privatinteressen wegen, sondern nur dann und nur so weit, als ein öffentliches, allgemeines Interesse an dem Schutze des Einzelnen gegen Gefahren besteht (KG. in RuPrVwBl. 52, 580; ferner PrVwBl. 48, 411). Hier sind die Grenzen außerordentlich flüssig und die frühere Abgrenzung wird bei der Stellung, die dem Einzelnen durch die nationalsozialistische Lebens- und Rechtsauffassung innerhalb der Gemeinschaft zugewiesen ist, nicht mehr in allen Fällen als richtig angesehen werden können.

Die Erörterung dieser mannigfaltigen Schranken, welche bei Inverwahrungnahme einer Person der Polizeigewalt durch das Polizeiverwaltungsgesetz gezogen sind, kann hier aus Gründen der notwendigen Beschränkung auf das eigentliche Thema nicht noch vertieft werden. Jene gesetzlichen Beschränkungen mußten aber — so paradox es klingt — gerade deswegen besonders betont werden, weil sie zur Zeit durch die schon erwähnte, den Art. 114 RV. neben anderen außer Kraft setzende NotVO. vom 28. II. 1933 aufgehoben sind und weil Meinungsverschiedenheiten darüber bestehen, ob damit ihre völlige Aufhebung angeordnet ist, es also der Polizei in jedem Falle eines Handelns innerhalb ihres sachlichen Zuständigkeitsgebietes und aus polizeilichen Motiven — im Gegensatz zu Willkür oder Schikane — nunmehr erlaubt ist, zur Inverwahrungnahme von Personen, und zwar zu einer an sich zeitlich unbegrenzten, zu schreiten, wenn dies nach ihrem pflichtmäßigen Ermessen notwendig ist, um von der Allgemeinheit oder dem Einzelnen Gefahren abzuwehren, durch die die öffentliche Sicherheit oder Ordnung bedroht wird.

Die Notverordnung selbst erklärt in ihren Eingangsworten, daß die in ihr enthaltenen Bestimmungen verordnet sind auf Grund des Art. 48 Abs. 2 RV. „zur Abwehr kommunistischer staatsgefährdender Gewaltakte". Über die Bedeutung und Reichweite dieser Worte bestehen in Literatur und Rechtsprechung verschiedene Ansichten. Während einerseits die Ansicht vertreten wird, daß die Verordnung nur „zur Abwehr kommunistischer staatsgefährdender Gewaltakte" — wenn auch im weitesten Sinne — Anwendung finden könne (Boehr, Schack, Mannzen, Stödter, Neubert — s. Schrifttumsverzeichnis — ferner RG. in RuPrVwBl. 55, 169; LG. Tübingen in JW. 1934, S. 627; KG. Urteil vom 3. V. 1935 in Deutsche Justiz, S. 1831; RGZ. 145, 373/4; zu vergleichen schließlich auch noch der als Verwaltungsanordnung die Gerichte zwar nicht bindende RdErl. des Pr. MdI. vom 3. III. 1933, MinBliV. S. 233), wird andererseits behauptet, die Präambel der Notverordnung bringe lediglich das Motiv und die zu ihrem Erlasse führende äußere Veranlassung — am Tage vorher hatte der Anschlag auf den Reichstag stattgefunden — und daher nur den nächstliegenden Zweck zum Ausdruck, durch dessen Erfüllung der Reichspräsident die Wiederherstellung der gefährdeten Ordnung und Sicherheit habe erreichen wollen, so daß gestützt auf die Verordnung nicht nur gegen Kommunisten, sondern gegen alle sonstigen Feinde von Volk und Staat eingeschritten werden könne und die Polizeibehörden demnach in ihren Maßnahmen durch nichts anderes als durch den Zweck der Notverordnung, nämlich Schutz und Wiederherstellung der öffentlichen Sicherheit und Ordnung, gebunden seien, im übrigen aber nach pflichtmäßigem freien Ermessen tätig werden könnten (Hoche, Cremer, Spohr — siehe Schrifttumsverzeichnis —, ferner RG. in JW. 1934, S. 767; LG. Berlin vom 1. XI. 1933, Deutsche Justiz 1934, S. 63).

Demgegenüber hat sich das Preußische Oberverwaltungsgericht in seinem Urteil vom 25. X. 1934 (OVG. 94, 134) und in allen einschlägigen späteren Entscheidungen auf den Standpunkt gestellt, daß polizeiliche Maßnahmen, die auf Grund der VO. des Reichspräsidenten zum Schutz von Volk und Staat vom 28. II. 1933 ergriffen werden, nach den Eingangsworten der Verordnung auf die Abwehr kommunistischer staatsgefährdender Gewaltakte gerichtet sein müßten, die mit dem Erlasse der Verordnung verbundene gesetzgeberische Absicht jedoch weitestgehende Auslegung dieser Worte fordere. Daher sei die Polizei nach der Verordnung u. a. schon dann zum Einschreiten befugt, wenn Bestrebungen bemerkbar würden, welche geeignet seien, dem Wiederauftauchen kommunistischer Tendenzen den Boden zu bereiten. — Diese Auffassung kann wohl jetzt als die in der Rechtsprechung der ordentlichen Gerichte wie der Verwaltungsgerichte herrschende bezeichnet werden. Sie beruht einmal auf der sprachlichen Fassung der Notverordnung, über die (insbesondere die Eingangsworte) nicht gänzlich hinweggesehen werden kann. Würde es doch allen Gesetzen der Auslegung widersprechen, eine Willenskundgebung nicht in ihrer Gesamtheit zu nehmen, vielmehr Teile als bedeutungslos zu behandeln, ohne daß der sonstige Inhalt der Kundgebung dazu zwingt. Wichtiger aber ist, daß diese Auslegung dem Inhalt und dem erkennbaren Zwecke der Verordnung entspricht. Es ist zweifellos nicht daran gedacht, daß die Polizei auf Gebieten, wie dem der Wasser-, der Wege-, der Verkehrs-, der Jagdpolizei usw., nunmehr ein schrankenloses Ermessen sollte walten lassen können, eine Folge, zu der eine Auslegung der Verordnung ohne Beachtung ihrer Eingangsworte zwingen würde. Demgegenüber aber rechtfertigen sich die in § 1 der Verordnung den Behörden verliehenen außerordentlichen Vollmachten ohne weiteres aus dem Bedürfnis der inneren und äußeren Sicherung des Bestandes der neu erwachsenen nationalsozialistischen Staatsform, und die zwingende und überragende Notwendigkeit der Festigung des neuen Staatsgedankens erfordert es, daß auf politischem Gebiete die Grenzen polizeilichen Ermessens soweit wie irgend möglich erstreckt, Maßnahmen auf Grund der Verordnung u. a. also schon durch eine bloß mittelbar dem Staate drohende Gefahr gerechtfertigt werden. (Vgl. Urteile RGSt. vom 24. IX. 1935 — JW. 1935, S. 3377; OVG. Hamburg vom 7. X. 1935 — RVwBl. 56, 1045).

Von der dem Umkreis der Rechtswirkung geltenden Frage ist scharf zu trennen die Frage nach den Rechtsbehelfen gegenüber polizeilichen Verfügungen, welche auf Grund der VO. vom 28. II. 1933 erlassen sind. Auch hier stehen sich die Ansichten unter teilweise sehr auseinandergehender Begründung gegenüber. Das Preuß. Oberverwaltungsgericht hat auch hierzu in dem schon erwähnten Urteil (94, 134) und in einem späteren vom 2. V. 1935 (RVwBl. 56, 577; zum Abdruck in Bd. 96 der Amtlichen Sammlungen bestimmt) dahin Stellung genommen, daß nach der gegenwärtigen Lage der Gesetzgebung auch solche polizeiliche Verfügungen, die sich auf § 1 der VO. zum Schutz von Volk und Staat vom 28. II. 1933 stützen, den Vorschriften des Polizeiverwaltungsgesetzes über Anfechtung polizeilicher Verfügungen unterliegen. Dieser Rechtszustand wird durch die allgemein bestehende Unanfechtbarkeit der Verfügungen des Geheimen Staatspolizeiamts nicht berührt (vgl. das genannte Urteil des Pr. OVG. vom 2. V. 1935). Denn diese Unanfechtbarkeit liegt nicht in den Bestimmungen der genannten Verordnung, sondern in der besonderen gesetzlichen Einrichtung des Geheimen Staatspolizeiamts begründet.

Hier setzt in seiner besonderen Bedeutung die Anordnung des Preußischen Ministerpräsidenten, Geheime Staatspolizei, betreffend Schutzhaftmaßnahmen vom 11. III. 1934 ein. (Abgedruckt durch AV. des Pr. JM. vom 15. III. 1934 — Deutsche Justiz, S. 341.) Danach werden die bisher für die Anordnung der Schutzhaft aus politischen Gründen geltenden Zuständigkeitsvorschriften aufgehoben. In Zukunft dürfen Beschränkungen der persönlichen Freiheit nach Maßgabe des § 1 der VO. zum Schutz von Volk und Staat vom 28. II. 1933 nur von dem Geheimen Staatspolizeiamt mit Wirkung für das ganze Staatsgebiet und von den Ober- und Regierungspräsidenten, dem Polizeipräsidenten in Berlin und den Staatspolizeistellen für ihren örtlichen Amtsbereich angeordnet werden. Wird die Schutzhaft als provisorische Maßnahme wegen des Verdachts einer strafbaren Handlung angeordnet, so ist unverzüglich die Entscheidung des Gerichts über die Verhängung der gerichtlichen Untersuchungshaft herbeizuführen und im Falle der Ablehnung eines richterlichen Haftbefehls auch die polizeiliche Maßnahme außer Kraft zu setzen, sofern nicht ausnahmsweise ihre Aufrechterhaltung aus anderen Gründen begründet erscheint. Beschränkungen der persönlichen Freiheit, die von den Ober- und Regierungspräsidenten, dem Polizeipräsidenten in Berlin und den Staatspolizeistellen angeordnet werden, treten am 8. Tage nach Ablauf des Tages, an dem die Schutzhaftanordnung vollstreckt worden ist, von selbst außer Kraft, soweit nicht inzwischen auf entsprechenden Antrag hin die Fortdauer der Schutzhaft von dem Geheimen Staatspolizeiamt ausdrücklich angeordnet worden ist. Verhaftungen, die nicht unter den Begriff „Schutzhaft" fallen, dürfen nur von den hierfür gesetzlich bestimmten Behörden erfolgen. In diesem Falle ist aber unter allen Umständen binnen 24 Stunden richterlicher Haftbefehl herbeizuführen. Wird ein solcher Haftbefehl vom zuständigen Richter abgelehnt, oder ist derselbe binnen 24 Stunden nicht zu erlangen, so ist der Betreffende sofort zu entlassen, oder es ist, falls die Verhaftung aufrechterhalten werden soll, telegraphisch an den Ministerpräsidenten zu berichten.

Auf den hiermit berührten Begriff der Staatspolizei und die in ihr Aufgabengebiet fallenden Maßnahmen einzugehen, würde über den Rahmen dieses Artikels hinausgehen. Es wird auf die Art. Staatspolizei und Politische Straftaten, HdK. II, 304ff., 646ff.) verwiesen. (Vgl. ferner im Schrifttumsverzeichnis.) Nur eins sei noch erwähnt: Nach fast allgemeiner Anschauung ist es notwendig, daß politische Entscheidungen der Nachprüfung durch die Gerichte entzogen sind. Da jedoch schon die Entscheidung über die Frage, was als eine politische Entscheidung anzusehen ist, nach einem zutreffenden Worte Carl Schmitts immer eine hochpolitische ist, so ist zu erwarten, daß die kommende Gesetzgebung im Wege des Enumerationsprinzips und der Kennzeichnung bestimmter für den Erlaß politischer Entscheidungen ausschließlich zuständiger Behörden diejenigen Anordnungen deutlich sichtbar heraushehen wird, gegen die kein anderer Rechtsbehelf als höchstens die Beschwerde im Dienstaufsichtswege gegeben ist.

Von allgemeinen die Schutzhaft betreffenden Vorschriften sind noch folgende zu nennen:

Als Kosten für die Schutzhaft, d. h. als Ersatz der Kosten, welche der Staat für die Verpflegung und Bewahrung des Schutzhäftlings aufgewendet hat, wird in den meisten deutschen Ländern ein Tagespauschsatz von 2 RM. berechnet; so in Sachsen nach einer — nicht veröffentlichten — VO. des MdI. vom 5. IV. 1933. Die rechtliche Grundlage dürfte in dem allgemeinen Rechtssatz zu finden sein, daß jemand, der eine behördliche Handlung veranlaßt hat, zum Ersatz der dem Staat dadurch entstandenen Aufwendungen verpflichtet ist, weil er den Zustand zu vertreten hat, der diese Aufwendungen verursachte. — In Preußen sind gemäß RdErl. des Pr. MdI. vom 21. VIII. 1935 (MinBliV. S. 1048) die Schutzhaftkosten bei den Staatspolizeistellen zur Erstattung anzumelden.

Eine Anrechnung der Schutzhaft auf eine erkannte Freiheitsstrafe ist gemäß § 60 StGB. zulässig, wenn die Schutzhaft zur Sicherung der Strafverfolgung oder zur Untersuchung der Straftat angeordnet war (Urt. RG. vom 30. IX. 1935, RGSt. 69, 327; Deutsche Justiz S. 1635; OLG. Kassel vom 7. X. 1934, Deutsche Justiz S. 1647; a. A.: BayObLG. im Urt. vom 30. IV. 1934, Polizei S. 387).

Das inzwischen ergangene Preußische Gesetz über die Geheime Staatspolizei vom 10. II. 1936 (GS. 21) konnte im Text leider nicht mehr berücksichtigt werden. Wesentliche Änderungen der vorstehenden Ausführungen werden aber durch das Gesetz, das im Großen und Ganzen eine Legalisierung der von der höchstrichterlichen Rechtsprechung geschaffenen Lage darstellt, nicht bedingt.

Schrifttum:

Die bekannten Hand- und Lehrbücher des Verwaltungsrechts, die Handausgaben und die größeren Kommentare des Strafgesetzbuchs, der Strafprozeßordnung und des Preußischen Polizeiverwaltungsgesetzes.

An Einzelschriften:

Bartenstein, Polizeihaft, BayVwBl. 1927, S. 4ff. — Berger, Sind politische Maßnahmen, insbesondere Schutzhaftbefehle, der richterlichen Nachprüfung entzogen?, JW. 1934, S. 14. — Boehr, Die Schutzhaft gemäß VO. vom 28. II. 1933, JW. 1933, S. 2499. — G. Conze, Freiheitsbeschränkung durch Verhaftung und vorläufige Festnahme. Diss. Göttingen 1928. — Cremer, Schutzhaft, JW. 2257. — Daluege, Die gesetzlichen Bestimmungen über die Bekämpfung des Berufsverbrechertums durch vorbeugende Maßnahmen in Deutschland, „Der deutsche Polizeibeamte", 1935, S. 775. — Derselbe, Staatsanwaltschaft und Polizei in der Verbrechensbekämpfung, Deutsche Justiz, 1935, S. 1846. — K. Doerner, Das neue französische Gesetz über den Schutz der persönlichen Freiheit, Groß' Archiv 94 (1934), 32. — Dornseiff, Der erzieherische Wert der Vorbeugungshaft, Krim. Monatsh. 1934, S. 90. — E. Eichner, Die Rechtsgrundlagen der Präventivpolizei, insbesondere der Präventivpolizeihaft, nach der bayerischen Rechtsentwicklung, München 1927. — Derselbe, Einführung in das Bayerische Polizeirecht, München 1933. — Finke, Die Verhütung strafbarer Handlungen durch die Polizei, Deutsches PolArch. 1934, S. 264ff. und 292ff. — Franzen, Hauptprobleme des bürgerlichen und öffentlichen Rechts, 1934, Heft 2, S. 6. — Derselbe, Lehrkommentar zum PVG., Greifswald 1934, II, 139ff. — Grauert, Die Entwicklung des Polizeirechts im nationalsozialistischen Staat, DJZ. 1934, S. 965; abgedruckt in Polizei, S. 329. — Grünhut, La custodia di sicurezza nel diritto penale germanica, Rivista di diritto Penitenziario, Anno VI, S. 216. — Hamel, Die Polizei im nationalsozialistischen Staat, DJZ. 1935, S. 326. — Haulick, Schutzhaft, Ztschr. f. d. Bad. Verw., 1934, S. 72. — Hoche, Die Schutzhaft nach der VO. vom 28. II. 1933, DJZ. 1933, S. 395 und 1490. — Kleyer, Die vorbeugende Tätigkeit der Kriminalpolizei (Überwachung des Berufsverbrechers), Krim. Monatsh., 1936. — K. Lauer, Die Polizei im nationalsozialistischen Staat, Hamburg 1935. — Derselbe, Die polizeiliche Bedeutung der VO. zum Schutz von Volk und Staat, RVwBl. 56, 168. — Lederle, Schutzhaft bei Auslieferung, JW. 1933, S. 2633. — Lüdtke, Die Schutzhaft gemäß VO. vom 28. II. 1933, JW. 1933, S. 2241 und 2626. — Mannzen, Die Schutzhaft nach der VO. vom 28. II. 1933, DJZ. 1933, S. 1426. — Naß, Staatspolizei, RuPrVwBl. 55, 65. — Neubert, Die Schranken des richterlichen Prüfungsrechts bei staatspolizeilichen Handlungen der Verwaltung, JW. 1933, S. 2426 und 2499. — Parey, Über polizeiliche Maßnahmen gegen Berufsverbrecher, Krim. Monatsh. 1936. — F. Schack, Die Schutzhaft, Der deutsche Polizeibeamte, 1933, S. 105. — Derselbe, Richterliches Prüfungsrecht und neue Staatsauffassung, RuPrVwBl. 54, 1047. — Derselbe, Richterliche Kontrolle von Staatsaktionen im neuen Staat, RuPrVwBl. 55, 592. — G. Schmidt, Zielsetzung und Schranken der Polizeigewalt, RVwBl. 56, 833. — Schneider, Durchführung der Überwachung des Berufsverbrechertums in Berlin, Krim. Monatsh., 1935, S. 6. — Derselbe, Zum Kampfe gegen das Berufsverbrechertum, Deutsche Justiz, 1934, S. 739. — Schwabe, Unzulässigkeit des Rechtswegs gegenüber politischen Entscheidungen, JW. 1934, 1616. — W. Spohr, Das Recht der Schutzhaft, Deutsche Justiz, 1934, S. 58. — Derselbe, Das Recht der Schutzhaft, Polizei, 1935, S. 290 und 317. — Derselbe, Die Schutzhaft. Darstellung aller mit der Schutzhaft in Beziehung stehenden Fragen, 1934. — Stödter, Schutzhaft, RuPrVwBl. 1934, S. 519. — Graf Westarp, Rechtskontrolle polizeilicher Verfügungen; Rechtslage bei der Schutzhaft, „Reich und Länder", 1934, S. 24ff., 52ff. und 289ff.

Max Hagemann.

Vigilanten.

Vigilanten sind der Verbrecherwelt angehörige Personen, welche gegen Bezahlung einzelnen Kriminalbeamten mitteilen, was sie über geplante oder ausgeführte Verbrechen ihrer Genossen erfahren. Der Begriff des Vigilanten ist also enger als der Begriff des Vertrauensmannes der Polizei oder des Polizeispitzels. Während der Vertrauensmann allen Kreisen angehören kann und seine Tätigkeit nicht unbedingt bezahlt bekommt, kommt der Vigilant stets aus den Kreisen des Verbrechertums und hält seine Beziehungen zur Verbrecherwelt zum Zwecke des Verrats aufrecht. Er tritt zu einem bestimmten Beamten der Polizei in ein gewisses festes Verhältnis und erhält für den von ihm betriebenen Verrat teils ein bestimmtes monatliches Fixum, teils wird er von Fall zu Fall entsprechend dem Werte seiner Mitteilungen entschädigt.

Während früher die Frage vielfach umstritten war, ob es sich mit der Würde der Polizei überhaupt vertrage, sich mit solch „minderwertigen Personen" zu befassen, sie ins Vertrauen zu ziehen und noch überdies zu bezahlen, ist wohl jetzt allgemein die Auffassung vertreten, daß zu einer erfolgreichen Bekämpfung des Verbrechertums, insbesondere zur Aufklärung der Verbrechen gegen Zoll- und Devisengesetze und der Verbrechen des Hoch- und Landesverrats, die Verwendung von Vigilanten unumgänglich ist. Ist doch die Polizei zur Erfüllung ihrer Pflichten der Volksgemeinschaft gegenüber nicht nur berechtigt, sondern sogar verpflichtet, sich aller gesetzlichen Mittel zu bedienen, welche eine erfolgreiche Bekämpfung des raffinierten Verbrechertums zum Wohle der Allgemeinheit und zur Festigung des Staates ermöglichen. Auch das Reichgericht hat die Frage der Zulässigkeit der Heranziehung von Vigilanten durch die Polizei bejaht und ausdrücklich festgestellt, daß die Zuziehung solcher Personen seitens der Polizei allgemein üblich und als nicht rechtswidrig anzusehen ist (Urteil vom 5. XII. 1933, III, 162/33).

Die Kriminalpolizei ist in vielen Fällen auf die Mitarbeit von Vigilanten angewiesen, da sie andernfalls verhältnismäßig viel schwerer an die Verbrecherwelt herankommen könnte. Der Polizeibeamte ist meistens in den einschlägigen Kreisen zu bekannt, als daß er dem Verbrecher an jeden Ort folgen könnte. Auch trotz geschickter Verkleidung wird er nicht in allen Fällen mit Erfolg sich an den Orten des Verbrechens zum Zwecke der Erforschung geplanter oder bereits begangener Straftaten aufhalten können, da der in dem bestimmten Verbrecherkreise übliche Ton oder Jargon ihm nicht immer geläufig sein wird. Hier ist die zweckmäßigste Stütze des Beamten der Vigilant.

Zweifellos ist jedoch der Polizeibeamte zu größter Vorsicht verpflichtet, wenn er sich eines Vigilanten bedient. Schon der meist sehr zweifelhafte Charakter einer solchen Person läßt nicht immer es nun auch als sicher erscheinen, daß der Vigilant nur die Interessen des Staates im Auge hat und nicht ein doppeltes Spiel treibt. Kommt es doch nicht selten vor, daß der Vigilant sich nicht nur durch den Beamten für seine Tätigkeit bezahlen läßt, sondern auch mit den Verbrechern unter einer Decke steckt und die Polizei auf falsche Spuren zu führen sucht. Der Beamte wird sich daher die betreffende Person, welche sich ihm als Vigilant anbietet, genau ansehen müssen, um der Aufklärungsarbeit nicht durch die Heranziehung eines Vigilanten, der ein Doppelspiel treibt, zu schaden. Auch erscheint es zweckmäßig, den Vigilanten mit Vorschüssen kurz zu halten; wenn er ihn nach Erfolgen reichlich belohnen will, so mag eine solche Maßnahme den Beamten vielleicht einigermaßen dagegen schützen können, daß der Vigilant ihn auszubeuten sucht, ohne dafür mit entsprechenden Erfolgen aufzuwarten. Weiß der Vigilant, daß ein Beamter ihn für wenig bedeutende Mitteilungen mit größeren Vorschüssen versieht, so wird er in den meisten Fällen den Beamten Monate lang hinzuhalten suchen und zum Schluß vielleicht mit Mitteilungen auszkommen suchen, die er dem Beamten schon hätte früher machen können.

Alle solche Schattenseiten, welche das Vigilantentum aufweist, wird ein gewandter Polizeibeamter, der Menschenkenntnis besitzt, auf das Mindestmaß herabdrücken können. Natürlich werden nach Lage der Sache Enttäuschungen immer wieder vorkommen, an denen der Beamte oft völlig schuldlos ist. Von praktischer Bedeutung ist die Frage, welcher Wert der Tätigkeit des Vigilanten in einem gerichtlichen Strafverfahren beizumessen ist. Meist wird es doch so sein, daß der Polizeibeamte im Interesse einer weiteren Tätigkeit des Vigilanten und zu dessen persönlichem Schutze den Namen des Vigilanten nicht in die Akten bringen und ihn auch in der Hauptverhandlung nicht nennen kann. In den Akten werden die Polizeiberichte in solchen Fällen meistens mit der lakonischen Formel beginnen: „Aus Verbrecherkreisen ist mitgeteilt worden, daß . . .“ oder „Von einer Person, die nicht genannt sein will, wird mitgeteilt, daß . . .“. Das Wissen des Vigilanten kann also der Strafrechtspflege nicht dadurch nutzbar gemacht werden, daß der Vigilant als Zeuge vor Gericht auftritt, will man nicht den Vigilanten unmöglich machen, auf seine weitere Tätigkeit verzichten und ihn sogar der persönlichen Gefahr für Leib und Leben aussetzen. Es ist allgemein anerkannt, daß die Polizei aus diesen selbstverständlichen Gründen unter Berufung auf das Amtsgeheimnis (§ 54 StPO.) die Angabe des Namens des Vigilanten verweigern darf. Wenn dies auch zweifellos für die Urteilsfindung von Nachteil ist, da doch eben der Richter nur auf Grund des Ergebnisses der Beweisaufnahme das Urteil fällt, so liegt die Bedeutung der Tätigkeit des Vigilanten in der Hauptsache im vorbereitenden Verfahren. Der Vigilant gibt dem Beamten Fingerzeige, die zur Aufklärung des Verbrechens führen sollen. Es ist nun Sache des Polizeibeamten, diese Fingerzeige geschickt auszunutzen und sich hierdurch andere Zeugen zu verschaffen, die dann zu der Hauptverhandlung gestellt werden können. So schafft die Tätigkeit eines tüchtigen Vigilanten dem Polizeibeamten die Grundlage zu seinen weiteren Ermittlungen, die dann auch für das Hauptverfahren voll ausgewertet werden können.

Schrifttum:

Schneickert, Kriminaltaktik und Kriminaltechnik. — E. Anuschat, Kriminalpolizeiliches Forschen und Kundschaften.

Gotthard Hackenberg.

Volksverrat, Landesverrat, Hochverrat, Spionage.

1. Begriff. Unter den vorangestellten Stichworten sollen die schwersten Staatsverbrechen zusammengefaßt werden, d. h. die Verbrechen, die sich unmittelbar gegen die Erscheinungsformen richten, in denen das Leben des Volkes als der die Menschen und Geschlechter überdauernden Gemeinschaft seine äußere Gestalt gefunden hat. Sie unterscheiden sich damit nicht nur von den Angriffen auf den einzelnen Volksgenossen und seine Betätigungsgebiete, sondern auch von den Angriffen auf die biologischen und kulturellen Grundlagen des Volkslebens. Die deutsche Rechtssprache verwendet für sie das Wort Verrat und bringt damit zum Ausdruck, daß der sittliche Ausgangspunkt die Verurteilung des Treubruchs ist, der in diesen Verbrechen liegt, und zwar des Bruches der Treue gegenüber der Volksgesamtheit. Es ist bezeichnend, daß der deutschen Rechtsentwicklung der Staatsverbrechen aus der Wurzel des Treubruchs im römischen Recht die Entwicklung aus einer mehr formalen Betrachtungsweise, der des „Majestätsverbrechens“, gegenübersteht.

Nach dem Vorgang des Preußischen Allgemeinen Landrechts hat das deutsche Recht die den meisten ausländischen Rechten fremde Unterscheidung in Hochverrat und Landesverrat getroffen und damit die bis dahin unverbunden neben einander stehenden Tatbestände erstmals nach inneren Kraftlinien geordnet. Hochverrat ist der Angriff auf die innere Ordnung des Volkslebens, Landesverrat der Angriff auf Sicherheit und Bestand des Volkes im Verhältnis zu anderen Völkern. Das Wort Volksverrat ist hiernach geeignet, Hoch- und Landesverrat zusammenzufassen und damit den im deutschen Recht noch fehlenden Oberbegriff für die schwersten Staatsverbrechen zu geben. Das erst neuerdings aufgenommene Wort wurde allerdings zunächst in den Arbeiten zur Strafrechtserneuerung für die Verbrechen gegen die Ehre des Volkes gebraucht, so daß es in diesem besonderen Sinne neben Hoch- und Landesverrat eine dritte Gruppe von Staatsverbrechen bedeutet hätte. Kriegsverrat und Spionage sind lediglich Teilgebiete des Landesverrats.

2. Stellung in der Rechtsordnung. Die Begriffsumgrenzung zeigt, daß die Verratsverbrechen in der Größenordnung der mit Strafe bedrohten Handlungen an der Spitze stehen. Nur die Verbrechen gegen die biologischen Grundlagen des Volkes und seine kulturelle Entwicklung kommen ihm an Gewicht gleich. Das Leben des Einzelnen, der Familie, der Wirtschaftsgruppen — zeitweise aus kurzsichtiger Betrachtung in ihrem Schutzwert dem Wohl der Allgemeinheit vorangestellt — können sich nur entfalten, wenn die innere und äußere Sicherheit, gleichsam das Knochengerüst und der Schutzpanzer des Organismus Volk, unversehrt erhalten werden. Aus dieser Bedeutung ergibt sich der Maßstab für die Gegenmittel des Staates, sowohl der Gesetzgebung und der Strafrechtspflege (Höhe der Strafen) als auch der Verwaltung, insbesondere der Staats- und Kriminalpolizei (Vorbeugung und Abwehr). Innerhalb der Staatsverbrechen ist die Größenordnung unter ihren einzelnen Gruppen von geringerer Bedeutung. Es liegt nahe, den Landesverrat voranzustellen, da der Verrat am eigenen Volke zu Gunsten einer fremden Macht das schimpflichste Verbrechen ist. Das darf jedoch nicht zu der nachsichtigen Einschätzung des Hochverrats führen, durch die sich in der Nachkriegszeit politische Parteien an der gesunden Entwicklung des Volks versündigt haben. Sie sahen in der Vorbereitung eines gewaltsamen Umsturzes der Reichsverfassung eine Art Grundrecht jeder politischen Richtung. Das geltende Recht gibt deshalb auch gegenüber dem Hochverrat fast das gleiche Rüstzeug an Strafmitteln wie gegenüber dem Landesverrat.

Das geltende Recht enthält die Strafbestimmungen gegen die Verratsverbrechen in den beiden ersten Abschnitten des Besonderen Teils des Strafgesetzbuchs (§§ 80 bis 93a). Das G. vom 24. IV. 1934 (RGBl. I, 341) hat diese Abschnitte an Stelle der früheren §§ 80—93 neugeschaffen. Es hat durch Verschärfung der Strafen der neuen Wertung des Verrats am Volksganzen Ausdruck gegeben, hat Lücken durch neue Tatbestände geschlossen und diesem Rechtsgebiet eine größere Geschlossenheit gegeben, indem es die militärische Spionage wieder dem Landesverrat einfügte. Sie war bis dahin, lediglich um Schwierigkeiten der parlamentarischen Gesetzgebung zu überwinden, in einem Sondergesetz behandelt gewesen, dem G. gegen den Verrat militärischer Geheimnisse vom 3. VI. 1914, dem das G. vom 3. VII. 1893 vorhergegangen war. Da das G. vom 24. IV. 1934 schon aus den Grundanschauungen des neuen Reiches erwachsen ist, wird das kommende Strafrecht den Umfang des Strafschutzes kaum noch zu erweitern haben. Einen Überblick über den Stand der Reformarbeiten auf diesem Gebiet gibt Nagler und vor allem Freisler in dem am Schluß angeführten während der Drucklegung dieses Beitrages erschienenen Aufsatz.

3. Hochverrat. Der Hochverrat richtet sich gegen den Bestand des Staatsgefüges, an dem wie an dem Stahlgerippe des Bauwerks das Volksleben in allen seinen vielseitigen Betätigungen seinen Halt findet. Die wesentlichen Grundlagen der staatlichen Ordnung sind sein Angriffsziel. Damit hebt er sich ab von den mannigfachen Verstößen gegen die einzelnen nachgeordneten Funktionen des Volkslebens, Rechtspflege, öffentliche Ordnung u. a. Diese wesentlichen Grundlagen sieht das geltende Recht im Staatsgebiet, in der Verfassung und in der obersten Volksführung. Das Staatsgebiet ist hier eingeordnet, obwohl seine Unversehrtheit Gegenstand nicht nur hochverräterischer, sondern auch landesverräterischer Angriffe bildet. Unter Verfassung wird die rechtliche Grundordnung in ihren für den Staatsaufbau wesentlichen Grundsätzen verstanden. Einzelheiten der Verwaltungsorganisation, der Rechtspflege, der Wirtschafts- und Arbeitsordnung werden nicht umfaßt, andererseits sind Fundamentalsätze der sozialen und der wirtschaftlichen Ordnung mit dem Wesen des neuen Staates so untrennbar verbunden, daß sie zur rechtlichen Grundordnung gehören. Ob eine Verfassungsurkunde im früheren Sinne vorhanden ist oder nicht, spielt hierbei keine Rolle. Einige der wichtigsten Verfassungsgrundsätze sind, mindestens zur Zeit noch, entweder ungeschriebenes Recht (Führerprinzip, klassenloser Staatsaufbau) oder lediglich in Sondergesetzen ausgesprochen (Einparteistaat). Die in der Person des Führers und Reichskanzlers verkörperte oberste Staatsgewalt gehört im neuen Reich unlösbar zur Verfassung. Angriffe gegen sie fallen daher schon unter den Verfassungshochverrat. Zur sinnfälligen Hervorhebung jedoch und um bestimmten Angriffsformen gegenüber den Strafrechtsschutz noch zu verstärken, stellt das geltende Recht An-

griffe auf die Freiheit der Ausübung der Regierungsgewalt durch den Führer als besonderen Hochverratstatbestand unter selbständige Strafdrohung.

Nicht jede Störung des verfassungsmäßigen Lebens ist Hochverrat. Ziel und Mittel des Angriffs entscheiden. Die Einverleibung des Reichsgebietes oder die Losreißung von Gebietsteilen, die Änderung der Verfassung, der Zwang auf die Entschließung der obersten Reichsführung gehören hierher und auch diese Einwirkungen nur, wenn sie mit den Mitteln der Gewalt oder der Drohung mit Gewalt oder, im Falle des Zwanges gegen die Entschließungsfreiheit des Führers, mittels sonstiger gefährlicher Drohung begangen werden. Angriffe von weniger unmittelbarer Art oder mit weniger gefährlichen Begehungsmitteln fallen unter andere Abschnitte des Strafgesetzes.

Die das geltende Strafgesetzbuch noch beherrschende, für das kommende Strafrecht nicht mehr in Aussicht genommene, scharfe Scheidung zwischen vollendeter und bloß versuchter Tat hat beim Hochverrat auch bisher schon keine Geltung gehabt. Hochverrat bleibt, wenn er sich gegen ein Staatswesen richtet, das sich solcher Angriffe überhaupt noch erwehren kann, stets im Versuch stecken und muß deshalb als solcher schon mit der ganzen Schärfe des Gesetzes getroffen werden. Die Straftat wird deshalb schon durch das bloße Unternehmen begangen. Die strafrechtliche Abwehr muß aber noch weit vorher beginnen. Das Unternehmen ist immerhin schon der Anfang des Umsturzes selbst. Ihm gehen bei einem ernst zu nehmenden Gegner planmäßige, oft umfangreiche, Zurüstungen voraus, die der Staat auch mit den Mitteln des Strafrechts schon im frühesten Stadium unterdrücken muß. Auch die Vorbereitung der Tat ist hier, eine Ausnahme von den Grundregeln des Strafrechts, mit Strafe bedroht, und zwar als Verbrechen höchster Gefährlichkeit mit den schwersten Strafen, bis zur Todesstrafe. Die Erfahrung hat gezeigt, daß der Gesetzgeber dabei den Kreis der strafbaren Vorbereitungshandlungen nicht durch Aufstellung bestimmter Tatbestände beengen darf. Eine solche starre Regelung würde dem ständigen Wechsel der Angriffsformen staatsfeindlicher Betätigung nicht folgen können und vielleicht schon beim Inkrafttreten des Gesetzes überholt sein. Ein allgemeiner Tatbestand, sogenannte Generalklausel, gibt daher, wie schon im früheren Recht, die Möglichkeit, jede irgendwie geartete Vorbereitungshandlung, sie liege noch so weit von Vollendung und Versuch entfernt, mit Strafe zu bekämpfen. Das Gesetz führt zwar daneben einzelne Beispiele an, aber nur um ihre besondere Gefährlichkeit zu kennzeichnen und sie unter erhöhte Strafdrohung zu stellen. Damit gibt der Gesetzgeber zugleich der politischen und der gerichtlichen Polizei Richtlinien für den Grad der Wachsamkeit und Schärfe, mit der sie den Abwehrkampf zu führen hat. Diese Beispiele gehören drei Gruppen an: Vorbereitungen zum Umsturz, die über die Betätigung eines einzelnen Gegners hinaus darauf abzielen, Anhängerschaft in größerem Umfange zu gewinnen (Neubildung oder Aufrechterhaltung eines organisatorischen Zusammenhalts, Vertrieb hochverräterischer Schriften, Mißbrauch des Rundfunks), Vorbereitungen, die auf eine Schwächung der staatlichen Machtmittel ausgehen (Zersetzungsarbeit in der Wehrmacht oder in der Polizei), Vorbereitungen, für die ausländische Stützpunkte und Schlupfwinkel benutzt werden (Einfuhr von Hetzschriften). Bei dem für die Gewinnung von Anhängern besonders bedeutsamen Vertrieb von Schriften wird die Grenze der Strafbarkeit noch erweitert. Hier wird schon die Fahrlässigkeit, wenn auch naturgemäß milder, bestraft. Nur so kann den für Massenbeeinflussung unentbehrlichen technischen Hilfeleistungen, z. B. der Heranziehung großer Druckereien, wirksam, namentlich auch durch Einziehung der benutzten Druckereimaschinen, entgegengetreten werden.

4. Landesverrat. Richtet sich der Hochverrat gegen die innere Festigkeit des Staatsgefüges, so bedroht der Landesverrat die äußere Sicherheit des Reichs, seine Machtstellung gegenüber anderen Staaten und Völkern. Je nach dem Angriffsziel und den angewendeten Mitteln lassen sich verschiedene Begehungsformen unterscheiden, die das geltende Recht zu selbständigen Tatbeständen ausgebildet hat. Gemeinsam ist ihnen, im Ergebnis ähnlich der Abwehr des Hochverrats, daß zur Vollendung der Tat in der Regel die Herbeiführung einer bloßen Gefahr für das Wohl des Reichs genügt, ein bereits eingetretener Schaden also nicht vorausgesetzt wird.

In Friedenszeiten ist die häufigste Form landesverräterischer Betätigung der Geheimnisverrat. Ihn stellt deshalb das Strafgesetzbuch an die Spitze seiner Tatbestände. Der Staat bedarf zur Verteidigung gegen Angriffe einer den Kräfteverhältnissen der Umwelt entsprechenden Rüstung, die er schon aus wirtschaftlichen Gründen nicht über das erforderliche Maß erhöhen kann. Wenn sich nicht durch Gegenmaßnahmen des Gegners das die eigene Sicherheit verbürgende Kräfteverhältnis verschieben soll, bedürfen die Verteidigungsmittel der Geheimhaltung. Tatsachen, von denen die

Sicherheit des Reichs nach außen, insbesondere seine Widerstandskraft in einem Kriege, abhängt, werden dadurch mit Notwendigkeit zu Staatsgeheimnissen. Sie werden gegen Verrat und gegen die den Verrat vorbereitende Ausspähung durch schwerste Strafdrohungen geschützt. Für den Geheimnisverrat durch einen Deutschen kennt das Gesetz nur die Todesstrafe. Um auch entfernteren Vorbereitungshandlungen wirksam begegnen zu können, ist schon das Anknüpfen von Beziehungen zu fremden Agenten, gleichviel in welcher Absicht es geschieht, mit — entsprechend milderer — Strafe bedroht. Demselben Zweck dienen Strafbestimmungen gegen jedes verdächtige Verhalten in der Nähe von Festungen oder anderen Anlagen der Wehrmacht, namentlich auch die Anfertigung von Bildern solcher Anlagen. Nicht nur gegen Verratsabsicht, auch gegen Leichtfertigkeit sollen Staatsgeheimnisse geschützt sein. Strafbare Vergehen sind deshalb auch die fahrlässige Preisgabe, die oft aus Schwatzhaftigkeit entsteht, und ebenso das auf Neugier beruhende Aushorchen von Personen, die, wie etwa der Soldat, mit geheimen Tatsachen vertraut sind. In allen diesen Vorschriften wird seit dem G. vom 24. IV. 1934 kein Unterschied mehr zwischen militärischen Geheimnissen und Geheimnissen anderer Art, z. B. Nachrichten über Vorgänge auf dem Gebiet der Außenpolitik gemacht. Die Spionage, wie man die Ausspähung und den Verrat militärischer Geheimnisse nannte, ist deshalb im deutschen Strafrecht jetzt kein selbständiger Rechtsbegriff mehr.

Landesverräterische Untreue begeht, wer als Beauftragter des Reichs bei Verhandlungen mit einer ausländischen Regierung vorsätzlich das Reich benachteiligt. Auch diese Art des Verrats ist nach geltendem Recht ein todeswürdiges Verbrechen. Ihm stehen nahe die landesverräterische Bestechung, der sich ein Deutscher schuldig macht, wenn er sich dem Ausland gegenüber käuflich und zur Begehung einer das Wohl des Reichs gefährdenden Handlung bereit zeigt, sowie das Vernichten oder Fälschen von Beweismitteln, die für ein Rechtsverhältnis zwischen dem Reich und einem ausländischen Staate von Bedeutung sind. Eine Zwischenstellung zwischen diesen Verbrechen und dem Geheimnisverrat nimmt die landesverräterische Fälschung ein. Hier fälscht der Täter Dokumente oder erfindet Nachrichten, die Staatsgeheimnisse vortäuschen sollen, oder macht von solchen Fälschungen Gebrauch. Der Nachteil für das Reich erwächst hier daraus, daß eine andere Macht so handelt, als habe das Reich Staatsgeheimnisse der vorgetäuschten Art.

Während eines Krieges oder mit Beziehung auf einen Krieg treten besondere Formen des Landesverrats auf. Der Begriff des Kriegsverrats findet sich im Militärstrafgesetzbuch, wo er verschiedenartige landesverräterische Tatbestände für den Fall, daß sie im Felde begangen sind, zusammenfaßt. Das allgemeine Strafgesetzbuch enthält in Bezug auf den Krieg folgende besondere Verratstatbestände: Die Waffenhilfe im Kriege, die durch den Dienst in der feindlichen Kriegsmacht begangen wird. Die Begünstigung des Feindes, die jede wie immer geartete Benachteiligung der Kriegsmacht des Reichs umfaßt, sei es, daß sie unmittelbar, sei es daß sie mittelbar durch Vorschubleisten für die fremde Macht begangen wird. Hierher gehören z. B. Warenlieferungen für die feindliche Kriegsmacht, wie sie während des Weltkrieges, meist auf dem Weg über das neutrale Ausland versucht worden sind. Unter der Herbeiführung einer Kriegsgefahr versteht man die Aufnahme von Beziehungen zu einer ausländischen Regierung oder ihren Agenten mit dem Vorsatz, einen Krieg gegen das Reich oder auch nur andere schwere Nachteile, z. B. Zwangsmaßregeln, gegen das Reich herbeizuführen. Auf alle diese Verbrechen steht, teils allein, teils neben anderen Strafen, die Todesstrafe. Verwandt mit diesen Tatbeständen ist die Nichterfüllung von Verträgen, die das Reich für den Kriegsfall abgeschlossen hat.

Die Strafdrohungen gegen den Landesverrat werden durch die Bestimmung ergänzt, daß in allen Fällen neben der Zuchthausstrafe auf Sicherungsverwahrung erkannt werden kann. Das gibt die Möglichkeit, einer aus der Person des Landesverräters über die Strafzeit hinaus für die Allgemeinheit drohenden Gefahr vorzubeugen.

4. „Volksverrat“ im besonderen Sinne des § 90f. StGB. Mit der Sicherheit des Reichs nach außen und seiner Machtstellung unter den anderen Völkern steht in engstem Zusammenhang seine moralische Geltung. Wie nachhaltig durch Verleumdungen auf diesem Gebiet das Ansehen eines Volkes in der Welt untergraben werden kann, hat das deutsche Volk mit besonderer Bitterkeit erfahren müssen. Das Strafgesetzbuch bedroht mit einer aus diesen Erfahrungen erwachsenen, erst durch das G. vom 24. IV. 1934 geschaffenen Bestimmung, der in der amtlichen Begründung die Überschrift Volksverrat gegeben wird, denjenigen mit Zuchthausstrafe, der durch verleumderische Behauptungen das Ansehen des deutschen Volkes schwer gefährdet. Für

das kommende Strafrecht ist in Aussicht genommen, in einem besonderen Abschnitt außer diesem Tatbestand eine Reihe von anderen neuen Strafbestimmungen zu vereinigen, die dem Schutze der Volksgemeinschaft gegen Verletzungen von „Ehre und völkischem Pietätsgefühl" dienen sollen. Näheres hierüber bei Nagler in dem Bericht der amtlichen Strafrechtskommission (vgl. „Schrifttum" am Schluß des Aufsatzes).

5. Stellung des Ausländers. Ausgangspunkt für die sittliche und rechtliche Beurteilung der verschiedenen Verratsverbrechen ist der Vorwurf des Treuebruchs, der den verräterischen Volksgenossen trifft. Das Bedürfnis nach Strafdrohungen gegenüber diesen Verbrechen ergibt sich daneben aber auch aus der Notwendigkeit, die Ordnung des Volkslebens mit allen Mitteln gegen Schäden und Gefahren zu schützen. Diese Notwendigkeit besteht auch dem Ausländer gegenüber, der einen Angriff auf das Wohl des Reichs unternimmt, wiewohl ihm keine Treuepflicht obliegt, höchstens, solange er im Reichsgebiet weilt, gewisse Pflichten, die sich aus seiner Eigenschaft als Gast eines fremden Landes ergeben. Soweit Besonderheiten durch die Ausländereigenschaft gerechtfertigt sind, trägt ihnen das Gesetz Rechnung. Im übrigen aber gelten die Strafbestimmungen in gleicher Weise für Volksgenossen wie für Ausländer, und zwar in der Regel auch für Ausländer, die den Angriff nicht im Reichsgebiet, sondern vom Ausland aus unternehmen. Besonderheiten für den Ausländer kommen an folgenden Stellen zum Ausdruck. Die Strafdrohung gegen landesverräterische Bestechung und gegen Waffenhilfe im Kriege richtet sich überhaupt nur gegen den Deutschen. Der Geheimnisverrat steht unter der zwingenden Androhung der Todesstrafe nur gegenüber dem Deutschen. Wegen Begünstigung einer fremden Kriegsmacht ist der Ausländer nur strafbar, wenn er im Reichsgebiet handelt, wegen Volksverrats im besonderen Sinne, d. h. wegen Volksverleumdung nur, wenn er entweder im Reichsgebiet handelt oder im Auslande seine bewußt unwahren Behauptungen öffentlich verbreitet.

Da auch innerhalb der vorbezeichneten Grenzen noch Einzelfälle denkbar sind, in denen die Verfolgung eines Ausländers wegen einer Auslandstat zu einem unbilligen und deshalb nicht im Sinne der deutschen Rechtsordnung liegenden Ergebnis führen würde, hat das G. vom 24. IV. 1934 die weitere, auf verfahrensrechtlichem Gebiet liegende Sondervorschrift gegeben, daß die Anklage gegen einen Ausländer wegen einer im Auslande begangenen Tat nur mit Zustimmung des Reichsministers der Justiz erhoben werden darf. Diese neue Vorschrift gilt nicht nur für die Verratstatbestände, sondern für das gesamte Strafrecht. Für das kommende Strafrecht ist mit einer Herauslösung der für den Ausländer geltenden Bestimmungen aus dem Verratsabschnitt zu rechnen; vgl. Freisler in dem am Schluß aufgeführten, während der Drucklegung dieses Beitrags erschienenen Aufsatze.

6. Abwehr und Strafverfolgung. Für die Verratsverbrechen gilt in erhöhtem Maße, daß die erste Aufgabe des Staates hier Vorbeugung und Abwehr ist. Die Abwehr erfordert auf diesem Gebiet Organe mit besonderen Erfahrungen und Fachkenntnissen. Sie liegt deshalb in den Händen der militärischen Abwehrstellen und der Geheimen Staatspolizei. Bei der Abwehr des Landesverrats sind diese Stellen sogar strafrechtlich gegen die Einmischung Unberufener geschützt. Der Erfolg ihrer Tätigkeit würde durch die Mitwirkung von Personen, die nicht alle Zusammenhänge übersehen können, nur gefährdet werden. Die Strafdrohung des § 90c, früher § 6 SpionG. (Beziehungen zu ausländischen Agenten) richtet sich deshalb auch gegen denjenigen, der in bester Absicht, z. B. um einem ausländischen Spion auf die Spur zu kommen, sich mit einem fremden Agenten einläßt.

Auch die Strafverfolgung bedarf hier der einheitlichen Zusammenfassung. Sie liegt für das ganze Reichsgebiet in der Hand des Oberreichsanwalts, dem hierbei alle Staatsanwaltschaften unterstellt sind. Die Gerichtsbarkeit übte bis zum G. vom 24. IV. 1934 das Reichsgericht aus, seitdem ein nur für diese Aufgabe geschaffenes besonderes oberstes Gericht des Reichs, der Volksgerichtshof. Fälle von geringerer Bedeutung können durch den Oberreichsanwalt oder durch den Volksgerichtshof in die Zuständigkeit der Oberlandesgerichte überführt werden. Die richterlichen Befugnisse im Vorverfahren übt, ebenfalls für das ganze Reichsgebiet, der Ermittlungsrichter des Volksgerichtshofs aus. Für die Beschlagnahme von Presseerzeugnissen, ein Fall, der namentlich in Hochverratsverfahren von Bedeutung ist, stehen diese richterlichen Befugnisse ausschließlich dem Ermittlungsrichter zu, in den übrigen Fällen tritt seine Zuständigkeit neben die des örtlich zuständigen Amtsrichters.

Schrifttum:

Das Schrifttum behandelt die Verratsverbrechen in den Lehrbüchern des Strafrechts und in den Kommentaren zu den beiden ersten Abschnitten des Strafgesetzbuchs, in denen auch die für die Fortentwicklung der Rechtsbegriffe bedeutsame Rechtsprechung des Reichsgerichts zu verfolgen ist. Für einen Überblick und für die neueste Rechtsentwicklung seien folgende Arbeiten genannt: van Calker, Hoch- und Landesverrat, in der Vergleichenden Darstellung des deutschen und ausländischen Strafrechts, Bes. Teil, Bd. 1, 1906. — v. Weber, Die Verbrechen gegen den Staat in der Rechtsprechung des Reichsgerichts, Festgabe der juristischen Fakultäten 1929, Bd. V, 173. — v. Weber, Die Staatsverbrechen im nationalsozialistischen Staat, Gerichtssaal 104, 223. — Nationalsozialistisches Strafrecht, Denkschrift des Preuß. Justizministers, 1933. — L. Schäfer, DJZ. 1933, S. 798, JW. 1933, S. 873 und 937 und DJZ. 1934, S. 631. — Hans Richter, Deutsche Justiz 1934, S. 604 und RuPrVBl. 1934, S. 493. — Ritter, Staatsverbrechen und Staatsverfassung, StrafrAbh. H. 339, 1934 (Vergleich der deutschen, österreichischen, italienischen und sowjetrussischen Regelung). — Nagler, Hoch-, Landes- und Volksverrat in dem von dem Reichsjustizminister Dr. Franz Gürtner herausgegebenen amtlichen Bericht „Das Kommende Strafrecht", Bes. Teil, S. 67. — Dahm, Verrat und Verbrechen, Zeitschr. f. d. ges. Staatswissensch. 1935, S. 283. — Freisler, Der Volksverrat, Hoch- und Landesverrat im Lichte des Nationalsozialismus, DJZ. 1935, Sp. 905.

Hans Richter.

Vorbestrafte.

Das Thema „Vorbestrafte" schließt nicht notwendigerweise das Problem des „Rückfalls" mit ein. Das Ergehen der ersten gerichtlichen Strafe wegen eines Verbrechens oder wegen eines nach allgemeiner Überzeugung eine Kriminalstrafe verdienenden Vergehens ist wegen der mit Rechtskraft des Urteils unabänderlich gewordenen Unwerterklärung des Verurteilten in erster Linie eine persönliche Angelegenheit des Betroffenen und wird im allgemeinen auch so empfunden. Verbleibt es jedoch trotz der durch Urteil und Strafvollzug ausgesprochenen nachdrücklichen Warnung nicht bei diesem einmaligen Ereignis der Bestrafung, wird der Verurteilte rückfällig, häufen sich etwa gar die Rückfälle, so handelt es sich nunmehr weniger um sein persönliches Schicksal und Ergehen als um den Schutz der Volksgemeinschaft vor der von ihm ausgehenden Gefahr.

Man könnte vielleicht geneigt sein, an den beiden Begriffen „Vorbestrafte" und „Rückfällige" die große Antithese zu verfolgen, die sich in der Kriminologie immer wieder findet, vor allem wenn die Erörterung der Verbrechensursachen in Frage steht: die biologische und die soziologische Betrachtungsweise des Verbrechens. Denn bei dem „Vorbestraften", d. h. in diesem Zusammenhange bei dem erstmalig zu einer Kriminalstrafe rechtskräftig Verurteilten, interessiert vorwiegend die Frage, auf Grund welchen individuellen Seins, auf Grund welches dieses Einzelleben erfassenden und erfüllenden Geschehens kam es unter den besonderen Begleitumständen zu einer strafbaren Handlung und weshalb zu gerade dieser Straftat. Zwar geht diese Frage nicht nur den Täter an, was selbstverständlich ist, sofern überhaupt der Glaube an eine motivierende Kraft von Strafausspruch und von Strafvollzug Bestand haben soll, sondern zum mindesten in demselben Maße auch das Art und Höhe der Strafe bestimmende Gericht; setzt doch nach unserer Überzeugung eine gerechte Abwägung der Strafe weniger ein Messen der Tat und ihrer — so oft zufälligen — Folgen voraus als die Erkenntnis der Stellung gerade dieses bislang unbestraften Täters zur Rechtsordnung. Daß bei der Beurteilung der sozialen Gesinnung des straffällig Gewordenen — denn das muß folgerichtig das wichtigste Ziel der auf Strafzumessung gerichteten Tätigkeit des Richters sein — der Umstand seiner bisherigen Unbestraftheit, der bislang jedenfalls noch nicht feststehende Mißerfolg des Ausspruchs einer Unwerterklärung, von der die Volksgemeinschaft erwartet, sie werde des Betroffenen zukünftiges Tun und Lassen bestimmen, ausschlaggebender Wert zukommen muß, ist zwar aus der täglichen Praxis der Gerichte allgemein bekannt und könnte deshalb trivial erscheinen; es darf jedoch bezweifelt werden, ob der tiefere psychologische Grund für diese „kriminalpolitische Selbstverständlichkeit" immer gegenwärtig ist.

Haben aber Urteilsspruch und Strafvollzug nicht das Ergebnis gehabt, daß sie den Verurteilten von der Wiederholung derselben oder einer ähnlichen strafbaren Handlung abhalten konnten, sind vielmehr in diesem, wie in anderen Fällen Generalprävention und Spezialprävention erfolglos geblieben, so tritt das Interesse an der Person und dem individuellen Geschick des einzelnen Täters völlig zurück; es verblaßt gegenüber der nunmehr in den Vordergrund tretenden Frage nach jener unheimlichen Macht, welche, wie die Geschichte lehrt, zu jeder Zeit und immer wieder von neuem die Friedensordnung der Volksgemeinschaft ungeachtet der ihr zu ihrer Sicherung beigegebenen Sanktionen bedroht, jene unpersönliche Macht, die wir das Verbrechen nennen. Ihr ist nicht mit Strafen beizukommen, denn bestrafen läßt sich lediglich das verbrecherische Verhalten des X oder des Y. Der Kampf mit dem Verbrechen muß folgerichtig andere Mittel erfordern, weil es sich um eine Erscheinung am Körper der Gemeinschaft selbst, um ein soziologisches und nicht um ein biologisches Phänomen handelt.

Doch hieße es die begriffliche Verschiedenheit von Vorbestraften und Rückfälligen überschätzen, wollte man aus der Gegenüberstellung einen Gegensatz entwickeln. In Wahrheit berühren sich die Dinge an mehr als einer Stelle und soziologische und biologische Betrachtungsweise des Verbrechens stehen nicht nur nicht im Gegensatz zu einander, sondern ergänzen sich. Handelt es sich doch, was so oft übersehen wird, um zwei grundsätzlich verschiedene Fragestellungen gegenüber dem Problem „Verbrechen", von denen die eine abzielt auf die für einen individuell bestimmten Menschen wirksam gewordenen und vielleicht in Zukunft noch wieder wirksam werdenden, gerade ihn zum Verbrechen führenden Faktoren; die andere auf die der Volksgemeinschaft aus der naturgegebenen Verschiedenheit ihrer Glieder an Geschlecht, Alter, Verstandes-, Willens- und Charaktereigenschaften auf einem bestimmten Gebiete der Rechtsordnung erwachsenden Reibungen und Unordnungen. Soll sich der jeweils bei Beantwortung dieser beiden verschiedenen Fragen ergebende Bildausschnitt zu einem Ganzen erweitern, so darf bei der Betrachtung des einzelnen Täters als Hintergrund nicht die Schilderung der derzeitigen politischen und kulturellen Verhältnisse der Gemeinschaft fehlen, von der er sich nur als ihr Teil abhebt; im anderen Falle dürfen nicht die Umstände und der Verlauf des Schicksals der während ihrer Lebenszeit die Volksgemeinschaft doch in irgend einer Weise mit bestimmenden Einzelpersonen außer Acht bleiben, wenn sie auch ihrer persönlichen Eigen- und Verschiedenheiten entkleidet als gleichmäßige und einheitliche Masse in der Gesamtheit verschwinden und aufgehen. Der Fehler, statt der gerade hier notwendigen Synopsis eine getrennte Betrachtung vorzunehmen, kehrt bei der hiermit natürlich unmittelbar zusammenhängenden Frage der General- und Spezialprävention wieder und hat sich dort bitter gerächt. Als ob außerhalb der Sphäre des Begrifflichen eine wirkliche Trennung von Einzelnen und Volk möglich wäre; als ob beim Verbrechen eines Einzelnen nur er selbst, nicht auch das Ganze, von dem er doch immer ein Teil bleibt, geläutert werden müßte. Deshalb kann es eine Spezialprävention ohne Generalprävention nicht geben, denn durch die Einzeltat wird in sittlicher Hinsicht auch immer das Ganze getrübt, ebenso wie ein in der Gemeinschaft herrschender moralischer Tiefstand auch den Einzelnen ergreift und in seinem sittlichen Sein und Wirken beeinträchtigt.

Wenn im Vorstehenden das Problem der Verbrechensverursachung (Kriminalätiologie) angeschnitten wurde, so geschah es, abgesehen von dem eingangs erwähnten Grunde der begrifflichen Gegenüberstellung noch aus einem anderen.

Daß gerade bei dem Ereignis der ersteren Verhängung einer Kriminalstrafe die Frage nach dem Weshalb der Tat sich aus menschlichen wie aus kriminalpolitischen Erwägungen aufdrängt, bedarf keines Beweises. Aber auch das Problem des Rückfalls ist letzten Endes kein anderes als das der Verbrechensursachen. Die obigen Ausführungen dürften es jedoch rechtfertigen, wenn wir bei der Betrachtung des Vorbestraften (in jenem engen Sinne der Erstmaligkeit) die individuellen Besonderheiten des Täters, bei der Behandlung des Rückfalls aber das für die Volksgemeinschaft zu einer bestimmten Zeit Allgemeingültige in den Vordergrund rücken.

I. Die Zunahme der Kriminalität beruht, wie die Statistik zeigt, weniger auf dem Wachsen der Zahl der erstmalig bestraften, also dem Neuzugang zur Schar der Kriminellen, als auf dem wiederholten Begehen strafbarer Handlungen durch bereits Vorbestrafte, also auf der Zunahme des ein- und mehrmaligen Rückfalls. (Wo ich mich im Folgenden auf die Ergebnisse der Statistik berufe, sind in erster Linie die Ausführungen des Artikels Vorbestraftenstatistik [unten S. 1001 ff.] gemeint.) Immerhin aber ist die Zahl der in jedem Jahre erstmalig verurteilten Personen, die zwar im Laufe ihres Lebens — oder doch zum mindesten des von der Statistik als rückfällig begründend angesehenen Jahrzehnts — nicht rückfällig werden, aber durch ihr einmaliges Verbrechen oder Vergehen die allgemeine Kriminalitätsziffer doch maßgebend beeinflussen, sehr groß und trotz aller dieses Ergebnis aus rein statistischen Gründen der besseren Erfassung usw. einschränkenden Erklärungsversuche kriminalpolitisch beachtlich genug. Ob es tatsächlich schon gelungen ist, den jährlichen Zugang der erstmalig Bestraften auf das bei den jeweiligen wirtschaftlichen, politischen und kulturellen Verhältnissen mögliche Mindestmaß zurückzudrängen, wie vielfach aus dem annähernd parallelen Verlauf der für den Zustand des Wirtschaftslebens maßgebend angesehenen Kurve der Lebensmittelpreise und der Kriminalitätskurve der Erstbestraften gefolgert wird, möchte ich aus einer Reihe von Gründen bezweifeln. Einmal gibt heute schon längst nicht mehr, wie ehemals Georg von Mayr annahm, der Brotpreis oder der Preis für die unentbehrlichsten Lebensmittel den Gradmesser für die wirtschaftlichen Verhältnisse ab, sondern neben dem Preisindex der wichtigsten industriellen Rohstoffe der von ihm beeinflußte Umfang produktiver Arbeit, mit anderen Worten: das Schicksal unserer Zeit, Arbeit oder Arbeitslosigkeit. Weiter aber darf bei der Zahl der Verurteilungen bislang unbestrafter Personen nicht die ungeheuere Zunahme der mit Strafandrohungen versehenen gesetzlichen Tatbestände und damit die steigende Wahrscheinlichkeit, sich strafbar zu machen, übersehen werden. Betrug doch die Zahl der in der Reichskriminalstatistik berücksichtigten Strafbestimmungen — nur Verbrechen und Vergehen — 1913: 550, 1919: 650, 1925: 774, 1930 trotz des inzwischen erfolgten fast vollständigen Abbaus der kriegswirtschaftlichen Vorschriften rund 800, 1933: 900 und 1934: über 1000, eine Zahl, die in den bevorstehenden Veröffentlichungen über die letzte Zeit zweifellos noch eine nicht unerhebliche Zunahme aufweisen wird. Gerade gegenüber dieser nicht immer genügend gewürdigten Tatsache bedeutet es einen höchst erfreulichen Gewinn, daß die Zahl der Erstbestraften nicht noch höher ist. Die Wirkung der Strafandrohung, der Generalprävention, die zahlenmäßig selbstverständlich nicht zu erfassen ist, ist also immerhin nicht allzu gering zu veranschlagen, wenngleich für die meisten das wirklich Abschreckende weniger die Strafe — wobei deren moralische Seite die geringste Rolle spielt — als die Wahrscheinlichkeit des Erwischtwerdens ist. Je nach der in dieser Hinsicht bestehenden größeren oder geringeren Aussicht schwankt trotz gleich bleibender Strafandrohung die abschreckende Wirkung sehr erheblich. Schon das beweist, daß präventiven Maßnahmen, insbesondere solchen eugenischer, sozialer, erzieherischer und aufklärender Art, eine wesentlich größere Wirkung beizumessen ist.

Für den erstmalig Vorbestraften aber handelt es sich darum, dieses nun einmal zur Tatsache gewordene abgeschlossene Ereignis sich nicht in gleicher oder ähnlicher Weise wiederholen zu lassen. Zwar sind für ihn die zu diesem Fall strafbaren Handelns als einem in der Vergangenheit liegenden Geschehnis führenden Ursachen wenigstens theoretisch erkennbar, während das für zukünftige Ereignisse aus in dem Wesen der Kausalität liegenden Gründen überhaupt nicht, auch nicht theoretisch möglich ist. Die praktische Erfahrung beweist aber immer wieder, daß die wenigsten Erstbestraften von der Möglichkeit dieser Erkenntnis Gebrauch machen, geschweige denn aus der nach außen hin zwar nicht zugestandenen, im innersten Bewußtsein aber doch wohl meist vorhandenen Überzeugung über die wahren Ursachen und Schuldgründe eine Nutzanwendung für ihre zukünftige Lebensführung ziehen. Mit derselben Leichtfertigkeit und Oberflächlichkeit, mit der an dem immerhin möglichen Erlebnis einer inneren Selbstprüfung vorbeigegangen, oder richtiger gesagt, mit der ihm absichtlich aus dem Wege gegangen wird, wird im allgemeinen auch der Vollzug der Strafe selbst entgegengenommen. Daß die innere Wirkung eines wirklich zweckmäßig geregelten Strafvollzuges nicht selten eine sehr starke sein kann, daß er insbesondere nicht nur eine abschreckende, sondern auch eine läuternde, positiv aufbauende erziehliche Wirkung haben kann, darf trotz der augenblicklich geringen Einschätzung der Spezialprävention doch nicht übersehen werden, und zwar am wenigsten bei der Vollstreckung der ersten Strafe. Gewiß, ihre im allgemeinen verhältnismäßig kurze Dauer ist einer nachhaltigen erziehlichen Einwirkung nicht eben günstig, ganz zu schweigen von den äußeren Umständen, unter denen gerade die Erststrafen, meist in kleineren Anstalten, vollstreckt werden. Die Berührung mit abgestumpften oder rohen und verwahrlosten Gefangenen birgt für schwache Charaktere schwere sittliche Gefahren und wirkt auf andere, feiner organisierte zwar sicherlich abschreckend, aber nicht gerade innerlich fördernd. Das Problematische der Abschreckung, sowohl bei der General- wie bei der Spezialprävention, ist ja aber, daß diese ihrem Wesen nach lediglich negative Wirkung im Leben sich als äußerst unbeständig erweist. Nicht nur, daß sie sich häufig, zumal bei besonders energischen Charakteren, von heilsamer Furcht in ständigen Groll und weiter in Haß, Trotz und Verstocktheit verkehrt, seelische Zustände, die alles andere als eine Abwehr gegen kriminelle Reizungen und Versuchungen bilden, sie ist auch als ein Produkt vorwiegend verstandesmäßiger Überlegungen gerade im Augenblicke der größten Gefahr völlig verblaßt und nicht wirksam, wenn nämlich das Triebmäßige über die Vernunft zu siegen und sich die Entscheidung über Tun oder Nichttun anzumaßen droht. Man denke in diesem Zusammenhang an Sexualdelikte, an Gemeinschaftsverbrechen, bei deren Begehung der Einzelne infolge des eigenartigen psychischen Zustandes, in dem er sich nur als Teil der Masse empfindet, regelmäßig weder Verantwortung noch Furcht fühlt; an die mangelnde Voraussicht und Furchtlosigkeit der meisten Geistesschwachen oder auch nur Beschränkten, deren langsam erregbares Nervensystem eine rechtzeitige wirksame Einschaltung von Hemmungsvorstellungen verhindert, und schließlich an gewisse Rauschzustände, die zwar die strafrechtliche Verantwortung nicht ausschließen, deren euphorischer Charakter aber in der optimistisch gehobenen Stimmung jede Warnung und Drohung gering achten läßt. Auch darf nicht vergessen werden, daß jedem gesunden Menschen, der etwas wagt, von vorn herein die Hoffnung innewohnt, es werde — im Sinne seines Entschlusses — gut ausgehen, und daß dieser je nach der Persönlichkeit mehr oder weniger leichtfertige Glaube im Augenblick unerwünschte Erinnerungen bis zu einem gewissen Grade verdrängt.

Die Wirkung der Strafandrohung durch Verschärfung des angedrohten Übels zu erhöhen, ist natürlich möglich, aber voraussichtlich immer nur für eine beschränkte Zeit. Die Geschichte des Strafrechts und der Strafen zeigt jedenfalls, daß der steigenden Härte der Strafen immer eine wechselnde Gefühlsabstumpfung parallel gegangen ist und daß — auf weite Zeiträume gesehen — in diesem Wettlauf bislang der Gesetzgeber der Unterlegene geblieben ist. Inwieweit das vielleicht darin begründet ist, daß der Gesetzgeber, wie alle im Besitz der Freiheit befindlichen und in ihr werktätigen Volksgenossen, den Wert dieses Gutes für diejenigen, die mit dem Leben ohne ständige fremde Hilfe und Leitung nicht fertig werden, überschätzt, muß hier unerörtert bleiben, ebenso wie andere eine Steigerung der Wirkung der Strafandrohung anstrebenden Gedanken.

Das Fühlbarste und das als allgegenwärtig Empfundene, was in der Regel von der ersten Strafe zurückbleibt, ist also meist weder die positive sittliche Förderung noch das Negative, die abschreckende Furcht vor einer Wiederholung des wohl möglich verschärften Strafübels, sondern das Bewußtsein, nunmehr unwiderruflich zu der Zahl der „Vorbestraften" zu gehören, zu denjenigen, die aus der Gemeinschaft sogar der nur durchschnittlich Anständigen ausgeschlossen sind; die mit Erfolg kein Anrecht mehr geltend machen können auf die unter jenen selbstverständliche gegenseitige Rücksichtnahme und Geltung; denen mit offener Nichtachtung oder zum mindesten mit Mißtrauen von vorn herein zu begegnen nicht etwa eine Beleidigung, sondern Vielen lobenswerte Vorsicht und Lebensklugheit bedeutet; die seelisch und sozial entwurzelt auch im Wirtschaftsleben überall benachteiligt sich kaum behaupten oder nur mit größter Mühe nach und nach einigermaßen wieder Fuß fassen können. Die bittere Erkenntnis, daß für den erstmalig Bestraften mit der Entlassung aus dem Strafvollzuge die eigentliche und schwerere Strafe erst beginnt, daß, „wer einmal aus dem Blechnapf fraß", allzu leicht immer wieder dorthin — zwar nicht willentlich zurückkehren — aber zurückgedrängt werden wird, ist keine dichterische Übertreibung von Schriftstellern, die durch Appell an soziales Gewissen und Mitleid nach nicht eben allzu schwer zu erringenden Beifall streben, sondern eine jeden Tag sich hundertfach wiederholende unbestreitbare Tatsache.

Sie hat, wie die meisten Dinge, ihre zwei Seiten. Für denjenigen, der sich von jeder Verschärfung der Strafe — als eine solche stellt sich die auch ohne gesetzliche Bestimmung mit der Strafe verbundene Ansehensminderung des Vorbestraften dar — auch einen erhöhten Abschreckungserfolg verspricht, wird diese gesellschaftliche Begleiterscheinung nur etwas an sich Wünschenswertes, weil eine erhöhte Garantie gegen den Rückfall, bedeuten. Er wird sich vielleicht auch darauf berufen, daß es schlecht stehe um eine Rechtsprechung, die auf Strafe erkennt, nur weil das Gesetz es so vorschreibt, während das Empfinden der Volksgenossen trotz begangener Tat freispricht und nichts von einer sozialen Ächtung wissen will, und er wird deshalb geneigt sein, umgekehrt in der mit der gerichtlichen Strafe verbundenen sozialen Rückwirkung etwas Selbstverständliches und Gesundes zu erblicken, das nicht abgeschwächt werden darf. Andere hingegen gehen davon aus, daß das Gesetz nur für eine bestimmte Zeitdauer strafen will, die öffentliche Meinung aber lebenslänglich straft. („La loi ne condamne que pour un temps; l'opinion, elle condamne à perpétuité." Michaux: Etudes sur la question des peines, 1872.)

Tatsache ist, daß eine nur irgendwie erheblichere gerichtliche Bestrafung im täglichen Leben meist unauslöschbar ist. Die Gesellschaft ist weit grausamer und härter, als es der strengste Richterspruch bei Abwägung von Tat und Sühne beabsichtigt. Insbesondere zeigt sich das in Zeiten verschärften Daseinskampfes, wo jedes legale Mittel — von anderen nicht zu sprechen — bis zur letzten Möglichkeit ausgenutzt wird, um den unbequemen Konkurrenten zu vernichten. Und die wahrheitsgemäße Erwähnung einer erlittenen Bestrafung nebst der vorsorglich damit verbundenen Warnung vor unseligem Vertrauen ist wie die Erregung jedes nur möglichen Argwohnes nach dem gegenwärtigen Stande der Gesetzgebung zum mindesten nicht illegal (vgl. § 190 StGB.), auch wenn noch so viele Jahre seit Verurteilung und gesetzlicher Sühne verstrichen sind und längst keine Statistik mehr jene Bestrafung als „rückfallbegründend" führt (vgl. jedoch für das Gebiet des gewerblichen Wettbewerbes als erfreulichen Schritt in entgegengesetzter Richtung RG. in JW. 1927, S. 1365; u. a. s. Elster, Unl. Wettbew. (Komm.) S. 207). Dieses Verhalten der öffentlichen Meinung ist vielfach um so ungerechter, als der Vorwurf der „Vorstrafe" meist ein summarischer ist, der nur die Tatsache des „Gesessen-habens" erwähnt, nicht aber die Begleitumstände und die zur Begehung der Tat treibenden Ursachen, geschweige denn etwaige in der Beurteilung des Gerichts zu Tage getretenen Milderungsgründe.

Der Praktiker des Strafvollzugsdienstes weiß, daß tagtäglich Hunderte von Verurteilten Gefängnisse und Zuchthäuser verlassen, die besten Willens sind, nie wieder straffällig zu werden. Damit sind gewiß nicht die zahllosen Versprechen gemeint, die tränenreich und redselig gegeben und ebenso schnell vergessen werden, sondern die vielen, die von der ersten Verurteilung und Strafe innerlich ergriffen sind, welche die Zeit zur Selbstbesinnung benutzt haben, eine Metanoia, eine Neugeburt des Geistes, erlebt haben und daran glauben; auch daran glauben, daß der Wille zu ehrlichem, tätigem Leben ihnen den Weg dazu eröffnen werde, und die sich dann um so grausamer enttäuscht überall zurückgestoßen und von allen verlassen vorkommen. Es beginnt für sie dann trotz aller Hilfe von Fürsorgestellen usw. nur zu oft die vergebliche Suche nach einer Schlafstelle, nach Arbeit, nach einem Menschen, an den sie sich in ihrer zunehmenden Scheu, Vereinsamung und Verzweiflung klammern können. Überall wo sie die Wahrheit sagen, finden sie verschlossene Türen; oder sie sehen sich nach kurzem Aufenthalt hinausgewiesen, wenn sie ihre letzte Vergangenheit verschwiegen haben. Dazwischen aber liegt die namenlose Angst, daß das Unvermeidliche doch eines Tages eintreten wird. Gerade die Besten setzen sich gegen diese Ungerechtigkeit zur Wehr, suchen zu beweisen und zu überzeugen, daß sie die zeitliche Strafe gebüßt haben, daß jede Verfehlung einmal gesühnt sei, unter jede beglichene Rechnung einmal ein Strich gezogen werden müsse. Und in ihrer hartnäckigen Berufung auf die Vernunft gleichen sie nur den Geisteskranken, die beteuern gesund zu sein, denen aber gerade deswegen niemand glaubt. Zwar wäre auch für sie menschliche Nähe, ein Anschluß ohne die Vorfrage nach dem Woher und Wohin, vielleicht auch eine gewisse Hilfe, um wieder festeren Fuß zu fassen, leicht erreichbar in jenen Kreisen, die mit der sozialen Ächtung auch die Furcht vor der Strafe verloren, durch ihr Sinken aber einen gewissen inneren Gleichmut gefunden haben. Geben sie in einem Augenblick des Leichtsinns oder der Verzweiflung nach, so hat fast immer die große Zahl derjenigen Zuwachs erfahren, die sich von mal zu mal weniger im Lebenskampfe behaupten können und je öfter um so stärker den Aufenthalt im Gefängnis nicht als eine Abschließung von der Freiheit, sondern als die wohl geregelte Ruhe empfinden, die ihnen allein durch Schutz vor den ihnen überlegenen Mächten und Erschütterungen des Lebens zu teil werden kann.

In den Tagen dieses Erlebens, in den Augenblicken dieser Entscheidung wird die schmale Grenze offenbar, die zwischen dem Vorbestraften und dem Rückfälligen liegt. Schwäche, Untauglichkeit gegenüber den Anforderungen des Lebens in modernen Großstädten mit ihrer kalten, hochentwickelten, komplizierten Zivilisation sind weitaus häufiger der Grund für das Scheitern aller guten Vorsätze als böser Wille und Neigung zum Verbrechen. Auf welche Weise der gute Wille etwa durch Änderung eines häufig gerade die Verarmung der Energie fördernden und auch die Ansätze zu einer erfreulichen Entwicklung der Persönlichkeit zerstörenden Strafvollzuges gefestigt werden kann, welche Wege durch Arbeits- und Berufsausbildung während der Strafhaft schon für die Zukunft eingeschlagen werden können, steht hier nicht zur Erörterung. Ebenso wenig die Frage, ob das ganze Problem nur mit Härte zu lösen ist, indem die Lebensuntauglichen zu Gunsten der Gesunden, für die sie eine unerträgliche Last bedeuten, geopfert werden. Daß besondere Zeiten solche besonderen Maßnahmen im Interesse der Volksgemeinschaft gebieterisch verlangen können, ist nicht zu bezweifeln, wenngleich auch dann noch die Frage nach Umfang und Art des Ausleseprozesses zu entscheiden wäre. Immerhin aber haben sich Staat, Organisationen und Vereine stets bemüht, hier helfend einzugreifen. Soviel durch Entlassenenfürsorge, durch Übergangs-Schutzheime und dergleichen, um nur einiges Wenige zu nennen, geschehen ist, soviel bleibt im Kampf gegen die Trägheit des menschlichen Herzens noch zu tun. Es darf nicht nur eine Enthaftung aus dem Gefängnis geben, mit ihr muß auch irgend wann einmal eine Entlassung aus den Folgen der Erstbestrafung verbunden sein.

So erhebt sich hinter dem individuellen Schicksal jedes erstmalig Bestraften das Problem der Rehabilitation (s. diesen Art.). Wie auch immer das kommende Recht sich zu der Frage der Ehrenstrafen stellen wird — es wird sie übrigens voraussichtlich nicht aufgeben, sondern im Gegenteil weiter ausbilden und verfeinern —, so vermag ich doch nicht die in jenem Aufsatz vertretene Ansicht zu teilen, daß es genüge, die Rehabilitation wie bisher lediglich auf die Wiedereinsetzung in aberkannte Ehrenrechte und staatsbürgerliche Fähigkeiten zu erstrecken. Das Problem, einen Ausgleich zu schaffen zwischen der unbedingten Notwendigkeit, unter Umständen das Vorleben eines Menschen völlig klarzulegen und dazu auch auf jede noch so weit zurückliegende Vorstrafe zurückgreifen zu können, und andererseits dem höherer Gerechtigkeit entspringenden Anspruch, gesühntes Unrecht in Vergessenheit versinken zu lassen, ist ja mit den Vorschriften über Auskunftsbeschränkungen über erlittene Vorstrafen nicht gelöst. Es ist damit gerade nur erst angeschnitten. Wenn auch der Zehnte Internationale Strafrechts- und Gefängniskongreß, der auf seiner Tagung in Prag die Frage der Rehabilitation behandelte (Sektion III, Frage 1), in seiner Entschließung zwar keine Lösung gegeben hat und auch nicht geben konnte, so hat er doch insbesondere in seinen Vorarbeiten gangbare Wege gewiesen und Anregungen gebracht, die nicht übersehen werden sollten. Handelt es sich doch schließlich bei der Rehabilitation eines Vorbestraften um mehr als nur um sein persönliches Schicksal. Das, worum es letztlich geht, ist die der Allgemeinheit von den Rückfälligen drohende Gefahr. Es gilt, den Zwischenzustand, der nach erfolgter Strafverbüßung sich aus der Stellung des erstmalig Verurteilten zur Gesellschaft ergibt und auf den man das einmal von Adolphe Prins gebrauchte nachdenkliche Wort von dem „état dangereux avant le délit" anwenden kann, zu überwinden und dadurch zu verhüten, daß aus dem einzelnen, der trotz des in sein persönliches Leben tief einschneidenden Ereignisses doch ein für das Volksganze schließlich ziemlich gleichgültiger „Vorbestrafter" ist, ein die Reihen des anonymen Verbrechertums vermehrender „Rückfälliger" wird.

Damit ist der Zusammenhang der beiden eingangs von uns einander gegenüber gestellten Begriffe dargetan und gleichzeitig der Übergang vom einen zum anderen vollzogen.

II. Es ist kein Zufall, daß das Problem des Rückfalls — wenigstens äußerlich — vorwiegend als eine Angelegenheit der Statistik erscheint (vgl. den folgenden Artikel). Die Statistik ist die Wissenschaft des Meß- und Zählbaren und sie findet jedesmal dort ihre Grenze, wo Faktoren hineinspielen, die sich ihrem Wesen nach der Erfassung durch die Zahl entziehen. Das trifft auf die Gründe für die Begehung eines bestimmten Verbrechens zu, die an dem erstmals Verurteilten kriminalpolitisch mehr als alles andere interessieren. Bei der kriminalpolitischen Betrachtung des Rückfalls stehen aber ganz andere Dinge im Vordergrunde als das individuelle Schicksal eines Einzelnen und die zu ihm führenden Ursachen: der Umfang der sozialen Erkrankung, der eine Volksgemeinschaft ergriffen hat und die Tauglichkeit oder Untauglichkeit der von ihr dagegen angewandten Mittel. Beweist doch jeder Rückfall, daß die verbüßte Strafe die vom Gesetzgeber angestrebte moralische und soziale Besserung nicht zur Folge gehabt hat. Die logische Folgerung daraus ist die bei Häufung der Rückfälle in ihrem Ernst sich verschärfende Erkenntnis, daß die Strafe so, wie sie vollstreckt wird, nur auf eine sehr unvollkommene Weise ihr Ziel, nämlich die wirkliche Besserung des Bestraften und seine Rückkehr zu einem geordneten Leben, erreicht.

Doch diese Betrachtungsweise des Phänomens Rückfall ist verhältnismäßig neuen Datums.

In ebenso einfacher wie radikaler Form war das Rückfallsproblem aus der Welt zu schaffen, wenn man, wie im 16. Jahrhundert, den Schuldigen beim ersten Diebstahl an den Pranger stellte, beim zweiten aber aufhing. In späteren Zeiten, die zwar die Unmöglichkeit dieses Verfahrens einsahen, aber immerhin noch von dem unerschütterlichen Glauben beseelt waren, durch Strafverschärfung dauernde Wirkungen in der Verbrechensbekämpfung erzielen zu können, lag es nahe, im Rückfall in eine bestimmte Straftat einen straferhöhenden Tatumstand zu erblicken. Diese Auffassung beherrschte sowohl das römische und das mittelalterliche deutsche Recht wie die Carolina (Art. 161, 162) und wurde eben wegen dieser Begriffsbildung folgerichtig nur bei den am häufigsten vorkommenden Delikten, insbesondere also beim Diebstahl, wirksam. Noch Feuerbach schreibt (Lehrbuch des peinlichen Rechts, § 132a), was als aufschlußreich hier wiedergegeben sei, daß es „im gemeinen Rechte über den Rückfall kein Gesetz gibt, welches den Richter bei allen Verbrechen ermächtigt, wegen des Rückfalls (des allgemeinen wie des gleichartigen) die sonst gedrohte bestimmte Strafe oder das gesetzliche Maximum zu erhöhen, da die im gemeinen Recht vorkommenden Stellen nur bei gewissen Verbrechen von dem Rückfall sprechen. Der gemeinrechtliche Richter kann daher, wenn kein Landesgesetz etwas anderes bestimmt, die Wiederholung der Verbrechen nur als Straferhöhungsgrund bei der Ausmessung der in unbestimmten Strafgesetzen angedrohten Strafen betrachten. Auch nach allgemeinen Rechtsgrundsätzen läßt es sich nicht rechtfertigen, wenn man bei allen Verbrechen wegen Rückfalls eine strengere Strafe anwendet, um so weniger, als durch passende intensiv härtere Einrichtung der Freiheitsstrafe gegen Rückfällige leicht der Zweck des Gesetzes erreicht werden kann."

Dieser Rechtspositivismus Feuerbachs, dem sein Herausgeber Mittermaier übrigens, wenn auch nur schüchtern, zu widersprechen sucht (a. a. O., §§ 325 und 332) ist um so interessanter, als schon die Lehre der humanistischen Italiener, zurückgreifend auf Worte des Aristoteles und der Kirchenväter, eine andere Erkenntnis eröffnet hatte. Anknüpfend an den Gedanken des „humanum est peccare, diabolicum perseverare" (Gloss. in leg. consentaneum) hatten sie gegenüber dem von Damhouder vertretenen primitiven Grundsatz „iteratio criminis indiget grandiori supplicio" auf das Besondere jeden Rückfalls hingewiesen: daß in ihm nämlich neben der in der Begehung des neuen Verbrechens zu Tage tretenden kriminellen Neigung sich noch eine spezifische — wir würden heute vielleicht sagen: asoziale — Gesinnung offenbart, welche die in der Vorbestrafung verkörperte staatliche Maßnahme einer feierlichen öffentlichen Unwerterklärung gering achtet oder sogar verachtet. Diese innere „consuetudo peccandi" oder „delinquendi" zu einem von dem zur Aburteilung stehenden besonderen Verbrechen oder Vergehen unabhängigen, allgemeinen Strafschärfungsgrund zu machen, lag nahe und die meisten deutschen Strafgesetzbücher des 19. Jahrhunderts haben es getan. Um so bedauerlicher ist es, daß die reichsrechtliche Strafgesetzgebung die kriminalpolitisch nur als Rückschritt zu wertende Umkehr zu den festen Tatbeständen einzelner Rückfallsdelikte (Rückfallsdiebstahl §§ 244, 245, -Raub § 250 Ziff. 5, -Hehlerei § 261, -Betrug § 264 StGB., ferner in Tatbeständen des Militärstrafrechts sowie der Zoll- und Steuergesetze) vollzogen hat.

Ebenso wie schon die früheren Entwürfe wird auch das kommende Strafgesetzbuch mit dieser Regelung brechen und den Rückfall nur noch als eins der vielen Symptome kennen, aus denen auf den verbrecherischen Willen und die Gefährlichkeit des Täters geschlossen werden kann und das demgemäß bei der Zumessung der Strafe zu werten ist. Gerade deshalb wird aber der zwar nicht im Gesetz, wohl aber in der Wissenschaft und in der Gerichtspraxis gemachten, kriminologisch und kriminalpsychologisch wichtigen Unterscheidung zwischen gleichem, gleichartigem und ungleichartigem Rückfall noch größere Bedeutung zukommen als bisher. Daß bei der Feststellung gleichen und gleichartigen Rückfalls nicht pedantisch die Wiederholung genau desselben gesetzlichen Tatbestandes verlangt werden darf, sondern daß es viel wichtiger ist, auch bei verschiedenen Tatbeständen die Gleichartigkeit von der ätiologischen Seite aus zu erfassen und zu begründen, sollte sich von selbst verstehen. In diesem Bestreben aber so weit zu gehen, daß man Rückfall überhaupt verneint, wenn die Straftaten verschiedenen Motiven entsprungen sind, scheint mir bei der Vieldeutigkeit dessen, was gemeiniglich unter Motiv verstanden wird und sich schließlich auch immer als solches ausgeben läßt, recht bedenklich. Im allgemeinen wird es richtig sein, bei — in ätiologischem Sinne — gleichartigem Rückfall auf einen intensiv verbrecherischen Willen, bei in demselben Sinne ungleichartigen Straftaten aber auf einen extensiven zu schließen. Dieser wird sich daher im allgemeinen mehr bei „Gelegenheitsverbrechern" oder solchen kriminell überhaupt labilen Persönlichkeiten finden, die dem Typ des Gelegenheitsverbrechers nahe stehen, jener aber bei den infolge ihrer zielbewußten Willensstraffung sich vorzugsweise auf ein bestimmtes Verbrechen spezialisierenden Berufs- oder Gewohnheitsverbrechern. Der letztere Typ, sei es, daß er sich vorwiegend um der größeren Erfolgsaussicht willen auf die Begehung einer bestimmten Verbrechensart (dann meist auch unter Beibehaltung derselben Arbeitsweise oder desselben Tricks) verlegt hat oder daß er aus einem bestimmten Hang heraus handelt (z. B. Sittlichkeitsverbrecher), ist natürlich der für die Allgemeinheit gefährlichere.

Der durch die Strafrechtsnovelle vom 24. XI. 1933 (RGBl. I, 995) endlich auch in die Gesetzgebung eingeführte Begriff des „Gewohnheitsverbrechers", der ja nach den objektiven Voraussetzungen des Gesetzes, noch viel mehr aber in dem vorstehend entwickelten subjektiven Sinne ein „Rückfälliger" ist, berührt sich auf das engste mit demjenigen des wiederholt bestraften Rechtsbrechers, der, wie es das italienische gemeine Recht ausdrückte, aus einer inneren consuetudo heraus handelt. Das neue Recht sieht als charakteristisch für den gefährlichen Gewohnheitsverbrecher im Sinne des § 20a StGB. an, „daß seine kriminelle Betätigung einem in seiner Persönlichkeit verwurzelten Hang zum Verbrechen entspringt, der in mindestens drei erheblichen Straftaten zum Ausdruck gekommen ist" (Schäfer-Wagner-Schafheutle, S. 49). In kriminologisch richtiger Beurteilung des ganzen Problems hat aber die neue Gesetzgebung davon abgesehen, hier die Voraussetzung des gleichen oder gleichartigen Rückfalls oder auch nur eines Rückfalls in unter sich verwandte Straftaten vorzuschreiben. Die besondere kriminologische und kriminalpsychologische Wertung des vorliegenden

Rückfalls soll eben dem erkennenden Richter überlassen bleiben, um sie um so freier aber auch um so wirkungsvoller bei der Beurteilung der Täterpersönlichkeit zum Ausdruck bringen zu können, d. h. bei der vom Gesetz neben den genannten objektiven Voraussetzungen geforderten Entscheidung, ob die Gesamtwürdigung der Taten ergibt, daß der Angeklagte ein gefährlicher Gewohnheitsverbrecher ist, ein „Unverbesserlicher" oder einer, von dem durch geeigneten Strafvollzug noch Besserung, d. h. Wiedereinfügung in die Volksgemeinschaft zu erwarten ist.

Mit dieser Regelung, die von einem Teil der Wissenschaft und der Praxis seit rund 30 Jahren angestrebt ist, hat die Entwicklung des Problems durch das G. vom 24. XI. 1933 einen vorläufigen Abschluß gefunden. Damit ist auch die Linie für die zukünftige Behandlung des jetzt nur bei bestimmten Delikten bestehenden Rückfallstatbestandes festgelegt. Demnach werden sich dogmatische Erörterungen über den Rückfall in Zukunft erübrigen. Sie müssen entfallen in dem Augenblick, wo man den „Rückfall" seines Charakters als selbständiger Tatbestand entkleidet und ihn endlich als das behandelt, was er seinem Wesen nach immer gewesen ist: als ein Symptom der kriminellen Gesinnung und des verbrecherischen Willens des Täters, der hinter der abzuurteilenden Tat steht. Wenn auch diese infolge der Ermittlungstätigkeit der Strafverfolgungsbehörden meist bald klar zu Tage liegt, während der Charakter des Täters auch im fortgeschrittenen Verfahren noch wie von undurchsichtigen Schleiern verhüllt ist, so gilt es doch, ihn zu erkennen und zur Beseitigung der kriminellen Gefahr zu treffen. Dazu vermag die richtige Bewertung des „Rückfalls" mitzuhelfen. Dabei darf jedoch nicht schlechthin an der materiellen und seelischen Belastung vorbeigegangen werden, die das oben erörterte Los des Vorbestraften für manchen von ihnen bedeutet und die sich demgemäß als Erschwerung für eine straffreie Führung ausgewirkt haben kann.

Bei dieser Einstellung der Betrachtung bildet die im Rückfall begangene Straftat in kriminalätiologischer wie in kriminalpsychologischer Hinsicht keine Besonderheiten mehr; es gilt von ihr und für sie dasselbe wie für jede strafbare Handlung schlechthin. Das Problem des Rückfalls umschließt somit alle Fragen der Kriminologie und des Strafrechts. Daß sich hinter ihm besonders dringlich das Problem des Strafvollzuges nebst allen den damit verbundenen Fragen (insbesondere der Rehabilitation) erhebt, hängt mit der Eigenschaft des Rückfalls als eines allgemeinen Alarmsignals zusammen, eines Warnungsrufes, der sich nicht nur an den „Vorbestraften" richtet, sondern ebenso an die vom „Rückfall" bedrohte Volksgemeinschaft und an ihren Gesetzgeber. Ist doch der Rückfall „der Prüfstein auch für die Strafsgeetze und das System des Strafvollzuges" (nach Bonneville de Marsagny.) Was aber dieser Prüfstein über Art und Umfang der drohenden Gefahr anzeigt, ist jeweils aus der Vorbestraften- und Rückfallsstatistik abzulesen.

Schrifttum:

Die bekannten Kommentare des Strafgesetzbuchs und Lehrbücher des deutschen Strafrechts, insbesondere v. Hippel Bd. I, v. Liszt-Schmidt Bd. I, 1932 und Mezger; für das neue Strafrecht Gürtner: Bericht über die Arbeit der amtlichen Strafrechtskommission (Allgemeiner Teil, Zweite Auflage). Ferner u. a.: Actes du congrès pénal et pénitentiaire international de Prague, Bern 1931. — L. André, La récidive, Paris 1892. — Anonyme, Les récidivistes devant le sénat, Paris 1884. — F. Beger, Die rückfälligen Betrüger, Leipzig 1929. — A. Bonneville, De la récidive ou des moyens les plus efficaces pour constater, rechercher et réprimer les rechutes dans toute infraction à la loi pénale, Paris 1844. — A. Feuerbach, Lehrbuch des gemeinen in Deutschland gültigen peinlichen Rechts, herausg. von C. J. A. Mittermaier, 13. Aufl., Gießen 1840. — R. Garofalo, La criminologie, Paris 1905. — M. Hagemann, Der Berufsverbrecher und seine Bekämpfung, Mitteilungen der JKV. (5. Bd., 21. Tagung), Berlin-Leipzig 1931. — H. v. Hentig, Die Strafe, Stuttgart-Berlin 1932. — A. John, Die Rückfallsdiebe, Leipzig 1929. — D. Klatt, Das Los der Vorbestraften, Berlin 1926. — G. M. Obermaier, Anleitung zur vollkommenen Besserung der Verbrecher in den Strafanstalten, Kaiserslautern 1835, Neudruck Straubing, o. J. — R. Lehmann, der Verlauf des zehnten internationalen Strafrechts- und Gefängniskongresses und seine Bedeutung für Deutschland, Z. StW. 51, 495. — V. Manzini, La recidiva nella sociologia, nella legislazione e nella scienza del diritto penale, Florenz 1899. — G. Matteotti, La recidiva, Turin 1910. — A. Merkel, Die Lehre von Verbrechen und Strafe, Stuttgart 1912. — Th. Noetzel, Rehabilitation, HdK. II, 482. — K. d'Olivecrona, Des causes de la récidive et des moyens d'en restreindre les effets, Stockholm 1873. — A. Prins, La défense sociale, Brüssel 1910. — J. Sacker, Der Rückfall (Abhandl. des Krim. Seminars, der Universität Berlin III, Heft 1), Berlin 1892. — L. Schäfer, O. Wagner und J. Schafheutle, Gesetz gegen gefährliche Gewohnheitsverbrecher, Berlin 1934. — K. Schnell, Anlage und Umwelt bei 500 Rückfallsverbrechern, Leipzig 1935.

— F. Schulze, Zur Ätiologie des Rückfalls, Dresden 1934. — J. Schurich, Lebensläufe vielfach rückfälliger Verbrecher Leipzig 1930. — Strüder, Gedanken über die Erziehbarkeit der Zuchthausgefangenen, Mschr. f. K. u. StrRef. 1933, S. 519. — O. Tesar, Die symptomatische Bedeutung des verbrecherischen Verhaltens, Berlin 1907.

Max Hagemann

Vorbestraftenstatistik.

1. Die Ausführungen in dem vorstehenden Art. „Vorbestrafte" haben gezeigt, daß die Rückfälligkeit zu den wichtigsten charakteristischen Verbrechermerkmalen gehört. Es ist daher die Aufgabe der Kriminalstatistik, diesem kriminalistisch so bedeutsamen Element eine besonders eingehende Aufmerksamkeit zu schenken. Denn eine zuverlässige Rückfallstatistik ist von äußerster Wichtigkeit sowohl für Gesetzgebung, Kriminalpolitik und Gefängnisverwaltung als auch für sozialwissenschaftliche Untersuchungen über das Berufsverbrechertum. „Die erschöpfende Bestandsermittelung der Bestraften in der Bevölkerung", so erklärt von Mayr, „ist an sich der moralstatistisch bedeutsamste Ausweis auf dem gesamten kriminalstatistischen Gebiete, unter der Voraussetzung, daß die vorbezeichnete Ausgliederung dieses Ausweises sowohl die persönliche wie die sachliche Morphologie der Bestandsmasse der Bestraften in der vollen Mannigfaltigkeit ihrer Gestaltung ersehen läßt" (a. a. O. III, S. 487).

Dieser mehrfachen Bedeutung der Vorstrafenermittelung haben infolgedessen auch im Laufe der Zeit die Kriminalstatistiken der meisten Kulturstaaten Rechnung getragen. Datenmaterial über die Vorbestraften unter den Verurteilten findet sich gegenwärtig in den kriminalstatistischen Veröffentlichungen folgender europäischer und außereuropäischer Länder: Deutsches Reich, Belgien, Bulgarien, Canada, Dänemark, Danzig, Estland, Finnland, Frankreich nebst Algier und Tunis, Griechenland, Italien, Island, Kuba, Lettland, Litauen, Memelgebiet, Niederlande, Norwegen, Österreich, Polen, Portugal, Rumänien, Schweden, Schweiz, Schottland, Spanien, Tschechoslowakei, Ungarn und Uruguay.

Die Mehrzahl dieser einzelstaatlichen Kriminalstatistiken liefert im allgemeinen Nachweisungen über die Zahl der Vorbestraften unter den Delinquenten, die Häufigkeit des Vorkommens der Vorbestrafungen (einmal, zweimal usw. bis zwanzigmal und mehr [wie in der Kriminalstatistik von Schottland]), die Art der Vorbestrafungen (z. B. Zuchthaus, Gefängnis, Geldstrafe, öffentliche Arbeit [s. die finnische Kriminalstatistik]) über gleichartigen oder ungleichartigen Rückfall sowie über die Zeitspanne zwischen der jedesmal letztvorhergegangenen Strafe und der neuen Straftat u. a. m. Näheren Einblick in den Inhalt und die Gliederung der kriminalstatistischen Ausweise über die Vorbestraften und Rückfälligen im In- und Ausland vermittelt die vor einigen Jahren vom Statistischen Reichsamt durchgeführte „Vergleichende Darstellung des Systems der Kriminalstatistiken von 33 Ländern" (vgl. Statistik des Deutschen Reichs Bd. 370, 69ff.). Diese von den einzelnen Ländern teils in recht verschiedenem Umfange mitgeteilten Angaben sind vielfach mit solchen über die hauptsächlichsten persönlichen und sozialen Tätermerkmale (wie Geschlecht, Alter, Familienstand, Beruf u. a.) kombiniert. Eine Sonderstellung nehmen jedoch, was die Reichhaltigkeit, Verschiedenartigkeit und Spezialisierung des Datenmaterials über die Vorbestraften betrifft, die Kriminalstatistiken von Italien und Dänemark ein, deren Inhalt wir als Musterbeispiel für die statistische Erforschung des Rückfallproblems in den wichtigsten Einzelheiten nachstehend mitteilen.

Die einschlägigen Tabellen in der italienischen „Statistica della criminalità" enthalten in einem der letzten Jahrgänge folgende Angaben:

A. Vorbestrafte. I. Nur im gleichen Jahr der Verurteilung: 1mal, 2mal, 3mal, 4mal, 5mal, 6mal und mehr. II. Im gleichen und in einem vorangegangenen oder nur in einem der Verurteilung vorangegangenen Jahre, 1mal: a) innerhalb 1 Jahres, b) innerhalb 2 Jahre, c) 5 Jahre, d) 8 Jahre, e) über 8 Jahre; 2mal: a—e) wie oben; 3mal: a—e) wie oben usw., bis 10mal. — B. I. Gleichartiger Rückfall (vorbestraft wegen des gleichen Delikts): a) ausschließlich: 1. 1 Delikt, 2. 2 Delikte, 3. 3—5 Delikte, 4. 6—10 Delikte, 5. mehr als 10 Delikte; b) vorwiegend: 1.—5. wie a; II. Ähnlicher Rückfall (vorbestraft wegen eines Delikts des gleichen Kapitels oder der gleichen Gruppe des Strafgesetzbuchs): a) und b) wie B I; III. Ungleichartiger Rückfall (vorbestraft wegen eines anderen Delikts): a) und b) wie B I. — C. Vorbestrafte. I. gleichartiger Rückfall (vorbestraft wegen des gleichen Delikts): 2mal, 3mal vorwiegend, ausschließlich, 4mal vorwiegend, ausschließlich; II. ähnlicher Rückfall (vorbestraft wegen eines Delikts des gleichen Kapitels oder der gleichen Gruppe des Strafgesetzbuches): wie C I; III. ungleichartiger Rückfall (vorbestraft wegen anderer Delikte): wie C I; mit Unterscheidung in sämtlichen Fällen (I—III), ob nur im gleichen Jahr oder auch früher verurteilt.

Dieselbe Sorgfalt wie Italien, wenn auch nach anderen Gesichtspunkten, verwendet die dänische Kriminalstatistik auf die Messung der Rückfälligkeit. „Danmarks Retspleje i aarene 1916—1925 (Kopenhagen 1931) gibt hierüber nach sechs verschiedenen Richtungen Aufschluß:

A. Von den im Berichtsjahr Verurteilten, die in der Zeit zwischen dem 10. und dem 15. Jahre vor dem jeweiligen Berichtsjahr zum ersten Male bestraft worden sind, waren zum ersten Male rückfällig vor: 11 Jahren, 10 Jahren, 9 Jahren usw. bis 1 Jahr. Das Gleiche ist für die in jedem einzelnen der dem Berichtsjahr vorausgegangenen 10 Jahre zum ersten Male Bestraften ausgewiesen. — B. Ebenso nach der Art der ersten Straftat und des ersten Rückfalls. — C. Zahl der Vorbestrafungen mit Rückblick über etwa 20 Jahre nach der Art der ersten Straftat. — D. Erster Rückfall der innerhalb 10 Jahren vor dem Berichtsjahr in Freiheit entlassenen Vorbestraften nach einzelnen Jahren mit Angabe der Straftaten in Gruppen und gegliedert nach der Zahl der früher erlittenen Verurteilungen wegen Verbrechen: 1 mal, 2 mal, 3—5 mal, über 5 mal. — E. Vorbestrafte. Rückfällig: im 1. Jahr, im 2. Jahr, im 3. usw. bis im 6. Jahr. — F. Von den im Berichtsjahr Verurteilten, die im Zeitraum zwischen dem 5. und dem 10. Jahr vor dem Berichtsjahr bedingt verurteilt worden sind, waren zum ersten Male rückfällig nach: 1 Jahr, 2 Jahren, 3 usw. bis 5 Jahren. Das Gleiche ist für die in jedem einzelnen der dem Berichtsjahr vorausgegangenen 5 Jahre bedingt Verurteilten ausgewiesen mit Angabe der ersten Straftat.

2. Obwohl also die meisten Kulturstaaten der Welt im Rahmen ihrer Kriminalstatistik mitunter auch in der Gefängnisstatistik der zahlenmäßigen Ermittelung der Vorbestraften teilweise schon viele Jahrzehnte hindurch, so Frankreich schon seit weit über einem Jahrhundert, und, wie die vorstehenden Beispiele gezeigt haben, manchmal in sehr eingehender Weise Beachtung schenken, ist eine „Rückfallstatistik" im wissenschaftlichen Sinne — von einer, allerdings auch nur vorübergehenden, Ausnahme in der deutschen Kriminalstatistik abgesehen (s. u.) — bisher noch nirgends organisiert. Auf diese Tatsache hat bereits O. Köbner vor mehr als vier Jahrzehnten in einem Gutachten für die vierte Hauptversammlung der Internationalen Kriminalistischen Vereinigung zu Paris vom 26.—28. Juni 1893 über „Die Methode einer wissenschaftlichen Rückfallstatistik als Grundlage einer Reform der Kriminalstatistik" (s. Schrifttum) hingewiesen. In dieser mehr als 100 Seiten umfassenden, groß angelegten und bahnbrechenden Untersuchung sind behandelt:

I. Kritik der bisherigen rückfallstatistischen Methoden. Der logische Grundfehler; die einzelnen daraus entstehenden Fehlerquellen. — II. Die Neuorganisation der Rückfallstatistik auf Grundlage der Strafregister. Verfolgung der kriminellen Laufbahn als eines Ganzen. — III. Die Verbindung der neuen Rückfallstatistik mit der allgemeinen Kriminalstatistik und weiter mit der Sozialstatistik. — Vorzüge einer einheitlichen Organisation der Rückfall- und Kriminalstatistik, d.h. einer Durchleitung des gesamten kriminalstatistischen Urmaterials durch das Strafregister: A. Reform des methodologischen Grundprinzipes der Kriminalstatistik: Schaffung einer wissenschaftlichen „Statistik der kriminellen Individuen" anstatt der bisherigen „Statistik der Kriminalfälle". B. Ausgestaltung der Rückfallstatistik nach der Seite der persönlichen, namentlich der wirtschaftlichen und sozialen Verhältnisse der Delinquenten. Das „Berufsverbrechertum" als sozialpathologische Erscheinung. — C. Verbilligung und Verminderung der Arbeitslast, namentlich auf Seiten der Gerichte. — IV. Internationale Einheitlichkeit der Methode —, aber keine internationale Vergleichbarkeit der materiellen Ergebnisse der Rückfallstatistik.

Dieser Arbeit sind noch einer Reihe von sehr instruktiven Anlagen beigefügt und zwar 1. Anhang zu Teil II. Lücken der Strafregister-Organisation. Vorschläge zu ihrer Ergänzung. Die vorläufig (bis zu ihrer Ergänzung) notwendigen Modifikationen der Rückfallstatistik. — 2. Strafregister-Formulare Deutschlands, Frankreichs, Italiens und Belgiens. Formulare der kriminalstatistischen Zählkarte Deutschlands und Italiens. 3. Zahlreiche Entwürfe zu rückfallstatistischen Tabellen. Abgeschlossen wird das Gutachten von einer Anzahl Thesen, auf deren Inhalt unten noch näher eingegangen wird.

Die Mängel einer exakten zahlenmäßigen Darstellung der Rückfälligkeit beruhen nach der treffenden Meinung Köbners in folgendem Grundfehler der rückfallstatistischen Methode:

Während bei der wissenschaftlichen Verarbeitung der absoluten kriminalstatistischen Ergebnisse insbesondere die Zahl der Verurteilten zu derjenigen der „strafmündigen" oder „kriminalfähigen" Bevölkerung, ferner die Angaben der Verurteilten in ihrer Aufgliederung nach dem Geschlecht, den verschiedenen Altersklassen, dem Familienstand, dem Beruf und anderen natürlichen oder sozialen Eigenschaften zu den entsprechenden Personengruppen der allgemeinen Bevölkerungsstatistik in Beziehung gesetzt werden, wodurch man die sogenannten „Kriminalitätsziffern" (Näheres hierüber s. S. 37 dieses Bandes) erhält, die allein den Gradmesser der Häufigkeit der Kriminalität darstellen, wird dieses oberste methodische Grundprinzip einer jeden Kriminalstatistik, nur streng analoge Massen mit einander zu vergleichen, auf dem Spezialgebiet der Rückfallstatistik völlig vernachlässigt.

Anstatt unter entsprechender Anwendung dieses Grundsatzes die Zahl der in einem bestimmten Jahr von der Kriminalstatistik ermittelten Rückfälligen mit den „Rückfallfähigen" in Vergleich zu bringen, d. h. mit denjenigen Personen, die bereits einmal oder mehrmals vorbestraft und überhaupt in der Lage waren, eine neue strafbare Handlung zu begehen (wonach also die verstorbenen, die geisteskrank gewordenen, die ausgewanderten und die eine Freiheitsstrafe von längerer Dauer verbüßenden Personen ausscheiden), wird lediglich die Zahl der in einem bestimmten Jahr Verurteilten, die bereits vorbestraft waren, also die absolute Zahl der Rückfälligen zu der Zahl der im gleichen Jahr überhaupt Verurteilten in Beziehung gesetzt.

Dieser sich hieraus ergebende große Unterschied tritt noch deutlicher in Erscheinung, wenn man, wie es Forcher tut (a. a. O. S. 219), der sich unter Anlehnung an die Köbnerschen Gedankengänge gleichfalls sehr eingehend mit dem Problem der Rückfallstatistik befaßt hat, die obigen Beziehungen in folgende mathematische Formel kleidet:

Bezeichnet e die Zahl der in einem bestimmten Jahre zum ersten Male Verurteilten, r die Zahl der Rückfälligen im gleichen Jahr, somit $e + r$ die Zahl der in diesem Jahre überhaupt Verurteilten, und f die Zahl der Rückfallfähigen zu Beginn des Beobachtungsjahres, so ergibt sich im ersten Falle der Rückfallprozentsatz $p = \frac{100\,r}{e + r}$, in dem zweiten Falle $p_1 = \frac{100\,r}{f}$. Zwar besitzt auch die Formel $p = \frac{100\,r}{e + r}$ einen kriminalistisch wie soziologisch bedeutsamen Wert, weil sie erkennen läßt, in welchem Umfange sich das Verbrechertum in einem bestimmten Jahr aus den bis dahin noch unbescholtenen Kreisen der Bevölkerung rekrutiert. Der richtige Ansatz zu einer Rückfallstatistik hat jedoch folgendermaßen zu lauten:

Von so und so vielen in einer bestimmten Bevölkerungsgruppe vorhandenen Rückfallsfähigen sind so und so viele im ersten Jahre nach Verbüßung der Vorstrafe, so und so viele im zweiten Jahre, so und so viele im dritten Jahre usw. tatsächlich rückfällig geworden. Unter Zugrundelegung der obigen Bezeichnungen nimmt dieser Ansatz beispielsweise für einen sechsjährigen Zeitraum n_1—n_6 (Forcher wählte hierfür die Jahre 1901—1906) die nachstehende Form an: $p_1 = \frac{100\,r_1}{f_1}$; $p_2 = \frac{100\,\varrho_1}{f_1}$; $p_3 = \frac{100\,\varrho_2}{f_1}$; $p_4 = \frac{100\,\varrho_3}{f_1}$; $p_5 = \frac{100\,\varrho_4}{f_1}$ und $p_6 = \frac{100\,\varrho_5}{f_1}$ an, wobei ϱ die Zahl der Rückfälligen bedeutet, die von den zu Beginn des Jahres n_1 vorhandenen Rückfallfähigen in den einzelnen auf einander folgenden Jahren tatsächlich rückfällig wurden. Es wäre allerdings ein Fehler, die Zahl der in jedem Jahr rückfällig Gewordenen mit den zu Beginn des betreffenden Jahres vorhandenen Rückfallfähigen in Vergleich zu bringen, da hierbei das allgemeine Bevölkerungswachstum ganz außer acht gelassen würde, mit dem auch die Zahl der kriminalfähigen Personen ansteigt. Der kriminelle Hang der Bevölkerung selbst, als konstant vorausgesetzt, ergibt nach Forcher als weitere Folge ein Steigen der Zahl der Kriminellen, der Rückfallfähigen. Das Steigen der erstmalig Verurteilten hat wiederum einen zahlenmäßigen Anstieg der Rückfälligen zur Folge, selbst wenn die Rückfälligkeit der Verbrecher auch nur konstant bleibt. Die Rückfallprozente $p_1 = \frac{100\,r_1}{f_1}$ (im Jahre n_1) und $p_6 = \frac{100\,r_6}{f_6}$ sind demnach nicht vergleichbar. Denn $p_1 : p_6 = \frac{r_1}{f_1} : \frac{r_6}{f_6}$ oder $p_1 : p_6 = r_1 f_6 : r_6 f_1$. Da nun unbedingt $f_6 (= f_1 + e_2 + e_3 + e_4 + e_5 + e_6)$ gegenüber f_1 weit größer ist als r_6 gegenüber r_1, so ist das Produkt $r_1 f_6$ größer als das Produkt $r_6 f_1$ und p_6 kleiner als p_1. „Die Rückfallstatistik wird demnach", so bemerkt Forcher zu diesen Resultaten, „zu Gunsten eines Landes in dem Maße beeinflußt, in welchem die Bevölkerung desselben steigt" (a. a. O., S. 220).

Die bisherigen Berechnungen gingen allerdings von der Annahme aus, daß die Kriminalität in natürlicher Folge in demselben Maße wie die Bevölkerung steigt. Hat man es aber mit einem ausgesprochenen Steigen oder Fallen der Kriminalität zu tun, dann müssen sich in der Rückfallstatistik zahlreiche und schwerwiegende Fehlerquellen ergeben, auf die aus Raumgründen hier nicht näher eingegangen werden kann. Sie sind jedoch von Forcher, noch eingehender aber von Köbner dargelegt worden, der bei seinen Ausführungen zu dem Endergebnis kommt, daß eine voll ausgebaute und zuverlässige Rückfallstatistik allein aus der Nutzbarmachung der Strafregisterausweise gewonnen werden kann.

Zum Abschluß seines Gutachtens hat Köbner, wie schon angedeutet, eine Reihe von Thesen als leitende methodologische Grundsätze für die Organisation einer wissenschaftlichen Rückfallstatistik durch die „Internationale Kriminalistische Vereinigung" aufgestellt, die wir wegen ihrer großen Bedeutung, wenigstens in ihren wichtigsten

Punkten, in Folgendem wiedergeben (a. a. O., S. 738ff.):

I. Die Methode der bisherigen Rückfallstatistik beruht auf einer falschen Grundlage, da sie entgegen der obersten Forderung einer jeden Statistik die Zahlen der Rückfälligen nicht zu den zugehörigen Kontingenten von Rückfallsfähigen in Beziehung setzt.

Es werden dadurch heute sowohl über den Stand als über die Bewegung, sowohl über die Extensität als über die Intensität der Rückfälligkeit Angaben gewonnen, welche den wirklichen Verhältnissen nicht entsprechen.

II. Eine wissenschaftlich korrekte Rückfallstatistik muß sich auf den Strafregistern aufbauen, und zwar muß sie nicht nur deren materiellen Inhalt, sondern vor allem deren Methode zur Grundlage nehmen, nämlich die Methode der Verfolgung der gesamten Verbrecherlaufbahn des Delinquenten als eines Ganzen.

Die gerichtlichen Strafnachrichten, auf denen die Strafregister beruhen, können in wertvoller Weise ergänzt werden durch Mitteilungen der Strafanstalten, namentlich über die sozialen Verhältnisse der Rückfälligen. Aber weder die Gerichte noch die Strafanstaltsbehörden können unmittelbar das Urmaterial der Rückfallstatistik liefern. Dies muß durch Vermittlung der Strafregister geschehen, wo alle auf denselben Delinquenten bezüglichen Nachrichten gesammelt werden.

III. Es empfiehlt sich, die künftige Rückfallstatistik nicht unabhängig von der allgemeinen Kriminalstatistik zu bearbeiten, vielmehr eine gemeinsame Organisation für beide zu schaffen. Eine solche wird ohne weitgehende Veränderungen der heute in den verschiedenen Staaten bestehenden Einrichtungen der Statistik dadurch erreicht, daß das gesamte, jetzt erhobene kriminalstatistische Urmaterial durch die Strafregister hindurchgeleitet wird.

IV. Die Durchleitung des statistischen Materials durch die Strafregister ermöglicht nicht nur für die Rückfallstatistik, sondern für die gesamte Kriminalstatistik einen wesentlichen, anderweitig nicht erreichbaren Fortschritt. Es wird dadurch gemäß den Forderungen der wissenschaftlichen Methodik eine korrekte Statistik der verbrecherischen Individuen geschaffen, während die bisherige Kriminalstatistik im Grunde nur eine Statistik der Aburteilungen (in einigen Ländern der Anklagen, bzw. Denunziationen) darstellt. Hinfort kann jede Doppelzählung eines Individuums vermieden werden.

V. Durch die vorgeschlagene organische Verbindung der Rückfallstatistik mit der gesamten Kriminalstatistik wird ferner die erstere inhaltlich bereichert werden, indem sie die gesamten, in den verschiedenen Staaten getroffenen kriminalstatistischen Erhebungen zur Aufklärung der persönlichen, namentlich der sozialen Verhältnisse der Rückfälligen verwerten kann. Eine Ergänzung dieser Erhebungen ist namentlich nach der Seite der halbkriminellen Verhältnisse wie Bettelei, Vagabondage, Prostitution usw. wünschenswert. Erst durch die Verbindung mit derartigen Erhebungen wird die Rückfallstatistik ein zutreffendes Bild des Berufsverbrechertums als sozialpathologische Erscheinung gewähren.

VI. Was die Forderung einer internationalen Einheitlichkeit der künftigen Rückfallstatistik betrifft, so ist zwar die Methode derselben — in den Grundprinzipien wenigstens — in den verschiedenen Staaten gleichartig zu gestalten; ihre materiellen Ergebnisse werden trotzdem nicht ohne weiteres mit einander verglichen werden dürfen.

Die weitere Erörterung dieser bei der Pariser Versammlung der IKV. (im Juni 1893) nur im allgemeinen besprochenen Vorschläge Köbners wurde von dieser Versammlung, so berichtet G. von Mayr (a. a. O. I, S. 519), einer zu diesem Zweck gewählten Kommission übertragen, deren Mitglieder von Mayr, Köbner und Garçon als Gutachten für die fünfte Hauptversammlung der IKV. (26. bis 30. VII. 1894 in Antwerpen) ein „Promemoria betreffend die Organisation der Rückfallstatistik" (s. Schrifttum) überreichten.

Aus dem reichen Inhalt dieser Denkschrift, nach welcher die praktische Durchführung einer fruchtbaren, wissenschaftlichen und einheitlichen Rückfallstatistik allein möglich ist, wenn die Statistik auf den Strafregistern aufgebaut ist, ist besonders auf die Vorschläge hinsichtlich der Rückfallstatistik für das Staatsganze hinzuweisen:

„Eine fortlaufende und für das Staatsganze durchgeführte Verwertung nur des Strafregistermaterials zur statistischen Darstellung der Gestaltung der Verbrecherlaufbahnen bietet erhebliche Schwierigkeiten.

Um für das Staatsganze zu einem erschöpfenden und richtigen Überblick der Rückfälligkeit zu gelangen, empfiehlt sich deshalb ein anderes Verfahren und zwar eine Kombination periodischer Bestandsaufnahmen und fortlaufender Bewegungsaufnahmen.

1. Von Zeit zu Zeit, am zweckmäßigsten zusammenfallend mit den Volkszählungsperioden wird der Gesamtstand der Kriminellen (der Verurteilten) und insbesondere darunter der Rückfälligen aller Stufen mittels einer Augenblicksaufnahme aus den Strafregistern ermittelt, und zwar mit möglichst weitgehenden sachlichen und persönlichen Gruppierungen (Deliktsarten, Altersklassen, soziale Schichten) (Standeserhebung).

2. In gleicher Gliederung wird der jährliche neue Zugang an Kriminellen und Rückfälligen durch Verurteilung bzw. Zuzug fortlaufend ermittelt, sowie der Abgang an solchen durch Tod oder Wegzug (Bewegungserhebung).

Aus der Inbeziehungsetzung der Bewegungserhebungen und der Standeserhebungen können die verschiedenartigst gegliederten Rückfallswahrscheinlichkeiten mit möglichster Zuverlässigkeit ermittelt werden."

In Ergänzung dieser Darlegungen ist außer den rückfallstatistischen Abhandlungen von Mayrs (s. Schrifttum) noch eine Reihe von weiteren im Schrifttum aufgeführten Arbeiten deutscher und ausländischer Autoren besonders hervorzuheben, die in möglichst erschöpfender und zusammenfassender Weise das vorliegende Problem behandelt haben, nämlich das im Jahre 1912 erschienene und damals Aufsehen erregende Buch von K. Finkelnburg, „Die Bestraften in Deutschland", dessen Inhalt noch näher in einem der folgenden Abschnitte besprochen wird, das Kapitel über die Statistik des Rückfalls in C. A. Verrijn Stuarts „Inleiding tot de beoefening der Statistiek", das groß angelegte Werk des Italieners G. Matteotti: „La Recidiva, Saggio di revisione critica con dati statistici", eine weitere italienische Arbeit: Tavole di criminalità e di recidività" von G. Mortara sowie das bereits vor sechs Jahrzehnten von dem französischen Kriminalstatistiker E. Yvernès dem IX. Internationalen Statistischen Kongreß in Budapest (1876) vorgelegte Gutachten: „De la récidive et du régime pénitentiaire en Europe."

3. Unter allen Kulturstaaten mit Strafregistereinrichtungen ist das Deutsche Reich das einzige Land, das über eine Rückfallstatistik im wahren Sinne des Wortes verfügt oder, genauer gesagt, verfügte, da seine rückfallstatistischen Erhebungen, bei denen die oben in großen Zügen besprochenen methodologischen Grundfehler zum Teil beseitigt waren und die ermittelten Rückfallziffern sich den tatsächlichen Verhältnissen näherten, mit Beginn des Weltkrieges eingestellt werden mußten und seitdem noch nicht wieder aufgenommen werden konnten.

Eingeleitet wurde diese Rückfallstatistik im Rahmen der Reichskriminalstatistik für das Jahr 1894. Sie ist dadurch ermöglicht worden, daß seit dem Jahre 1890 die kriminalstatistische Zählkarte nicht nur die Zahl der vorgängigen Verurteilungen wegen Verbrechen und Vergehen gegen Reichsgesetze, sondern auch eine Angabe darüber enthielt, in welches Jahr die letzte dieser Verurteilungen fiel und auf welche strafbare Handlung sie sich bezog. Auf Grund dieser Angaben wurden vom Jahre 1894 bis zum Jahre 1912 besondere Auszählungen vorgenommen und ihre Ergebnisse zu Berechnungen verwendet, die in verschiedener Weise den Zwecken einer Rückfallstatistik dienten.

Die Methode, die bei den Berechnungen der Rückfallziffern Anwendung fand, war eine zweifache:

Ausgegangen wurde erstens von dem Bestande der in einem Jahre verurteilten Personen und die Häufigkeit des Rückfalls dieser Personen in den auf das Kalenderjahr der Verurteilung folgenden Jahre untersucht (vorblickende Statistik); zweitens wurden die Rückfälle eines bestimmten Jahres zum Ausgangspunkte genommen und zu der Zahl der Verurteilungen, an die sich solche Rückfälle anschließen konnten, in Beziehung gesetzt (rückblickende Statistik).

Bei der Bemessung des Zeitraums, auf den man die Beobachtungen in beiden Richtungen erstrecken will, muß erklärlicherweise eine bestimmte Grenze gezogen werden. Hierbei erschien es gerechtfertigt, eine Vorbestrafung, die weiter als ein Jahrzehnt hinter dem Jahr der neuen Verurteilung zurückliegt, nicht mehr als rückfallbegründend anzusehen. Eine kürzere Bemessung des Zeitraums war deshalb nicht angängig, weil nach der Beschaffenheit des zu Grunde liegenden Materials nur der Zeitpunkt der früheren Verurteilung und nicht der Zeitpunkt der Verbüßung der Strafe, hinsichtlich des Rückfalls selbst aber nicht der Zeitpunkt der Tat, sondern nur derjenige der Verurteilung in Betracht gezogen werden konnte.

Da die hier besprochenen rückfallstatistischen Ermittlungen im Jahre 1894 ihren Anfang nahmen, lag im Jahre 1904 zum ersten Male das Ergebnis einer zehnjährigen Beobachtungsperiode vor.

Aus den zusammenfassenden Erörterungen über die vorblickende und rückblickende Rückfallstatistik, die in der „Statistik des Deutschen Reichs", Bd. 257 (Kriminalstatistik für das Jahr 1911, S. I, 18) enthalten sind, geben wir folgenden, im Rahmen des vorliegenden Themas, interessierenden Auszug wieder:

a) Vorblickende Statistik: Zum Zwecke der Ermittlung des Jahresbestandes von Verurteilten, deren kriminelles Verhalten während der folgenden Jahre auf Rückfälligkeit beobachtet und nach der Frist für den Rückfall — mit Unterscheidung der Verurteilten nach den erstmals Bestraften und den Vorbestraften sowie den Deliktsarten bezüglich ihrer Zugehörigkeit zu bestimmten Gruppen — untersucht werden soll, muß von der Gesamtzahl der in einem bestimmten Kalenderjahr, dem Ausgangsjahr, verurteilten Personen die Zahl derjenigen Personen abgezogen werden, die während des nämlichen Kalenderjahres bereits verurteilt waren. Die sonach verbleibende Zahl ergibt den Personenbestand, der vom Beginn des auf die

Verurteilungen folgenden Jahres ab auf sein kriminelles Verhalten hin beobachtet wird. Eine Verminderung dieses Bestandes durch die Fälle von Tod und Auswanderung ist nach dem zur Verfügung stehenden statistischen Material nicht durchführbar; ebenso wenig läßt sich die Zahl der Verurteilten, die eine Freiheitsstrafe verbüßen und infolge dessen wenig Gelegenheit haben, strafbare Handlungen zu begehen, für die Dauer der Strafverbüßung in Abzug bringen. Es wird daher von der amtlichen Statistik angenommen, daß die tatsächliche Rückfälligkeit größer ist als die im Folgenden rechnerisch nachgewiesene.

Die allgemeine Rückfallziffer, deren mathematische Formel (nach Forcher, a. a. O., S. 342) lautet:

$$x = \frac{100\ (\text{Zahl der Rückfälligen})}{\text{Ursprünglicher Verurteiltenbestand (Rückfallfähige)}}$$

für die Zeitstrecke des folgenden Jahrzehnts stellt sich hiernach (bei Ausschluß der Wehrpflichtverletzungen) für die in den Jahren 1894—1912 wegen Verbrechen und Vergehen gegen Reichsgesetze rechtskräftig verurteilten Personen folgendermaßen:

1894	37,8 %	1898	39,2 %
1895	38,5 %	1900	40,5 %
1896	39,1 %	1901	40,3 %
1897	39,3 %	1902	40,0 %

Im Ganzen zeigt sich hiernach eine verhältnismäßig geringe Veränderung der Rückfallziffer von Jahr zu Jahr. Daß sie nach allmählichem Anstieg bis 40,5 bei den im Jahre 1900 verurteilten Personen eine, wenn auch geringe Abnahme zeigt, ist nach der Meinung von Mayrs (a. a. O. III, S. 887) deshalb um so beachtenswerter, als die damalige Verminderung der deutschen Auswanderung sowie insbesondere auch der Sterblichkeit an sich eine geringere Verminderung des Bestandes an Rückfallfähigen als früher herbeiführen, an sich also die Steigerung der Rückfallziffer bei gleichbleibender Disposition zum Rückfall herbeiführen mußte.

b) Rückfall innerhalb desselben Kalenderjahres: Im Anschluß an die Erörterungen über die vorblickende Rückfallstatistik werden in der Bearbeitung der Reichskriminalstatistik die Rückfälle innerhalb desselben Kalenderjahres behandelt. Dazu wird bemerkt, daß bei den Untersuchungen über den Rückfall wegen der Beschaffenheit der statistischen Unterlagen etwaige mehrfache Verurteilungen, welche die zu den Beständen gehörigen Personen bereits im Ausgangsjahr erlitten hatten, nicht in Betracht gezogen werden konnten. Hierüber liegen besondere Ermittlungen vor, die ergeben haben, daß beispielsweise im Durchschnitt der Jahre 1894—1903 jährlich etwa 3 %, in dem der Jahre 1904—1908 etwa 3,2 % der Verurteilten wegen einer nach der Verurteilung begangenen strafbaren Handlung in demselben Kalenderjahre wiederum verurteilt worden sind.

c) Rückblickende Statistik. Die Zahlenergebnisse der vorblickenden Statistik und der Statistik über den Rückfall innerhalb desselben Kalenderjahres — aus denen im übrigen namentlich die Frist bis zum Eintritt der ersten Rückfälligkeit innerhalb bestimmter Zeitstrecken am besten ersichtlich ist — können zur Bildung einheitlicher Rückfallziffern nicht benutzt werden. Wollte man die für dieselben Bestände nach der Berechnungsmethode der vorstehenden Abschnitte a und b gewonnenen Zahlen zusammenzählen, so würde gleichwohl die Rückfallshäufigkeit nicht in vollem Umfange zum Ausdruck kommen, da auch bei dieser Berechnung wiederholte Rückfälle desselben Verurteilten nur insoweit zur Zählung gelangen, als sich an einen Rückfall innerhalb des Kalenderjahres der Verurteilung ein weiterer Rückfall in einem der folgenden Jahre anschließt. In einer „einheitlichen" Rückfallziffer dürfen aber sonstige mehrfach wiederholte Verurteilungen derselben Person nicht unberücksichtigt bleiben, zumal sie einen besonderen Grad der Rückfälligkeit darstellen.

Um die Rückfälligkeit innerhalb eines bestimmten Zeitraumes, insbesondere also eines einzelnen Jahres, in einer einzigen Ziffer auszudrücken, nimmt die amtliche Reichskriminalstatistik die Zahl aller Verurteilungen Rückfälliger, also einschließlich der wiederholten Verurteilungen mehrfach Rückfälliger, die in diesem Jahre statistisch nachgewiesen sind, zum Ausgangspunkt und setzt sie zu der Zahl der Verurteilungen in Beziehung, an die sich ein Rückfall während des Beobachtungsjahres anschließen konnte (rückfallbegründende Verurteilungen). Letztere Zahl (der Divisor = S) wird in der Weise berechnet, daß zunächst von der Gesamtzahl der in dem zurückliegenden Jahrzehnt verurteilten Personen alle Verurteilungen von Personen, die im gleichen Zeitraum später noch einmal verurteilt wurden, abgezogen werden, so daß für jede einzelne Person immer nur eine Verurteilung und zwar — was für die Art der strafbaren Handlung und die Zahl der Vorstrafen von Bedeutung ist — die letzte Verurteilung gezählt ist. Die so ermittelte Zahl bedarf aber noch einer Ergänzung, weil die im Beobachtungsjahr verurteilten Personen noch innerhalb dieses Jahres neuerdings verurteilt werden können. Zwar liegt bei den im Beobachtungsjahr selbst vorbestraften Personen der Zeitraum zwischen der letzten und der neuen Verurteilung stets innerhalb der Grenzen dieses Jahres, beträgt mithin durchschnittlich nur ein halbes Jahr, während für die übrigen Vorbestraften das Beobachtungsjahr mit seiner ganzen Dauer zur Geltung kommt. Das kann jedoch nur dazu führen, daß die im Beobachtungsjahr ausgesprochenen Verurteilungen nicht in ihrem vollen Betrage, sondern nur mit der Hälfte in Ansatz zu bringen sind. Nach Hinzurechnung dieser Hälfte zu der oben ermittelten Zahl ist der Divisor gewonnen, zu dem die Zahl der Rückfälle in Beziehung gesetzt werden muß, um die Stärke der Rückfälligkeit möglichst zutreffend darzustellen. Zur Veranschaulichung der Berechnungsmethode wird auf die in der „Kriminalstatistik für das Jahr 1901" (Statistik des Deutschen Reichs, N. F. 146, I, 26) dargestellte Entwicklung des Divisors für die Rückfälle des Jahres 1901 verwiesen.

Der auf diese Weise ermittelte Divisor S entspricht aber ebenso wenig wie bei der vorblickenden Statistik der Zahl der im Beobachtungsjahr wirklich vorhanden gewesenen rückfallfähigen Personen, da die Fälle von Tod, Auswanderung und allenfalls auch von Strafverbüßung nicht in Absatz gebracht sind. Da man aber annehmen darf, daß dieser Unterschied in verschiedenen Jahren im wesentlichen gleich bleibt, so geben die ohne Abzug der erwähnten Fälle berechneten Rückfallziffern doch ein im allgemeinen zutreffendes Bild der zeitlichen Veränderungen in der Häufigkeit des Rückfalls.

Mithin lautet die Formel für die auf 100000 berechnete Rückfallziffer (die Stärke der Rückfälligkeit): $x = \frac{100000\ R}{S}$, was soviel besagen will, daß auf 100000 Rückfallfähige x Rückfällige entfielen.

Im Jahre 1912 war R (d. h. die Zahl der Verurteilungen bereits vorbestrafter Personen, deren letzte Vorbestrafung in dasselbe Jahr [1912] oder in das vorausgehende Jahrzehnt [1902—1911] fiel) = 228810, dagegen S (d. i. die Zahl der vorausgehenden Verurteilungen, auf die jene Rückfälle nach der dargelegten Methode zu beziehen sind) = 4038341. Die Rückfallziffer x für dieses Jahr betrug demnach, auf 100000 berechnet, 5666.

Die allgemeine Rückfallziffer stellt sich in den einzelnen Jahren der Periode 1904/12 folgendermaßen dar:

1904	5564	1909	5710
1905	5576	1910	5578
1906	5619	1911	5521
1907	5545	1912	5666
1908	5713		

Die Zahlen zeigen Zunahmen und Abnahmen, ohne daß in der Entwicklung eine bestimmte Tendenz zu erkennen wäre.

In der Reichskriminalstatistik wird neben der Rückfallziffer auch die Erstfallziffer der Unbestraften berechnet, indem man die Zahl der in einem Jahr erstmalig verurteilten Personen, d. h. derjenigen, die in den letzten zehn Jahren nicht vorbestraft sind (eine länger als zehn Jahre zurückliegende Verurteilung wird nach dem oben auf S. 1005 Gesagten nicht mehr als rückfallbegründend angesehen), zu dem in den letzten Jahren nicht bestraften Teil der strafmündigen Zivilbevölkerung in Beziehung setzt.

Bezeichnet man die erstere Personenmasse mit E, die letztere mit U, so ist die mathematische Formel für die Erstfallziffer: $\xi = \frac{100000\ E}{U}$. Der Dividendus E betrug im Jahre 1912 345166. Zur Feststellung des Divisors U müßte von der Gesamtheit der strafmündigen Zivilbevölkerung die Zahl S (d. s. die Rückfallfähigen der letzten zehn Jahre) abgezogen werden. Da aber die Zahl der tatsächlich vorhandenen Rückfallfähigen nicht feststeht, kann statt dessen nur die — größere — Zahl der rückfallbegründenden Verurteilungen der letzten zehn Jahre — d. h. der Divisor der Rückfallziffer — abgezogen werden, wodurch natürlich der als Divisor der Erstfallziffer ξ verbleibende Rest U kleiner und die Erstfallziffer ξ selbst größer erscheint, als sie wirklich ist.

Im Jahre 1912 betrug der so berechnete Divisor U 42873782, die Erstfallziffer demnach 805.

Die auf 100000 Unbestrafte berechneten Erstfallziffern zeigen in den vorausgegangenen Jahren folgenden Umfang:

1904	799	1909	766
1905	786	1910	761
1906	810	1911	772
1907	786	1912	805
1908	796		

Ähnlich wie die Rückfallziffer weist auch die Erstfallziffer von Jahr zu Jahr merkliche Schwankungen auf.

Der Vergleich zwischen beiden Werten ergibt weiter, daß die Rückfallziffer x ungefähr siebenmal so groß ist wie die Erstfallziffer ξ. Der Unterschied würde jedoch noch größer sein, wenn nicht nach den obigen Ausführungen die berechnete Rückfallziffer x

kleiner, die Erstfallziffer ξ größer erschiene, als diese Werte in Wirklichkeit sind.

„Die Wahrscheinlichkeit", so schließt aus diesen Ergebnissen die amtliche Reichskriminalistik, „daß eine in den letzten zehn Jahren vorbestrafte Person im nächsten Jahr von neuem verurteilt wird, ist also über siebenmal so groß wie bei einer im gleichen Zeitraum nicht vorbestraften Person" (a. a. O., S. 1 21).

4. Finkelnburgs oben schon erwähntes Werk „Die Bestraften in Deutschland" stellt einen Ermittlungsversuch dar, wieviele Millionen der deutschen Reichsbevölkerung am Reichsvolkszählungstag vom 1. XII. 1910 wegen Verbrechen und Vergehen gegen Reichsgesetze bestraft sind. Er hat hierbei die von der Reichskriminalstatistik ausgewiesenen Erstbestraften in den Jahren 1882—1910 addiert und aus diesen 29 Jahrgängen eine Summe von 7,541 Mill. Personen (davon 5,961 Mill. männlichen und 1,580 Mill. weiblichen Geschlechts) festgestellt und von dieser Summe unter Zuhilfenahme der Reichssterbetafel und der Statistik über die überseeischen Auswanderungen die in dem Beobachtungszeitraum Gestorbenen und Ausgewanderten in Abzug gebracht. Seine Berechnungen haben 4,492 Mill. Personen ergeben, die im Laufe der 29 Jahre zum ersten Male wegen Verbrechen und Vergehen gegen Reichsgesetze bestraft waren und am Stichtag in Deutschland noch lebten und zwar 3,571 Mill. Männer und 920561 Frauen. Aber noch eine weitere statistische Fehlerquelle wird von dem Verfasser berücksichtigt, nämlich die Nichtzählung der im Privatklageweg verurteilten Personen, deren Zahl er ebenso wie die der im Ausland Verurteilten fernerhin in Abzug bringt. Es ergibt sich dann im Verhältnis zur strafmündigen Reichsbevölkerung und ihren vier Kategorieen Männlich, Weiblich, Jugendlich, Erwachsen, daß

insgesamt von 45438000 Personen 3869000 oder jede 11,7te Person,

von 3828000 weiblichen Jugendlichen 18000 oder jedes 212,7te Mädchen,

von 3840000 männlichen Jugendlichen 90000 oder jeder 42,7te Knabe,

von 19434000 weiblichen Erwachsenen 791000 oder jedes 24,6te Weib,

von 18336000 männlichen Erwachsenen 2970000 oder jeder 6,2te Mann

bestraft ist; oder nach Abrundung der Dezimalstellen: in Deutschland war am Tag der Volkszählung vom 1. Dezember 1910 wegen Verbrechen und Vergehen gegen Reichsgesetze

jede 12. Person bestraft und zwar
jedes 213. Mädchen,
jeder 43. Knabe,
jedes 25. Weib,
jeder 6. Mann.

Im Verlauf seiner weiteren Ausführungen verweist Finkelnburg auf eine ähnliche Untersuchung von Böckh (s. Schrifttum), seinerzeit Direktor des Statistischen Amts der Stadt Berlin, der unter Ausbeutung der polizeilichen Strafblätter der Polizeireviere festgestellt hat, daß im Jahre 1895 rund jeder 15. Mann und jedes 42. Weib der erwachsenen Zivilbevölkerung der Stadt Berlin im Zuchthaus oder Gefängnis gesessen hat, sowie auf eine Schrift von Tschierschky: „Versuch einer Darstellung der kriminellen Eigenschaften der Stadtbevölkerung von Görlitz in den Jahren 1899, 1900 und 1901" (Görlitz 1903), der den Nachweis erbrachte, daß in Görlitz jeder 8. Mann und jedes 33. Weib wegen Verbrechen und Vergehen gegen Reichsgesetze bestraft war, also Ergebnisse, die die Finkelnburgschen Feststellungen bestätigen.

Nicht unerwähnt darf eine von Beck auf schweizerischem gefängnisstatistischen Material aufgebaute Arbeit bleiben mit dem genauen Titel: „Die Ergebnisse der zeitlich abgemessenen Beschränkung der Freiheitsstrafen in ihrer Anwendung auf vorbestrafte Rechtsbrecher unter besonderer Berücksichtigung der jugendlichen Rechtsbrecher" (s. Schrifttum), in der ein ausführliches und in der methodischen Durchführung sehr bemerkenswertes Kapitel der „vorblickenden und rückblickenden Mehrstrafenstatistik" gewidmet ist, wobei allerdings eine von derjenigen der Kriminalstatistik des Deutschen Reichs z. T. gänzlich verschiedene Methode befolgt wird.

5. Die Tabelle 1 enthält die Ermittelungen über die Vorbestrafungen der Verurteilten im Deutschen Reich seit dem Jahre 1882, dem Beginn der Reichskriminalstatistik. Als solche werden nach den textlichen Erläuterungen dieser Statistik die der Begehung der neuen strafbaren Handlung vorausgegangenen Verurteilungen gezählt, ohne Rücksicht darauf, ob die erkannten Strafen ganz oder teilweise verbüßt sind oder nicht. Andererseits werden nur solche Vorverurteilungen gezählt, die sich auf Straftaten beziehen, die auch im Falle einer neu eintretenden Verurteilung in der Kriminalstatistik Aufnahme finden würden, also nur die Vorbestrafungen wegen Verbrechen oder Vergehen gegen Reichsgesetze, weil nur diese, wie den Ausführungen im Artikel „Kriminalstatistik" (vgl. S. 40 dieses Bandes) zu

entnehmen ist, statistisch erfaßt werden. Da Vergehen gegen Landesgesetze im allgemeinen sehr selten, Verurteilungen wegen Übertretungen aber schwerlich als kriminelle Belastung des Verurteilten anzusehen sind, so dürften bei dieser Art der Zählung die beiden Klassen der Bevölkerung, aus denen die Verurteilten hervorgehen, nämlich die Klassen der kriminell bereits Belasteten und der noch Unbelasteten, im allgemeinen richtig unterschieden werden. Denn auch der Umstand, daß hierbei die vor dem Inkrafttreten des Reichsstrafgesetzbuchs (1. I. 1871 bzw. 1. X. 1871 und 1. I. 1872) auf Grund von Landesstrafgesetzen Verurteilten als kriminell nicht Belastete gezählt werden, dürfte schon für den Beginn der Reichskriminalstatistik am 1. I. 1882 nicht von erheblicher Bedeutung gewesen sein und im Laufe der Zeit immer mehr hieran verloren haben. Zur Zeit ist er jedenfalls völlig ohne Belang. Ebenso wenig wird die Richtigkeit der Ergebnisse in bemerkenswerter Weise dadurch beeinträchtigt, daß Personen, die im Ausland verurteilt wurden und dann im Inland straffällig werden, als kriminell noch unbelastet gezählt sind; denn derartige Fälle dürften der Zahl nach recht geringfügig sein.

An Hand der in der Tabelle 1 und den folgenden nachgewiesenen Angaben läßt sich sonach im allgemeinen zutreffend feststellen, in welchem Umfange die Verbrechen und Vergehen gegen Reichsgesetze dem kriminell noch unbelasteten und dem in geringerem oder stärkerem Maße bereits belasteten Teile der Bevölkerung zur Last fallen, und wie sich der Anteil dieser beiden Klassen im Laufe der Jahrzehnte verändert hat. Da hierbei auch auf die Art der strafbaren Handlung eingegangen wird, ist es möglich, je ein gesondertes Bild von der Kriminalität und ihrer Entwicklung für beide Klassen zu gewinnen. Es muß jedoch nochmals darauf hingewiesen werden, daß hiermit keine Rückfallstatistik im eigentlichen Sinne geboten wird, denn diese setzt nach den näheren Darlegungen in den vorangegangenen Abschnitten voraus, daß je die Gesamtzahl der den beiden Bevölkerungsklassen angehörenden Personen ermittelt und zu der Zahl derjenigen unter ihnen, die ein Verbrechen oder Vergehen begehen, in Beziehung gesetzt werden könnte.

a) Die Verurteilungen Vorbestrafter haben demnach — insgesamt betrachtet — in der Vorkriegsperiode bis zum Jahre 1908 von wenigen und geringfügigen Abweichungen (1888, 1900, 1903, 1905, 1907) abgesehen, ständig und zwar erheblich zugenommen. In diesem Jahr wird vor dem Kriege in der Kriminalität der Vorbestraften der Gipfelpunkt (Kriminalitätsziffer 560) erreicht. Von 1882—1908 hat sich die Kriminalitätsziffer der Vorbestraften mehr als verdoppelt. Vom Jahre 1909 ab macht sich wieder eine leichte Abwärtsbewegung bemerkbar, im Laufe deren sich die Kriminalitätsziffer bis auf 530 im Jahre 1913 senkt.

Die absolute Zahl der im letzten Vorkriegsjahr verurteilten Vorbestraften ist mit rund 252000 gegenüber dem Ausgangsjahr der Beobachtung (1882) mit rund 82300 auf mehr als das Dreifache gestiegen. In demselben Zeitraum ist ihr Anteil an den Gesamtverurteilten von etwa einem Viertel auf 45% angewachsen. Diese Steigerung ist nach Annahme des Statistischen Reichsamts wohl weniger auf die Zunahme des gewerbs- und gewohnheitsmäßigen Verbrechertums als auf eine in Verbindung mit der Vervollkommnung des Strafregisters genauere Erfassung der Vorbestrafungen zurückzuführen (vgl. „Die Entwicklung der Kriminalität im Deutschen Reich seit 1882“. Anlage II zum Entwurf eines Allgemeinen Deutschen Strafgesetzbuchs, Reichstag III, 1924/27, Drucksache, Nr. 3390, S. 12).

Da sich Kriminalitätsziffern für die Kriegsjahre mangels Angaben über den Umfang der strafmündigen männlichen Zivilbevölkerung nicht errechnen lassen, kann eine Darstellung der Vorbestraftenkriminalität während des Krieges nur auf Grund der absoluten Verurteiltenzahl erfolgen, die sich von 208700 im ersten Kriegsjahr 1914 auf 84660 im Jahre 1917 verminderte und im letzten Kriegsjahr wieder leicht ansteigt. Der Anteil der Vorbestraften an der Gesamtzahl der Verurteilten weist von 1914—1918 eine Abnahme von 46% auf 25,1% auf.

In der Nachkriegszeit läßt sich die Zahl der Vorbestraften durch die Reichskriminalstatistik nur insoweit feststellen, als es das „Gesetz über beschränkte Auskunft aus dem Strafregister und die Tilgung von Strafvermerken“ vom 9. IV. 1920 zuläßt. Trotz dieser Einschränkung der Vorstrafenermittlung hat sich die Kriminalitätsziffer der Vorbestraften von 264 im Jahre 1920, wenn auch unter Schwankungen, um über 80% bis auf 483 im Jahre 1932 erhöht. Erst das Jahr 1933 bringt eine Verringerung auf 426. Der Anteil der Vorbestraften an den Verurteilten überhaupt ist jedoch fast ununterbrochen von 20,5% (1920) auf 43,8% im Jahre 1933 angestiegen.

Das Anteilsverhältnis der bereits Vorbestraften und der erstmals Bestraften an der Gesamtkriminalität hat sich im Laufe der Jahre erheblich verschoben. Die Kriminalitätsziffer der erstmals Bestraften war im

1. Die Kriminalität der Vorbestraften im Deutschen Reich in den Jahren 1882—1933

(Zahl der wegen Verbrechen und Vergehen gegen Reichsgesetze bereits Vorbestraften im jeweiligen Reichsgebiet).

Jahre	Rechtskräftig Verurteilte¹)			Von den Verurteilten sind								Kriminalitätsziffer²)		
		davon		Vorbestrafte¹)						Erstbestrafte¹)				
	insgesamt	weibl.	jugendl.	insgesamt	%	weibl.	%	jugendl.	%	insgesamt	%	der Verurteilten	der Vorbestraften	Erstbestraften
1882	315 849	62 615	30 719	82 292	26,1	12 782	15,5	4 657	5,7	233 557	73,9	996	259	736
1883	314 096	63 163	29 966	85 320	27,2	13 083	15,3	4 458	5,2	228 776	72,8	984	267	717
1884	328 492	64 336	31 333	91 047	27,7	13 263	14,6	4 635	5,1	237 445	72,3	1025	284	741
1885	325 122	61 357	30 675	93 841	28,9	13 087	13,9	4 636	4,9	231 281	71,1	1006	290	716
1886	333 420	61 563	31 483	98 962	29,7	13 450	13,6	4 699	4,7	234 458	70,3	1020	303	717
1887	336 189	61 714	33 089	102 710	30,6	13 273	12,9	4 871	4,7	233 479	69,4	1020	312	708
1888	329 244	62 181	33 026	102 790	31,2	13 863	13,5	4 896	4,8	226 454	68,8	984	307	677
1889	349 961	66 449	36 773	115 555	33,0	15 355	13,3	5 615	4,9	234 406	67,0	1030	340	690
1890	362 163	67 258	40 972	124 921	34,5	16 234	13,0	6 637	5,3	237 242	65,5	1049	362	687
1891	373 240	69 406	42 289	132 945	35,6	17 202	12,9	7 095	5,3	240 295	64,4	1073	382	691
1892	403 592	75 276	46 485	146 549	36,3	19 055	13,0	8 001	5,5	257 043	63,7	1149	417	732
1893	411 118	74 171	43 766	151 531	36,9	18 653	12,3	7 607	5,0	259 587	63,1	1158	427	731
1894	428 554	75 720	45 551	164 547	38,4	20 090	12,2	8 472	5,1	264 007	61,6	1195	459	736
1895	436 319	76 997	44 379	172 008	39,4	20 750	12,1	8 262	4,8	264 311	60,6	1200	473	727
1896	439 664	74 566	44 270	177 440	40,4	20 590	11,6	8 314	4,7	262 224	59,6	1197	483	714
1897	447 925	76 531	45 321	183 666	41,0	21 199	11,5	8 444	4,6	264 259	59,0	1204	494	710
1898	461 506	77 968	47 984	191 748	41,5	21 845	11,4	8 949	4,7	269 758	58,5	1219	506	713
1899	463 076	74 823	47 509	195 029	42,1	21 066	10,8	8 919	4,6	268 047	57,9	1201	506	695
1900	456 479	72 844	48 657	193 709	42,4	21 002	10,8	9 011	4,7	262 770	57,6	1164	494	670
1901	484 262	77 718	49 667	209 197	43,2	22 181	10,6	9 096	4,3	275 065	56,8	1223	528	695
1902	499 000	81 072	51 044	218 692	43,8	23 544	10,8	8 960	4,1	280 308	56,2	1246	546	700
1903	492 468	80 540	50 217	219 602	44,6	23 888	10,9	8 603	3,9	272 866	55,4	1208	539	669
1904	505 158	81 785	50 027	225 105	44,6	23 739	10,5	8 441	3,7	280 053	55,4	1218	543	675
1905	508 102	80 955	51 498	228 167	44,9	23 734	10,4	8 804	3,9	279 935	55,1	1205	541	664
1906	524 113	82 630	55 270	234 232	44,7	23 502	10,0	9 096	3,9	289 881	55,3	1229	549	680
1907	520 787	81 496	54 110	235 035	45,1	23 004	9,8	9 571	4,1	285 752	54,9	1207	545	662
1908	540 083	85 665	54 692	245 910	45,5	24 082	9,8	9 280	3,8	294 173	54,5	1230	560	670
1909	536 603	85 879	49 689	249 544	46,5	24 608	9,9	8 797	3,5	287 059	53,5	1202	559	643
1910	538 225	86 926	51 315	247 225	45,9	23 982	9,7	8 165	3,3	291 000	54,1	1184	544	640
1911	544 861	89 192	50 874	249 098	45,7	24 589	9,9	7 731	3,1	295 763	54,3	1180	540	641
1912	573 976	91 653	54 949	260 451	45,4	24 691	9,5	8 129	3,1	313 525	54,6	1225	556	669
1913	555 527	88 462	54 155	251 882	45,3	23 885	9,5	7 941	3,2	303 645	54,7	1169	530	639
1914	454 064	77 870	46 940	208 727	46,0	21 970	10,5	6 865	3,3	245 337	54,0	940	432	508
1915	287 535	75 400	63 126	113 883	39,6	20 505	18,0	7 745	6,8	173 652	60,4	.	.	.
1916	287 500	86 400	80 399	98 042	34,1	21 723	22,2	11 109	11,3	189 458	65,9	.	.	.

1917	294 584	102 806	95 651	84 666	28,7	23 289	27,5	13 865	16,4	209 918	71,3	.	.	.
1918	341 526	127 923	99 498	85 912	25,2	.	.	15 270	17,8	255 614	74,8	.	.	.
1919	348 247	85 454	64 619	81 939	23,5	.	.	10 078	12,3	266 308	76,5	.	.	.
1920	608 563	118 749	91 171	125 033	20,5	.	.	11 427	9,1	483 530	79,5	1284	264	1020
1921	651 148	130 550	76 932	120 832	18,6	.	.	9 956	8,2	530 316	81,4	1353	251	1102
1922	636 817	113 884	72 124	136 742	21,5	.	.	8 623	6,3	500 075	78,5	1326	285	1041
1923	823 902	134 943	86 040	178 545	21,7	.	.	9 974	5,6	645 357	78,3	1693	367	1326
1924	696 668	114 488	43 276	171 890	24,7	.	.	6 943	4,0	524 778	75,3	1494	369	1125
1925	575 745	93 367	24 771	143 892	25,0	.	.	2 989	2,1	431 853	75,0	1217	304	913
1926	589 611	89 344	24 066	160 102	27,2	.	.	2 357	1,5	429 509	72,8	1229	334	895
1927	608 356	91 990	24 119	177 522	29,2	.	.	2 173	1,2	430 834	70,8	1249	364	885
1928	585 862	83 457	27 104	191 567	32,7	16 869	8,8	2 684	1,4	394 295	67,3	1188	389	799
1929	593 707	81 580	25 673	211 755	35,7	17 829	8,4	2 783	1,3	381 952	64,3	1191	425	766
1930	594 610	79 350	26 409	227 332	38,2	18 558	8,2	2 996	1,3	367 278	61,8	1187	454	733
1931	564 903	72 373	22 844	231 953	41,1	17 789	7,7	2 639	1,1	332 950	58,9	1125	462	663
1932	564 479	63 486	21 529	242 396	42,9	16 485	6,8	2 886	1,2	322 083	57,1	1125	483	642
1933	489 090	58 173	15 958	213 978	43,8	14 260	6,7	2 106	1,0	275 112	56,2	973	426	547

¹) Von 1882—1918 ausschließlich der wegen Wehrpflichtverletzung Verurteilten; von 1914—1918 auch ohne die aus Anlaß des Krieges erlassenen Strafvorschriften; von 1919 ab ausschließlich der aus Anlaß des Krieges oder der Übergangszeit erlassenen Strafvorschriften und von 1921 ab auch ausschließlich der Verstöße gegen das Militärstrafgesetzbuch.

²) Auf je 100000 der jeweiligen strafmündigen Bevölkerung.

Anfangsjahr der Kriminalstatistik (1882) um 477 höher, also fast dreimal so groß wie die der Vorbestraften, im letzten Vorkriegsjahr überstieg sie diese nur noch um 109 oder $^1/_5$. Kurz nach dem Kriege ist die Spanne zwischen beiden Ziffern besonders groß, im Jahre 1933 beträgt sie 121 oder 28 %.

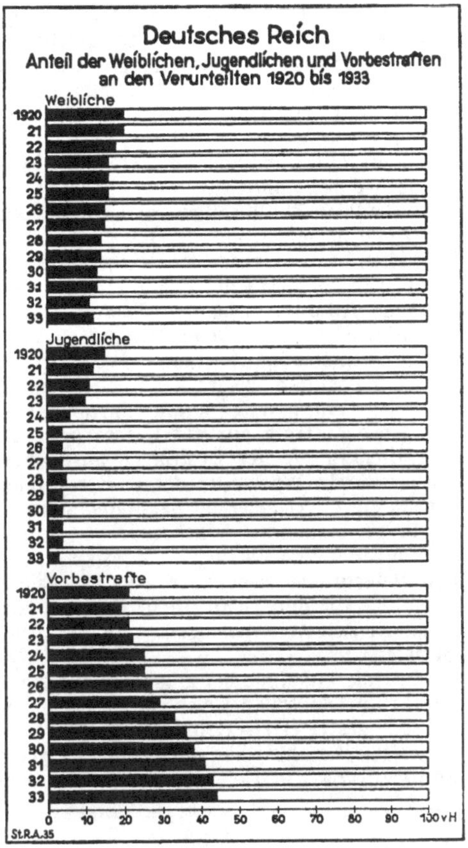

Quelle: Kriminalstatistik für das Jahr 1933. Statistik des Deutschen Reichs. Bd. 478, S. 33. Die graphische Darstellung dient gleichzeitig als Ergänzung zu den Artikeln „Geschlecht und Straffälligkeit" (oben Bd. I, S. 574 ff.) und „Kriminalität im Jugendalter" (oben Bd. I, S. 840 ff.).

Die Kriminalitätsgestaltung der erstmals Bestraften bietet somit vor wie nach dem Kriege im allgemeinen ein günstiges Bild. Dabei muß beachtet werden, bemerkt zutreffend die Bearbeitung der Reichskriminalstatistik eines der letzten Vorkriegsjahrgänge, daß das Sinken der Verhältniszahlen nur dann einen sicheren Anhalt für eine günstige Entwicklung gibt, wenn davon ausgegangen werden kann, daß der Prozentsatz der Erstbestraften innerhalb der strafmündigen Zivilbevölkerung im allgemeinen gleich bleibt oder zum mindesten nicht abnimmt. Sollte sich der unbestrafte Teil der Zivilbevölkerung von Jahr zu Jahr vermindern, so würde dadurch eine entsprechende Abnahme der Verurteilten erstmals Bestrafter ohne weiteres erklärt, ohne daß der Schluß auf eine günstige Entwicklung berechtigt wäre. Es darf wohl jedoch mit Recht unterstellt werden, heißt es in der amtlichen kriminalstatistischen Bearbeitung weiter, daß tatsächlich eine günstige Entwicklung in der Kriminalität vorliegt. Nach den auf die drei Jahrzehnte 1882—1911 sich erstreckenden Berechnungen sind in der Vorkriegsperiode durchschnittlich etwa 0,7 % der strafmündigen Zivilbevölkerung oder 695 auf je 100000 derselben aus der Klasse der Unbestraften in die der Bestraften übergetreten. Zieht man in Betracht, daß die das strafmündige Alter erreichenden Personen ausnahmslos und die aus dem Ausland einwandernden regelmäßig die Klasse der kriminell nicht Belasteten verstärken, so ist nach amtlicher Auffassung kaum anzunehmen, daß jener Zustrom aus der Klasse der Unbestraften in die der Bestraften ausreichen sollte, um ein Wachstum der letzteren oder gar ein die Zuverlässigkeit der Berechnungen in Frage stellendes Wachstum zu verursachen. (Bei dem Versuch einer entsprechenden Berechnung wäre auch zu berücksichtigen, daß die durchschnittliche Lebensdauer kriminell Belasteter geringer ist als die nicht Belasteter.)

Daß die Zunahme der allgemeinen Kriminalität im Deutschen Reich im wesentlichen auf der gesteigerten Kriminalität der Vorbestraften beruht, läßt auch die Zahlen der Vorstrafen erkennen, welche die Verurteilten vor Begehung der jeweils gezählten strafbaren Handlung erlitten haben, und ihre im Laufe der Jahre eingetretenen Veränderungen. Seit Beginn der Kriminalstatistik wurden bis zum Jahre 1917 einschließlich die wegen Verbrechen und Vergehen gegen Reichsgesetze Verurteilten, die vor Begehung der gezählten strafbaren Handlung früher schon verurteilt waren, in solche mit einer Vorstrafe, zwei Vorstrafen, drei bis fünf Vorstrafen und sechs oder mehr Vorstrafen gegliedert.

2. Die Vorbestraften im Deutschen Reich nach der Zahl der Vorstrafen in den Jahren 1882—1917.

Jahre	Verurteilte Vorbestrafte insgesamt[1])	davon waren vor Begehung der strafbaren Handlung verurteilt worden durch			
		1	2	3—5	6 oder mehr
		Entscheidungen			
1882	82 292	36 302	17 899	20 400	72 68
1885	93 841	40 752	20 470	24 043	8 507
1890	124 921	51 641	26 278	32 011	14 983
1895	172 008	66 634	34 939	45 112	24 317
1900	193 709	70 644	37 901	51 340	33 824
1905	228 167	78 864	43 274	60 432	45 597
1910	247 225	80 326	45 504	65 242	56 153
1913	251 882	80 205	45 326	66 091	60 260
1914	208 727	65 076	36 759	54 326	52 566
1915	113 883	35 533	18 729	27 882	31 739
1916	98 042	31 981	16 127	22 619	27 315
1917	84 666	31 034	15 089	18 654	19 889

[1]) Einschl. der Vorbestraften mit unbekannter Zahl der Vorstrafen.

Auf je 100000 Personen der strafmündigen Zivilbevölkerung entfielen:

Jahrfünfte	Verurteilte insgesamt	Vorbestrafte[1]) insgesamt	davon entfallen auf Verurteilte mit			
			einer Vorstrafe	zwei Vorstrafen	drei bis fünf Vorstrafen	sechs oder mehr Vorstrafen
1882/86	1006	281	123	61	71	24
1887/91	1032	341	141	71	88	40
1892/96	1180	452	177	92	118	64
1897/1901	1202	506	187	100	133	85
1902/06	1221	544	190	104	144	106
1907/11	1201	550	181	101	146	122

[1]) Einschließlich der Vorbestraften mit unbekannter Zahl der Vorstrafen.

Bei einem Vergleich des Standes im Durchschnitt der Jahre 1907/11 mit dem der Jahre 1882/86 ergibt sich bei den einmal Vorbestraften eine Zunahme um 58 = 47,2 %, bei den zweimal Vorbestraften um 40 = 65,6 %, bei den drei- bis fünfmal Vorbestraften um 79 = 105,6 % und bei den sechsmal oder mehr Vorbestraften um 98 = 408 %.

Bei Wertung dieser Zahlen ist jedoch zu berücksichtigen, daß in der ersten Zeit der Kriminalstatistik, wie oben schon erwähnt, die Vorstrafen noch nicht mit derselben Vollständigkeit erfaßt worden sind wie im Jahre 1911, denn im Jahre 1882 sind nur die seit Inkrafttreten des geltenden Strafgesetzbuchs, also innerhalb der vorangegangenen etwa 10 Jahre, erkannten Strafen als Vorstrafen behandelt worden. Immerhin läßt sich, so meint die kriminalstatistische Bearbeitung, aus den Zahlen gleichwohl entnehmen, daß die Häufigkeit der Verurteilungen verhältnismäßig um so mehr zugenommen hat, als das Vorleben der Verurteilten belastet war.

In der Vorkriegszeit ergibt sich für die Vorstrafenstruktur folgendes Anfangs- und Schlußbild: Von je 100 Vorbestraften waren

	1882	1913
1 mal vorbestraft	44,1	31,8
2 „ „	21,8	18,0
3—5 mal vorbestraft	24,8	26,2
6 mal und mehr vorbestraft	8,8	23,9

In der Nachkriegszeit geschieht die statistische Gliederung der Vorbestraften nur in zwei Gruppen, und zwar in 1—4 mal Vorbestrafte und mehr als 4 mal Vorbestrafte. Die absolute Zahl der mehr als 4 mal Vorbestraften wie ihr Anteil an den Vorbestraften überhaupt beträgt in den einzelnen Jahren:

Jahre	insgesamt	%	Jahre	insgesamt	%
1919	20 534	25,1	1927	49 643	28,0
1920	28 228	22,6	1928	54 761	28,6
1921	30 443	25,2	1929	61 449	29,0
1922	33 945	24,8	1930	67 265	29,6
1923	41 059	23,0	1931	69 807	30,1
1924	40 915	23,8	1932	72 129	29,8
1925	38 273	26,6	1933	67 876	31,7
1926	43 335	27,1			

b) Während der Anteil der weiblichen Personen an der Vorbestraftenkriminalität in der Vorkriegszeit von etwa $^1/_6$ im Jahre 1882 bis auf unter $^1/_{10}$ im letzten Vorkriegsjahr zurückgeht, steigt dieser im Laufe des Krieges bis auf über ¼ im Jahre 1917. Der Prozentsatz der erstmals bestraften Frauen schwillt also in demselben Zeitraum fast auf ¾ an. Das will nach v. Koppenfels besagen, daß im Kriege „eine bedeutende Wandlung in der Zusammensetzung des weiblichen Verbrechertums in der Weise stattgefunden hat, daß ihm in großen Mengen bisher unbescholtene Frauen zugeströmt sind, in denen die mit dem Krieg verbundene ständige Gemütserregung die Fesseln sprengte, die sie bisher von der Begehung strafbarer Handlungen zurückhielten" (vgl. Die Kriminalität der Frau im Kriege, Kriminalistische Abhandlungen, Heft II, Leipzig 1926, S. 16).

Für die Jahre 1918—1927 einschließlich liegen Ergebnisse über die vorbestraften Frauen nicht vor. Erst vom Jahre 1928 ab werden bei der Aufbereitung des kriminalstatistischen Zählmaterials die Vorbestraften wieder nach dem Geschlecht ermittelt. Hiernach ist der Anteil der weiblichen Personen an der Vorbestraftenkriminalität von 8,8 % (1928) bis auf 6,7 % im letzten Berichtsjahr und damit nicht unerheblich unter den entsprechenden Prozentsatz der Vorkriegszeit gesunken.

Bei einem Vergleich der Vorbestraften weiblichen Geschlechts mit der Gesamtzahl der wegen Verbrechen und Vergehen gegen Reichsgesetze verurteilten weiblichen Personen ergibt sich für einige ausgewählte Jahre prozentual folgendes Bild:

1882 . .	20,4 %	1913. . .	27,0 %
1890 . .	24,1 %	1917. . .	22,7 %
1900 . .	28,8 %	1928. . .	20,2 %
1910 . .	27,6 %	1933. . .	24,5 %

Stellt man dagegen die Zahl der weiblichen Vorbestraften der Zahl der männlichen Vorbestraften gegenüber, so entfallen in den gleichen Jahren

Jahre	weibl. Vorbestrafte auf je 100 männl. Vorbestrafte	Jahre	weibl. Vorbestrafte auf je 100 männl. Vorbestrafte
1882	18,4	1913	10,5
1890	14,9	1917	37,9
1900	12,2	1928	9,7
1910	10,7	1933	7,1

c) Die Zahl der Fälle, in denen bereits bestrafte Jugendliche sich erneut eines Verbrechens oder Vergehens schuldig machen, ist für die Beantwortung der Frage von großer Bedeutung, in welchem Umfange das gewerbs- oder gewohnheitsmäßige Verbrechertum bereits in den Kreisen der jugendlichen Bevölkerung seinen Anfang nimmt. Allerdings konnte schon in der Vorkriegsperiode die Häufigkeit der Rückfälle der im jugendlichen Alter bestraften Personen im Sinne der damals bearbeiteten und oben im Abschnitt 3a—c methodisch erörterten Rückfallstatistik nicht näher untersucht werden, weil nach einem Hinweis in der amtlichen Kriminalstatistik hierbei auch die Rückfälle Erwachsener, die vorher im jugendlichen Alter bestraft worden waren, Berücksichtigung hätten finden müssen, die kriminalstatistischen Zählkarten aber keine Unterlagen über das Alter zur Zeit der der letzten Vorbestrafung zu Grunde liegenden strafbaren Handlung enthielten. Es kann sich vielmehr also nur um Ermittelungen

3. Das Alter der Vorbestraften im Deutschen Reich in den Jahren 1929—1933.

Altersklassen a = Verurteilte insges. b = davon Vorbestrafte		1929 insgesamt	1929 davon weibl.	1930 insgesamt	1930 davon weibl.	1931 insgesamt	1931 davon weibl.	1932 insgesamt	1932 davon weibl.	1933 insgesamt	1933 davon weibl.
unter 16 Jahre alt	a	7 788	1 168	7 542	1 047	5 675	766	4 880	612	4 379	617
	b	467	41	479	32	372	23	358	28	296	9
16 bis unter 18 Jahre alt	a	17 885	2 494	18 867	2 396	17 169	2 016	16 649	1 846	11 579	1 332
	b	2 316	170	2 517	177	2 267	135	2 528	113	1 810	81
18 bis unter 21 Jahre alt	a	65 247	7 482	65 612	7 092	62 816	6 489	64 720	5 814	52 587	5 594
	b	15 197	992	16 131	970	16 428	876	17 553	877	15 242	715
21 bis unter 25 Jahre alt	a	107 030	11 541	108 638	11 193	104 282	10 240	105 028	9 560	84 678	8 061
	b	39 235	2 881	41 742	2 897	41 889	2 573	42 486	2 263	35 371	1 903
26 bis unter 30 Jahre alt	a	111 752	13 056	112 024	12 360	107 563	11 320	107 250	9 996	92 590	8 899
	b	49 428	3 650	52 489	3 585	53 053	3 411	54 196	2 985	46 640	2 544
30 bis unter 40 Jahre alt	a	134 744	20 490	136 598	20 714	133 193	19 270	136 236	16 677	122 195	15 201
	b	54 934	5 061	61 026	5 477	64 489	5 495	70 092	5 236	63 664	4 487
40 bis unter 50 Jahre alt	a	87 143	14 394	83 938	14 007	77 872	12 726	76 044	11 298	68 377	10 437
	b	31 493	3 001	32 882	3 302	33 310	3 176	34 658	3 043	31 038	2 706
50 bis unter 60 Jahre alt	a	46 344	8 128	45 751	7 757	41 816	6 991	40 364	5 802	38 588	5 888
	b	14 565	1 588	15 648	1 640	15 637	1 612	16 028	1 431	15 384	1 425
60 bis unter 70 Jahre alt	a	13 742	2 431	13 607	2 371	12 626	2 188	11 624	1 629	12 228	1 805
	b	3 709	405	3 951	414	4 060	433	4 004	364	4 049	340
70 Jahre und darüber alt	a	1 998	393	1 989	407	1 851	357	1 662	245	1 880	336
	b	400	39	450	63	442	52	488	45	484	50
Alter unbekannt	a	34	3	44	6	39	10	22	7	9	3
	b	11	1	17	1	6	3	5	—	—	—
insgesamt	a	593 707	81 580	594 610	79 350	564 903	72 373	564 479	63 486	489 090	58 173
	b	211 755	17 829	227 332	18 558	231 953	17 789	242 396	16 485	213 978	14 260

darüber handeln, welcher Bruchteil der jugendlichen strafmündigen Bevölkerung alljährlich nach bereits früher erlittener Bestrafung wegen eines neuen Verbrechens oder Vergehens verurteilt wird und in welchem Verhältnis dieser Bruchteil zu der Zahl der zum ersten Male verurteilten Jugendlichen steht. Diese Sonderauszählung für die Jugendlichen liegt in der Reichskriminalstatistik seit dem Jahre 1889 vor.

Von diesem Jahre ab strebt die Kurve der jugendlichen Vorbestraften aufwärts und erreicht ihren höchsten Punkt im Jahre 1898 mit einer auf 100000 strafmündige der jugendlichen Zivilbevölkerung berechneten Kriminalitätsziffer von 139. Das bedeutet gegenüber dem Ausgangsjahr der Beobachtung (1889) mit einer Kriminalitätsziffer von 93 eine Erhöhung um fast 50 %. Sodann sinkt sie nach einer vorübergehenden Zunahme im Jahre 1907 steil ab bis zu ihrem Tiefpunkt der Vorkriegsperiode im Jahre 1913, in dem sich die Kriminalitätsziffer auf 97 errechnet. Sie hat sich damit ihrem Anfangsstand fast genähert. Während der Anteil der vorbestraften Jugendlichen an der Gesamtheit der Vorbestraften im Jahre 1889 fast 5 % betrug, hat er sich unter leichten Schwankungen bis auf 3,2 % im letzten Vorkriegsjahr gemindert. Die Kriegsjahre bringen dann erklärlicherweise eine starke Steigerung desselben bis auf 17,8 % im Jahre 1918. Dann setzt ein stetiger Rückgang ein, der bis zum letzten Berichtsjahr 1933 anhält, in dem sich unter den Vorbestraften nur noch 1 % Jugendliche befand. Die Kriminalitätsziffer stellt sich in diesem Jahre auf 73 gegen 134 im Durchschnitt der beiden ersten Nachkriegsjahre; sie ist damit um rund 25 % niedriger als die entsprechende Ziffer im letzten Jahr vor dem Kriege (97).

Gemessen an der Gesamtzahl der wegen Verbrechen und Vergehen gegen Reichsgesetze verurteilten Jugendlichen entfallen vorbestrafte Jugendliche (in %):

1889	15,3	1923	11,6
1900	18,5	1928	9,9
1910	15,9	1930	11,3
1917	14,5	1933	13,2

d) Das Verhältnis von Rückfälligen und Nichtvorbestraften, eingeteilt nach dem Alter der Täter stellte sich im letzten Vorkriegsjahr 1913 nach den Berechnungen von Fischinger (a. a. O. S. 38) bei den Tätern im Alter von

unter 15	Jahren	wie	1 : 11,3
von 15—18	„	„	1 : 4,6
„ 18—21	„	„	1 : 2,3
„ 21—25	„	„	1 : 1,3
„ 25—30	„	„	**1,04 : 1**
„ 30—40	„	„	**1,2 : 1**
„ 40—50	„	„	**1,2 : 1**
„ 50—60	„	„	**1,06 : 1**
„ 60—70	„	„	1 : 1,2
über 70	„	„	1 : 1,5

4. Der Hauptberuf der Vorbestraften im Deutschen Reich in den Jahren 1929—1933.

Wirtschaftsabteilungen	1929		1930		1931		1932		1933	
	Verurteilte insgesamt	davon Vorbestrafte	Verurteilte insgesamt	davon Vorbestrafte	Verurteilte insgesamt	davon Vorbestrafte	Verurteilte insgesamt	davon Vorbestrafte	Verurteilte insgesamt	davon Vorbestrafte
A. Land- und Forstwirtschaft, Jagd und Fischerei insgesamt	77 099	22 418	78 190	23 745	76 894	24 975	79 597	27 674	74 621	26 964
davon: Selbständige und Geschäftsleiter	20 524	4 351	19 812	4 467	19 336	4 776	19 592	5 785	18 522	5 454
Angestellte, Arbeiter, Tagelöhner, Knechte, Mägde	51 772	17 542	53 600	18 764	53 073	19 591	55 723	21 316	51 959	20 975
Angehörige	4 803	525	4 778	514	4 485	608	4 282	573	4 140	535
B. Industrie und Handwerk insgesamt	250 998	95 520	254 452	99 383	246 743	103 207	254 140	109 870	217 789	97 995
davon: Selbständige und Geschäftsleiter	39 480	13 139	39 280	14 519	36 528	14 518	35 519	14 784	30 624	12 858
Angestellte, Gehilfen, Gesellen, Arbeiter	195 843	76 668	199 430	82 046	195 266	85 720	205 370	92 195	175 609	82 691
Angehörige	15 675	2 713	15 742	2 818	14 949	2 969	13 251	2 891	11 556	2 446
C. Handel und Verkehr insgesamt	183 059	66 877	176 619	70 684	158 380	69 166	150 627	69 884	126 913	58 577
davon: Selbständige und Geschäftsleiter	72 668	26 535	71 055	28 623	62 000	27 549	59 394	28 236	52 328	24 462
Angestellte, Gehilfen, Arbeiter	101 933	39 089	97 384	40 610	89 168	40 272	84 934	40 250	69 217	33 051
Angehörige	8 458	1 253	8 180	1 451	7 212	1 345	6 299	1 398	5 368	1 064
D. Öffentliche Verwaltung[1]), freie Berufe, Gesundheitswesen insgesamt	20 204	5 477	20 221	6 202	19 272	6 741	19 202	7 307	17 130	6 303
davon: Erwerbstätige	18 910	5 328	19 027	6 044	18 069	6 547	18 130	7 118	16 186	6 145
Angehörige	1 294	149	1 194	158	1 203	194	1 072	189	944	158
E. Häusliche Dienste insgesamt	10 814	2 660	10 382	2 669	9 029	2 422	7 887	2 215	7 069	1 885
davon: Erwerbstätige	10 791	2 657	10 158	2 663	9 014	2 419	7 864	2 208	7 046	1 871
Angehörige	23	3	224	6	15	3	23	7	23	14
F. Lohnarbeit wechselnder Art insgesamt	36 932	17 828	40 154	20 310	39 873	20 694	39 237	20 649	32 644	17 390
davon: Erwerbstätige	34 276	17 228	37 236	19 618	36 894	19 959	36 623	19 947	30 370	17 298
Angehörige	2 656	600	2 918	692	2 979	735	2 614	702	2 274	632
G. Ohne Beruf und ohne Berufsangabe insges.	14 601	3 975	14 592	4 339	14 712	4 748	13 789	4 797	12 924	4 324
davon: Selbständige	13 290	3 758	13 207	4 067	13 286	4 450	12 441	4 525	11 672	4 068
Angehörige	1 311	217	1 385	272	1 426	298	1 348	272	1 252	256

[1]) Einschließlich Wehrmacht.

5. Die Vorbestraften unter den wegen Verbrechen und Vergehen gegen Reichsgesetze Verurteilten im Deutschen Reich nach Oberlandesgerichtsbezirken.

Oberlandesgerichtsbezirke	Zahl der Vorbestraften unter den Verurteilten*)			in % der Verurteilten*) überhaupt		
	1931	1932	1933	1931	1932	1933
Berlin	23 742	25 639	22 411	42,8	45,5	46,2
davon Landgerichtsbezirk Berlin I—III[1]	17 817	19 111	16 703	45,9	48,1	49,3
Breslau	15 590	16 790	14 576	39,4	41,7	42,2
Celle	9 313	9 740	8 751	39,9	40,3	42,6
Düsseldorf	12 231	12 479	10 359	39,2	40,9	44,0
Frankfurt (Main)	5 242	5 299	4 333	39,2	41,7	40,7
Hamm	14 972	15 510	13 706	35,2	36,7	38,3
Kassel	1 885	2 104	2 001	32,1	36,0	37,3
Kiel	4 996	5 491	4 860	41,2	41,8	43,8
Köln	11 146	11 113	9 927	42,5	44,2	45,2
Königsberg	7 883	9 155	7 838	39,0	41,2	42,0
Marienwerder	1 272	1 452	1 501	27,8	32,6	36,1
Naumburg	12 596	13 513	11 867	39,5	41,6	43,4
Stettin	4 715	5 800	5 402	35,3	39,7	41,5
Augsburg	4 827	[3])	—	41,2	—	—
Bamberg	5 840	5 672	5 015	37,7	39,7	40,7
München	9 817	14 234	12 621	38,2	41,6	42,0
davon Landgerichtsbezirk München[1])	3 156	3 236	2 775	38,6	42,9	43,3
Nürnberg	7 629	8 158	8 161	38,9	42,3	45,3
Zweibrücken	4 865	5 109	4 596	40,5	43,7	42,4
Dresden	23 650	23 900	20 216	44,0	45,6	44,3
Stuttgart	13 219	13 408	12 013	48,2	49,7	48,9
Karlsruhe	11 468	11 441	10 099	50,2	49,8	50,0
Darmstadt	5 499	5 822	5 221	39,1	39,5	39,8
Jena	3 942	4 167	3 758	39,1	39,6	39,8
Rostock	3 056	3 359	3 162	44,3	44,1	45,5
Oldenburg	749	775	783	37,0	36,6	37,0
Braunschweig	2 115	2 349	2 168	43,7	47,8	48,0
Hamburg	9 640	9 764	8 471	52,1	53,5	54,3
davon Landgerichtsbezirk Bremen	1 716	1 623	1 514	49,5	49,4	53,4
davon Landgerichtsbezirk Lübeck	468	614	511	35,8	39,2	39,3
Deutsches Reich[2])	231 899	242 243	213 816	41,1	42,9	43,8

*) Wegen Verbrechen und Vergehen gegen Reichsgesetze.
[1]) Vorwiegend Stadtgebiet.
[2]) Ohne die Verurteilungen vom Reichsgericht, von den Konsulargerichten und den Militärgerichten (Bordgerichten).
[3]) Mit Wirkung vom 1. April 1932 aufgehoben und mit dem Oberlandesgerichtsbezirk München vereinigt.

Der Schwerpunkt der Rückfälligkeit fällt, was das Alter der Täter anbelangt, nach den Ausführungen des Verfassers nicht ganz mit dem Schwerpunkt der Kriminalität überhaupt zusammen, der zwischen 18 und 40 Jahren liegt. 1913 standen rund 138000 Täter im Alter von 30—40 Jahren, 92000 zwischen 25 und 30 Jahren, je 78000 zwischen 21 und 25 sowie zwischen 18 und 21 Jahren. Durchschnittlich auf die Jahre umgerechnet weisen die Altersklassen zwischen 18 und 21 die meisten Täter, die Altersklassen zwischen 25 und 30 die meisten Rückfälligen auf, deren Zahl 1913 nicht weniger als 47000 betrug.

Die oben aufgeführten Verhältniszahlen zwischen Rückfälligen und Nichtvorbestraften haben ihren Schwerpunkt in den Altersklassen zwischen 30 und 50 Jahren. Interessant ist somit, daß die unwillkürliche Vermutung, der relative Anteil der Rückfälligen nehme mit steigendem Alter konstant zu, keine Bestätigung durch die Statistik erfährt. Es gab damals verhältnismäßig mehr Leute, die im Alter von 60 Jahren und mehr erstmals bestraft wurden, als solche im Alter von 25—60 Jahren!

Dieses für die letzte Vorkriegszeit ermittelte Bild zeigt in den letzten Jahren ein wesentlich anderes Aussehen. Im Durchschnitt der Jahre 1929/33 verhielten sich die

Rückfälligen zu den Nichtvorbestraften bei den Tätern im Alter von

14—16	Jahren wie	1 : 14,4
16—18	„ „	1 : 6,2
18—21	„ „	1 : 2,9
21—25	„ „	1 : 1,5
25—30	„ „	1 : 1,08
30—40	„ „	1 : 1,2
40—50	„ „	1 : 1,4
50—60	„ „	1 : 1,8
60—70	„ „	1 : 2,2
70 und mehr	Jahren	1 : 3,1

e) Fischinger hat weiterhin Untersuchungen über den Einfluß des Familienstandes auf die Rückfälligkeit angestellt, bei denen jedoch nur die Zahlen für die Personen im Alter von über 21 Jahren zugrunde gelegt wurden. Danach stellt sich im Durchschnitt der Jahre 1912/13 das Verhältnis von Rückfälligen zu den Nichtvorbestraften bei den

		Ledigen	Verheirateten	Verwitweten und Geschiedenen
insgesamt	wie	10 : 9	10 : 10,4	10 : 7,4
männlichen	„	10 : 7,2	**10 : 8,4**	**10 : 4,4**
weiblichen	„	10 : 18	**10 : 27**	10 : 17

Verfasser schließt aus diesen Verhältniszahlen, daß die Ehe bezüglich der weiblichen Rückfälligkeit eine erhebliche Tendenz zu einer günstigen Wirkung aufweist, während sie bezüglich der männlichen Rückfälligkeit fast nicht in Erscheinung tritt. Auffallend hoch ist die Rückfälligkeit in der Gruppe der Verwitweten und Geschiedenen männlichen Geschlechts.

f) Die Ausgliederung der Vorbestraften nach dem Beruf (Wirtschaftsabteilungen) ist in der Tabelle 4 dargestellt. Danach steht im Jahre 1933 die Wirtschaftsgruppe „Lohnarbeit wechselnder Art" mit einem Vorbestraftenanteil von 53,3% an erster Stelle. Es folgen „Handel und Verkehr" (46,2%) und „Industrie und Handwerk" (45,0%). Die absolut höchste Vorbestraftenzahl weisen „Industrie und Handwerk" auf, und zwar von je her. Günstig sind die Er-

6. Die Rückfallsdelikte im Deutschen Reich in den Jahren 1882—1933.

Jahre	Einfacher Diebstahl im Rückfall (§§ 242/244)		Schwerer Diebstahl im Rückfall (§§ 243/244)		Raub im Rückfall (§ 250 Nr. 5)	Hehlerei im wiederholten Rückfall (§ 261)		Betrug im wiederholten Rückfall (§ 264)	
	Zahl der Verurteilten	Krim.-Ziffer [1])	Zahl der Verurteilten	Krim.-Ziffer [1])	Zahl der Verurteilten [2])	Zahl der Verurteilten	Krim.-Ziffer [1])	Zahl der Verurteilten	Krim.-Ziffer [1])
1882	12 016	38	2946	9,3	7	44	0,14	875	2,7
1890	10 983	32	2427	7,0	3	36	0,10	1703	4,9
1895	11 793	32	2675	7,4	5	30	0,08	2626	7,1
1900	12 029	31	2609	6,7	8	45	0,11	3322	8,4
1905	12 920	31	3119	7,4	4	35	0,08	3958	9,3
1910	15 048	33	4373	9,6	6	57	0,12	4524	9,8
1913	14 431	30	4877	10	15	98	0,21	4217	8,9
1915	8 788	.	3258	.	4	59	.	2681	.
1917	7 598	.	4274	.	—	82	.	1612	.
1919	9 381	20	7171	15	2	103	0,22	1344	2,8
1921	15 199	32	8305	17	5	160	0,33	2799	5,8
1923	21 827	45	8746	18	3	268	0,55	2646	5,4
1924	17 383	37	7232	16	7	270	0,58	3068	6,6
1925	12 123	26	4381	9,3	4	131	0,28	4288	9,1
1926	11 027	23	4169	8,7	7	100	0,21	4991	10,4
1927	10 416	21	3974	8,2	7	95	0,20	5308	10,9
1928	9 903	20	3560	7,2	3	93	0,19	5757	11,7
1929	10 650	21	4088	8,2	10	113	0,23	6167	12,4
1930	10 859	22	4635	9,2	13	94	0,19	6838	13,6
1931	10 371	21	4886	9,7	9	101	0,20	7141	14,2
1932	10 672	21	5507	11,0	7	139	0,28	7376	14,7
1933	10 669	21	5521	11,0	9	160	0,32	7285	14,5

[1]) Zahl der Verurteilten auf 100000 der jeweiligen strafmündigen Bevölkerung.

[2]) Wegen der Kleinheit der absoluten Zahlen wurde von einer Berechnung der Kriminalitätsziffer abgesehen.

7. Die Verurteilungen der bereits Vorbestraften im Deutschen Reich

Verbrechen und Vergehen gegen Reichsgesetze	Rechtskräftig verurteilte Personen insgesamt								
	1900	1913	1917	1919	1923	1925	1927	1930	1933
Verbrechen und Vergehen gegen Reichsgesetze[1]) insgesamt	**456 479**	**555 527**	**294 584**	**348 247**	**823 902**	**575 745**	**608 356**	**594 610**	**489 090**
Verbrechen und Vergehen gegen das Strafgesetzbuch	433 886	494 807	284 034	321 324	733 212	416 502	411 214	441 796	372 459
darunter:									
Gewalt und Drohungen gegen Beamte (§§ 113, 114, 117—119)	16 120	18 817	3 836	5 473	24 664	20 228	18 655	19 113	12 318
Hausfriedensbruch (§ 123)	22 218	21 024	5 115	5 137	7 930	8 046	8 139	9 126	5 972
Arrestbruch (§ 137)	1 596	2 647	763	1 165	1 369	2 172	3 762	4 333	4 108
Münzverbrechen und -vergehen (§§ 146—148, 150, 151)[2])	186	217	41	92	217	587	358	297	934
Verletzungen der Eidespflicht (§§ 153—155, 156, 159, 160, 162, 163)	1 198	1 282	386	212	1 251	2 235	2 630	2 048	2 792
Blutschande (§ 173)	448	541	235	261	613	1 010	807	751	834
Unzucht unter Mißbrauch eines Vertrauensverhältnisses (§ 174, Nr. 1—3)	52	130	24	37	136	222	271	244	255
Widernatürliche Unzucht (§ 175)	535	698	166	89	445	1 107	848	804	853
Unzucht mit Gewalt, an Bewußtlosen usw., an Kindern, Notzucht, Verleitung zum Beischlaf durch Täuschung (§§ 176, Nr. 1—3, 177—179)	4 762	5 707	1 393	1 406	3 303	5 708	5 841	5 162	6 325
Kuppelei (§ 180)	2614	3 095	1 545	788	1 856	2 580	2 197	1 320	1 351
Zuhälterei (§ 181, Nr. 1 u. 2)	69	1 549	159	132	375	815	625	768	1 049
Beleidigung (§§ 185—187, 189)	52 883	61 002	20 035	20 180	53 361	48 395	47 845	43 995	27 985
Mord (§ 211)	89	110	71	164	139	185	124	90	163
Totschlag (§§ 212—215)	162	257	71	267	280	385	385	345	511
Kindesmord (§ 217)	163	137	152	98	74	171	128	115	106
Abtreibung (§ 218)	411	1 518	1 013	988	3 677	7 193	5 313	3 796	3 809
Leichte Körperverletzung (§ 223)	26 182	22 324	5 541	7 604	11 211	12 265	13 607	14 052	9 443
Gefährliche Körperverletzung (§ 223a)	93 079	90 990	20 475	23 092	24 971	28 371	33 064	35 429	23 127
Schwere Körperverletzung (§§ 224—226)	602	450	97	130	300	378	335	366	256
Nötigung und Bedrohung (§§ 240/241)	12 130	12 207	2 687	5 599	7 669	5 708	5 634	5 201	4 613
Einfacher Diebstahl (§§ 242, 248a)	70 950	79 554	97 629	105 121	286 178	79 465	64 491	67 324	66 124
Schwerer Diebstahl (§ 243)	9 213	15 845	28 103	38 082	50 684	16 627	12 021	14 778	19 285
Unterschlagung (§§ 246, 248a)	20 030	30 487	16 010	16 461	37 211	31 302	34 660	40 092	24 607
Raub und räuberische Erpressung (§§ 249, 250, Nr. 1—4, 251, 252, 255)	438	739	435	970	996	860	700	1 015	1 274
Erpressung (§§ 253, 254)	563	772	321	532	918	939	788	883	1 271
Begünstigung (§ 257, Abs. 1)	735	1 048	1 036	2 259	5 737	2 020	1 349	1 072	1 649
Einfache Hehlerei (§§ 258, 259)[3])	7 087	9 694	17 136	21 482	65 300	17 757	10 589	8 896	10 651
Betrug (§§ 263, 264 a, 265)	20 052	25 040	11 426	11 381	29 837	40 389	49 165	48 700	37 725
Fälschung öffentlicher Urkunden und (§§ 267—274, Nr. 1)	5 037	8 329	7 313	6 099	8 754	10 486	11 905	12 910	9 263
Betrüglicher Bankrott (§§ 239, 244 KO.)	107	73	6	2	13	69	183	131	107
Einfacher Bankrott (§§ 240, 244 KO.)	705	766	39	11	138	465	802	490	297
Sachbeschädigung (§§ 303—305)[4])	18 261	19 776	7 970	7 068	10 651	7 970	9 343	11 963	7 117
Vorsätzliche Brandstiftung (§§ 306—308)	472	465	213	94	146	389	511	518	680
Aktive Bestechung (§§ 333, 334, Abs. 2)	395	268	487	748	1 114	490	294	171	98

[1]) Ausschließlich der Verbrechen und Vergehen gegen das Militärstrafgesetzbuch und die aus Anlaß des Krieges oder der Übergangszeit
[2]) Einschließlich § 20 des Darlehenskassengesetzes vom 4. August 1914, §§ 9—11 des Gesetzes über Ausgabe und Einlösung von Notgeld
[3]) Einschließlich § 18 und Art. I § 5 des Gesetzes über den Verkehr mit unedlen und edlen Metallen usw.
[4]) Einschließlich § 109 der Seemannsordnung und § 2 des Gesetzes, betr. die Bestrafung der Entziehung elektrischer Arbeit.

gebnisse für „Angehörige" eigentlich aller Wirtschaftsgruppen.

g) Wie der Tabelle 5 zu entnehmen ist, in der die Vorbestraften regional nach Oberlandesgerichtsbezirken aufgegliedert sind, hat im Jahre 1933 die verhältnismäßig größte Zahl von Vorbestraften wie auch in den Vorjahren der Oberlandesgerichtsbezirk Hamburg aufzuweisen. Dort waren von allen wegen Verbrechen und Vergehen gegen Reichsgesetze Verurteilten mehr als die Hälfte (54,3 %) vorbestraft. Es folgen die Oberlandesgerichtsbezirke Karlsruhe (50,0 %), Stuttgart (48,9 %) und Braunschweig (48,0 %).

Im Oberlandesgerichtsbezirk Kiel entsprach im Jahre 1933 die Straffälligkeit der Vorbestraften anteilsmäßig mit 43,8 % derjenigen im Reich.

Die verhältnismäßig geringste Vorbestraftenkriminalität findet sich in den Oberlandesgerichtsbezirken Oldenburg (37,0 %) und Marienwerder (36,1 %).

6. a) Als Rückfallsdelikte kommen nach geltendem deutschem Strafrecht in Betracht: 1. Einfacher Diebstahl im Rückfall (§§ 242/244 StGB.), 2. schwerer Diebstahl im Rückfall (§§ 243/244), 3. Raub im Rückfall (§ 250 Ziffer 5), 4. Hehlerei im wiederholten Rückfall (§ 261) und 5. Betrug im wiederholten Rückfall (§ 264). Ihre Entwicklung seit 1882 ist aus der Tabelle 6 ersichtlich. Da die Kriminalität auf dem Gebiet des Rückfalldiebstahls sowie des Rückfallbetruges in zwei beachtlichen Monographien von John und Beger nach den verschiedensten Richtungen untersucht worden ist, begnüge ich mich damit, auf diese zu verweisen (s. Schrifttum). Andererseits sind die Verurteilungen wegen Raubes im

n den Jahren 1900—1933 nach wichtigen strafbaren Handlungen.

davon Vorbestrafte insgesamt									Vorbestrafte in % der Verurteilten								
1900	1913	1917	1919	1923	1925	1927	1930	1933	1900	1913	1917	1919	1923	1925	1927	1930	1933
193 709	251 882	84 666	81 939	178 545	143 892	177 522	227 332	213 978	42,4	45,3	28,7	23,5	21,7	25,0	29,2	38,2	43,8
186 892	229 979	81 920	79 830	172 544	133 531	153 641	191 924	177 200	43,1	46,5	28,8	24,8	23,5	32,1	37,4	43,8	47,3
9 910	12 095	1 518	1 352	4 439	6 109	8 317	10 292	7 054	61,5	64,3	39,6	24,7	18,0	30,1	44,6	53,8	57,3
10 013	10 558	1 350	614	1 180	2 130	2 826	3 891	3 004	45,1	50,2	26,4	12,0	14,9	26,5	34,7	42,6	50,3
695	1 219	254	160	228	580	1 263	1 805	1 769	43,5	46,1	33,3	13,7	16,7	26,7	33,6	41,7	43,1
79	116	10	13	53	222	157	152	510	42,5	53,4	24,4	14,1	24,4	37,8	43,9	51,2	54,6
509	565	149	73	288	725	945	852	1 219	42,5	44,1	38,6	34,4	23,0	32,4	35,9	41,6	43,7
152	220	64	83	137	253	217	191	249	33,9	40,7	27,2	31,8	22,3	25,0	26,9	25,4	29,9
10	60	11	10	26	65	93	90	73	19,2	46,2	45,8	27,0	19,1	29,3	34,3	36,9	28,6
184	282	48	29	97	292	281	275	319	34,4	40,4	28,9	32,6	21,8	26,4	33,1	34,2	37,4
2 002	2 743	531	454	903	1 919	2 106	2 088	2 614	42,0	48,1	38,1	32,3	27,3	33,6	36,1	40,3	41,3
1 673	1 932	838	326	595	976	1 058	717	715	64,0	62,4	54,2	41,4	32,1	37,8	48,2	54,3	52,9
52	1 183	121	77	206	542	503	637	863	75,4	76,4	76,1	58,3	54,9	66,5	80,5	82,9	82,3
16 180	18 359	3 873	1 803	4 645	6 822	9 999	11 752	9 949	30,6	30,1	19,3	8,9	8,7	14,1	20,9	26,7	35,6
46	67	30	62	46	82	58	39	74	51,7	60,9	42,3	37,8	33,1	44,3	46,8	43,3	45,4
66	150	24	122	90	160	190	168	246	40,7	58,4	33,8	45,7	32,1	41,6	49,4	48,7	48,1
11	7	10	9	4	22	10	10	15	6,7	5,1	6,6	9,2	5,4	12,9	7,8	8,7	14,2
73	245	185	170	468	1 089	812	743	904	17,8	16,1	18,3	17,2	12,7	15,1	15,3	19,3	23,7
10 763	9 843	1 464	860	1 014	1 842	3 206	4 572	3 743	41,1	44,1	26,4	11,3	9,0	15,0	23,6	32,5	39,6
37 383	40 077	5 086	2 970	4 040	6 666	9 862	13 006	9 376	40,2	44,0	24,8	12,9	16,2	23,5	29,8	36,7	40,5
287	238	37	33	95	126	150	174	118	47,7	52,9	38,1	25,4	31,7	33,3	44,8	47,5	46,1
6 497	6 959	1 004	903	1 099	1 283	1 822	2 206	2 302	53,6	57,0	37,4	16,1	14,3	22,5	32,3	42,4	49,9
25 182	30 106	22 059	20 267	53 756	22 450	19 758	24 032	26 143	35,5	37,8	22,6	19,3	18,8	28,3	30,6	35,7	39,5
3 645	6 917	7 564	12 588	17 326	7 460	5 281	6 911	9 937	39,6	43,7	26,9	33,1	34,2	44,9	43,9	46,8	51,5
9 762	15 906	5 161	3 537	10 070	11 551	15 833	21 728	14 022	48,7	52,2	32,2	21,5	27,1	36,9	45,7	54,2	57,0
283	449	129	370	489	483	465	657	785	64,6	60,8	29,7	38,1	49,1	55,6	66,4	64,7	61,6
308	467	132	178	261	332	407	499	691	54,7	60,5	41,1	33,5	28,4	35,4	51,6	56,5	54,4
267	446	243	380	1 078	537	449	402	654	36,3	42,6	23,5	16,8	18,8	26,7	33,3	37,5	39,7
2 734	4 394	4 566	5 244	14 721	5 568	3 712	3 900	5 074	38,6	45,3	26,6	24,6	22,5	31,4	35,1	43,8	47,6
10 134	13 486	4 050	3 317	9 445	18 238	24 843	28 127	22 096	50,5	53,9	35,4	29,1	31,7	45,2	50,5	58,0	58,6
2 232	4 102	2 060	1 653	2 830	4 389	6 021	7 224	5 364	44,3	49,2	28,2	27,1	32,3	41,9	50,6	56,0	57,9
28	26	1	2	5	25	60	63	40	26,2	35,6	16,7	100,0	38,5	36,2	32,8	48,1	37,4
130	161	8	2	20	121	228	184	89	18,4	21,0	20,5	18,2	14,5	26,0	28,4	37,6	30,0
7 639	8 943	1 355	877	1 855	1 812	2 595	4 027	2 989	41,8	45,2	17,0	12,4	17,4	22,7	27,8	33,7	42,0
187	220	40	13	48	132	167	196	250	39,6	47,3	18,8	13,8	32,9	33,9	32,7	37,9	36,8
138	103	108	110	144	103	88	75	38	34,9	38,4	22,2	14,7	12,9	21,0	29,9	43,9	33,8

rlassenen Strafvorschriften.
vom 17. Juli 1922.

Rückfall sowie wegen Hehlerei im wiederholten Rückfall, die gleichfalls in der oben genannten Tabelle dargestellt sind, zahlenmäßig zu gering, um aus ihnen bezüglich der Tendenz dieser Delikte im Laufe der Jahrzehnte irgendwelche Schlüsse ziehen zu können.

b) Betrachtet man darüber hinaus die Kriminalität der Vorbestraften hinsichtlich der Art der strafbaren Handlungen, so ergeben sich zum Teil bemerkenswerte Unterschiede. Den Untersuchungen hierüber dient die Tabelle 7, in der für eine Reihe von wichtigen Delikten des Strafgesetzbuchs die absoluten Zahlen der Vorbestraften im Vergleich zu den absoluten Verurteiltenzahlen, insbesondere aber im Verhältnis der Vorbestraften zu den jeweils Verurteilten überhaupt in einigen ausgewählten Jahren seit der Jahrhundertwende dargestellt sind. Abgesehen von den anteilsmäßigen Veränderungen im Laufe der Zeit, deren Besprechung ich mir aus Raumgründen versagen muß, ergibt sich für die letzte Zeit etwa folgendes Bild.

In der Gruppe der Verbrechen und Vergehen gegen Staat, öffentliche Ordnung und Religion ist der Anteil der Vorbestraften am höchsten bei Gewalt und Drohungen gegen Beamte sowie bei den Münzverbrechen und -vergehen.

Unter den einzelnen Verbrechen und Vergehen gegen die Sittlichkeit tritt ein besonders hoher Prozentsatz der Vorbestraften bei Zuhälterei, ferner bei der Kuppelei in Erscheinung. Ziemlich stark sind die Vorbestraften auch bei den wegen Nötigung und Bedrohung, Mordes und Totschlags Verurteilten vertreten, während der Kindesmord erklärlicherweise nur einen geringen Vorbestraftenanteil aufweist.

Im Rahmen der Vermögenskriminalität sind die Vorbestraften bei Raub und räuberischer Erpressung, Betrug, Unterschlagung, Erpressung und schwerem Diebstahl anteilsmäßig in besonders großem Umfange beteiligt.

7. Im Rahmen der allgemeinen Vorbestraftenstatistik spielen die Ermittelungen über den Umfang und die Häufigkeit der mit dem Rückfall sachlich verwandten Gewerbsmäßigkeit des Täters bei Begehung der strafbaren Handlung eine besondere Rolle. Da über das gewerbsmäßige (Berufs-) Verbrechertum eine amtliche Spezialstatistik für das ganze Reich als Ganzes gegenwärtig noch nicht besteht, kann sich daher eine Untersuchung über den Bestand dieser Verbrecherkategorie nur auf die Reichskriminalstatistik stützen. Aber auch diese bietet für eine Feststellung des gewerbsmäßigen Verbrechertums keine sichere Handhabe, da sie analog zur Strafgesetzgebung angelegt ist und infolge dessen wie diese eine Scheidung der gewerbsmäßig begangenen und der übrigen strafbaren Handlungen im allgemeinen nicht vornimmt. Auch die in den vorstehenden Abschnitten behandelte Rückfall- und Vorbestraftenstatistik eignet sich hierzu nicht. Zwar wird man einen gewissen Komplex der mehrfach Vorbestraften als gewerbsmäßige Verbrecher anzusehen haben, es ist jedoch nicht möglich, ihre Zahl auch nur annähernd zu ermitteln. Die Feststellungen, inwieweit die strafbaren Handlungen als Ausdruck einer gewerbsmäßigen Kriminalität zu werten sind, müssen sich deshalb in erster Linie darauf beschränken, diejenigen Verurteilungen zusammenzufassen, die aus den wenigen strafbaren Bestimmungen erfolgt sind, bei denen die gewerbsmäßige oder, was dem hier gleichgesetzt werden kann, die gewohnheitsmäßige Begehung Tatbestandsmerkmal oder ein gesetzliches Qualifikationsmoment ist. Nach dem zur Zeit geltenden deutschen Strafrecht kommen vor allem an ausdrücklich formalistischer Gewerbsmäßigkeit der strafbaren Handlung in Betracht: 1. das Tatbestandsmerkmal der „Gewerbsmäßigkeit" bei Glücksspiel (§ 285 StGB.), und unberechtigtem Jagen (§ 294 StGB.); 2. der „Gewerbs- oder Gewohnheitsmäßigkeit" bei Wucher (§ 302d StGB.) und bei Hehlerei (§ 260 StGB.). Im Anschluß hieran sind noch die oben im Abschnitt 6a zahlenmäßig dargestellten „Rückfallsdelikte" zu berücksichtigen, bei denen nicht für gewerbsmäßige, sondern für wiederholte Begehung verschärfte Strafen angedroht sind und die erfahrungsgemäß, wie namentlich Diebstahl und Betrug, ein Hauptbetätigungsfeld für das gewerbsmäßige Verbrechertum darstellen.

Das Statistische Reichsamt hat nun in dieser Richtung wiederholt Spezialuntersuchungen angestellt, zuletzt in der Anlage II zum Entwurf eines Allgemeinen Deutschen Strafgesetzbuchs (Reichstag III 1924/27, Drucksache Nr. 3390): „Die Entwicklung der Kriminalität im Deutschen Reich seit 1882". Die hierbei erzielten Resultate, so heißt es in der Bearbeitung der amtlichen Statistik, bieten immerhin einen gewissen Anhaltspunkt zur Beurteilung des gewerbsmäßigen Verbrechertums, wobei allerdings ausdrücklich darauf hingewiesen wird, daß es sich dabei nur um Annäherungswerte handelt und diese nur mit großen Vorbehalten zu werten sind. Eine Zusammenfassung der verschiedenen Komponenten des gewerbsmäßigen Verbrechertums im letzten Vorkriegsjahrzehnt sowie kurz nach dem Kriege ergibt folgendes Gesamtergebnis:

Bezeichnung der Täter	Von je 100000 der jeweiligen strafmündigen Bevölkerung sind als gewerbsmäßige Verbrecher verurteilt worden			
	1902/06	1907/11	1913	1921
Gewerbsmäßige Diebe[1]	6,4	5,4	5,4	3,6
Gewerbsmäßige Glücksspieler	0,6	1,7	2,2	2,0
Gewerbsmäßige Betrüger[2]	1,1	1,0	0,8	0,6
Gewerbsmäßige Wilddiebe	0,6	0,4	0,5	0,4
Gewerbs- u. gewohnheitsmäßige Hehler	0,4	0,5	0,6	0,9
Gewerbsmäßige Verbrecher überhaupt[3]	9,1	9,0	9,5	7,5

[1]) Wegen Diebstahls im wiederholten Rückfall Verurteilte mit mehr als 4 Vorstrafen.

[2]) Verurteilte mit vier rückfallbegründenden Vorbestrafungen wegen Betrugs, bei denen auf Zuchthausstrafe erkannt worden ist.

[3]) Ohne Raub im Rückfall, Hehlerei im wiederholten Rückfall, und gewerbs- und gewohnheitsmäßigen Wucher wegen Geringfügigkeit der Zahlen. Ebenso sind in dieser Zahl die wegen einfacher Kuppelei und Zuhälterei straffällig gewordenen Personen im Hinblick auf den besonderen Rechtscharakter nicht enthalten.

Im letzten Jahrzehnt vor dem Weltkrieg fielen demnach im Deutschen Reich auf je 100000 der strafmündigen Zivilbevölkerung rund 9 gewerbsmäßige Verbrecher, ein Resultat, das durch Ergebnisse einer von privater, fachmännischer Seite vorgenommenen, von der amtlichen Ermittlung jedoch ganz verschiedenen Berechnung bestätigt wird. Diese von Heindl in seinem 1926 erschienenen Werk „Berufsverbrecher" durchgeführte Ermittelung der vermutlichen Zahl der Berufsverbrecher im Deutschen Reich kommt zu einem Resultat von 9,19 gewerbsmäßigen Verbrechern auf 100000 strafmündige Zivilpersonen im Jahrfünft 1902/06, das für die gleiche Zeit festgestellte amtliche Ergebnis lautet 9,1.

Umgerechnet über die strafmündige Zivilbevölkerung ergeben sich für das Jahr 1913 5424 (Durchschnitt 1907/11: 4024) gewerbsmäßige Verbrecher. Diese absoluten Zahlen stellen jedoch nur die in den betreffenden Zeiträumen wegen gewerbsmäßiger Verbrechen verurteilten Verbrecher dar und repräsentieren nicht etwa die Gesamtheit des s. Zt. im Deutschen Reich vorhandenen gewerbsmäßigen bzw. Berufsverbrechertums.

Zahlen hierüber hat für die neueste Zeit Regierungsdirektor Schneider, bis vor kurzem Leiter der Berliner Kriminalpolizei, in einem Artikel „Durchführung der Überwachung des Berufsverbrechertums in Berlin" (vgl. Kriminalistische Monatshefte, 9. Jg. 1935, S. 6ff.) veröffentlicht, dem wir entnehmen, daß für den Stichtag vom 1. VII. 1934 in Preußen von der Kriminalpolizei als berufsmäßige Verbrecher rund 8000 Personen angesprochen wurden. Davon befanden sich an diesem Tage:

a) in Straf- oder Untersuchungshaft	5219	Personen
b) in Sicherungsverwahrung	838	„
c) in polizeilicher Vorbeugungshaft	391	„
im ganzen waren also an diesem Tage	6448	Personen

d. h. über ¾ der kriminell besonders gefährlichen Elemente an der Ausübung ihres gefährlichen Treibens verhindert. Außerdem waren an dem genannten Tage von den auf freiem Fuße befindlichen Rechtsbrechern nicht weniger als 750 bereits unter planmäßige polizeiliche Überwachung gestellt.

8. Auch die Statistik über die Maßregeln der Sicherung und Besserung, insbesondere über die Sicherungsverwahrung, steht in engem Zusammenhang mit den Ausweisen über die Vorbestraften. Klee teilt in einem Beitrag „Eineinhalb Jahre Gewohnheitsverbrechergesetz" (vgl. Deutsches Strafrecht, Heft 8/9, 1935, N. F. 2. Bd., Sondernummer S. 373) folgende Zahlen mit, die gleichzeitig als Ergänzung zu den Ausführungen im Artikel „Sicherungsverwahrung" dienen mögen.

Im Jahre 1934 wurde in 3935 Fällen (dazu 1. Vierteljahr 1935: 438) auf Sicherungsverwahrung erkannt. Von diesen Anordnungen entfallen auf das ordentliche Verfahren 1630, auf das nachträgliche Sicherungsverfahren 2305. Die Zahl der Fälle, in denen im Jahre 1934 auf Entmannung erkannt worden ist, wird mit 682 angegeben.

Der Bestand an Sicherungsverwahrten

am	Männer		Frauen	
	in Preußen	im Reich	in Preußen	im Reich
1. Juli 1934	353	544	5	10
1. Oktober 1934	645	1022	19	31
1. Januar 1935	879	1394	27	46

Zieht man von der Gesamtzahl der im Jahre 1934 rechtskräftig zu Sicherungsverwahrung Verurteilten (3520), die am 1. I. 1935 im Reich tatsächlich in Sicherungsverwahrung Einsitzenden (1440) ab, so ergibt sich, daß rund 2000 zur Sicherungsverwahrung Verurteilte zur Zeit noch in der Strafverbüßung begriffen sind.

9. Umfang und Häufigkeit der Vorbestrafungen lassen sich zahlenmäßig nicht nur durch die Kriminalstatistik im engeren Sinne, sondern auch — und zwar vielleicht noch exakter, sofern es sich um Vorverurteilungen zu Freiheitsstrafen handelt — durch die Gefängnisstatistik erfassen (s. a. den Art. Strafvollzugsstatistik). Der bekannte württembergische Gefängnisfachmann Sichart hat sich seinerzeit hierzu etwa in folgendem Sinn geäußert (a. a. O. S. 32):

Es fehlt uns eine dem Bedürfnisse entsprechende Rückfallstatistik. Unsere Reichskriminalstatistik handelt zwar auch von den Vorbestrafungen der Verurteilten, sie zeigt uns, wie viele von ihnen und innerhalb welcher Frist seit Verbüßung einer vorausgegangenen Freiheitsstrafe sie eine neue Straftat verübten, wegen welcher Verbrechen die neuerliche Verurteilung erfolgt ist. Auch erfahren wir aus jenen amtlichen Nachweisen, wie viele Verurteilte vor der neuen strafbaren Handlung bereits Freiheitsstrafen verbüßt hatten. Dagegen werden durch die Kriminalstatistik folgende Fragen nicht beantwortet:

„Wegen welcher Verbrechen oder Vergehen hatte der rückfällig Gewordene bereits früher Strafe erstanden? Worin bestand diese? Wie lange hat ihre Wirkung vorgehalten? Von welchen Folgen waren die im Wege der Begnadigung wie der vorläufigen Entlassung vorgekommenen Strafkürzungen begleitet? In welchem Maße ist der Rückfall bei den einzelnen Verbrechensarten aufgetreten? In welchem Grade wurden davon die erstmals Bestraften, die erstmals und die mehrmals Rückfälligen betroffen?"

Die Beantwortung aller dieser Fragen ist nach Ansicht des Autors für die gesamte Rechtspflege von allergrößter Bedeutung, da einmal der Gesetzgeber durch sie die notwendigen Anhaltspunkte zur Aufstellung der richtigen Strafmaße gewinnt, weiterhin der Richter daraus wichtige Lehren in bezug auf die Strafzumessung ziehen kann, der Strafvollzugsbeamte schließlich dadurch die förderlichsten Aufschlüsse über Strafbehandlung, namentlich über den Wert der verschiedenen Strafsysteme erhält und außerdem daraus Regeln für sein Verhalten gegenüber Begnadigungsanträgen und Beurlaubungsgesuchen ableiten kann.

Sichart hat nach den oben skizzierten Gesichtspunkten für die Jahre 1883/85 eingehende Untersuchungen angestellt, die sich auf die gesamte männliche Zuchthausbevölkerung Württembergs mit einer Strafzeit bis zu 7 Jahren erstreckt. Wir heben aus dem Material seiner Ermittlungen folgende Ziffern heraus: Von 665 entlassenen Zuchthausgefangenen wurden innerhalb 5 Jahren 333 wieder bestraft, und zwar 176 mit Zuchthaus, 157 mit Gefängnis. Die neue Strafe wurde bei 178 vor Ablauf eines Jahres erkannt. Von den 333 Wiederbestraften entfallen 249 auf Diebe, von denen 394 sich unter den 665 Zuchthausgefangenen befinden. Und zwar wurden von diesen 249 173 wegen Diebstahls wiederbestraft. Unter den 665 Entlassenen befanden sich 194 erstmals Bestrafte (davon wurden 30 wiederbestraft), 89 erstmals Rückfällige (davon 42 wiederbestraft), 382 wiederholt Rückfällige (davon 261 wiederbestraft). Von den 61 Begnadigten und den 103 Beurlaubten, die sich unter den 665 Entlassenen befinden, sind 8 bzw. 16 erneut bestraft worden. Verfasser leitet aus seinen Erhebungsergebnissen die Behauptung her, daß einesteils die Gerichte in nicht wenigen Fällen das Strafmaß viel zu hoch griffen, anderenteils in 50% der Fälle „die nach dem Maßstabe der Schuld bemessene Strafe in der Hälfte der Fälle nicht zureicht, die bürgerliche Gesellschaft gegen weitere Angriffe seitens der Bestraften zu schützen." Unter den Reformwünschen, die der Verfasser hieran knüpft, ist der wesentlichste der, es solle gegen erstmals Verurteilte und gegen solche Schuldige, welche Besserung versprechen, immer nur auf die mildere Form der Freiheitsstrafe, d. i. auf Gefängnis, gegen Unverbesserliche dagegen stets nur auf Zuchthaus erkannt und diese Strafart in jeder Hinsicht härter und strenger gestaltet werden als die dem Besserungszwecke dienende Gefängnisstrafe.

Eine der Sichartschen ähnliche Auffassung vertritt G. v. Mayr, der allerdings nur eine Auslese der Vorbestrafungs- und Rückfallsnachweise für einen angemessen zu umgrenzenden Block schwerer Verfehlungen als wünschenswert ansieht. Wenn die Verfehlerauslese, die in den Zuchthausgefangenen geboten ist, schreibt er zu dieser Frage, auf die spezielle Gestaltung ihrer Vorbestrafungen untersucht wird, so greift ein solches Ausleseverfahren als nützliche Ergänzung allgemeiner Vorbestrafungs- und Rückfallsnachweise Platz. Bei der Schwere der Zuchthausstrafe, so heißt es weiter in seinen Ausführungen, darf im allgemeinen auf eine viel gründlichere Ermittlung der Vorstrafen, insbesondere der Freiheitsstrafen gerechnet werden, als dies wohl bei der allgemeinen Vorbestrafungsstatistik der kriminalstatistischen Jahresausweise der Fall ist. Der Ausweis der Vorbestrafung kann für den Augenblicksbestand an Zuchthausgefangenen an einem bestimmten Stichtag oder fortlaufend jährlich für den Zugang an Gefangenen geliefert werden. Einfacher und üblich ist nach dem Hinweis v. Mayrs das letztere Verfahren, das mit dem Verwaltungsinteresse an alsbaldiger Kenntnisnahme vom Vorleben der zur Einlieferung gelangenden Gefangenen zusammenhängt. Auch bietet sich dabei die Möglichkeit, die im Fortschreiten der Zeit etwa sich ergebenden Unterschiede in der „Vorbestraflichkeit" der Eingelieferten im einzelnen zu verfolgen. Bei der Beschränkung auf Zuchthausgefangene, so schließen seine Erörterungen zu diesem Problem, ergibt sich allerdings eine sehr reduzierte ausgelesene Verfehlermasse, die aber wegen der Schwere ihrer Verfehlungen andererseits wieder besonderes Interesse bietet.

Für die Ausgliederung der Vorbestraftennachweise der Gefangenen sind nach dem Muster der bis zum Jahre 1918 bearbeiteten Statistik der zum Ressort des Kgl. Preußischen Ministeriums des Innern gehörenden Straf- und Gefangenenanstalten folgende Mindestforderungen zu stellen:

1. Von den zu einer Freiheitsstrafe Verurteilten hatten bei ihrer Einlieferung in die Strafanstalt Vorbestrafungen mit Zuchthaus, Gefängnis oder Haft erlitten: insgesamt 1 mal, 2 mal, 3—5 mal, 6—10 mal, 11 mal und darüber.

2. Von den Vorbestraften hatten vor der neuen strafbaren Handlung eine Freiheitsstrafe verbüßt: insgesamt, weniger als 3 Monate, 3 Monate — 1 Jahr, 1 Jahr — 5 Jahre, 5 Jahre und mehr.

3. Von den Vorbestraften verübten die Tat seit Verbüßung der vorstehend unter 2 genannten Strafen binnen einer Frist von: weniger als 3 Monaten, 3—6 Monaten, 6 Monaten — 1 Jahr, über 1 Jahr, über 2 Jahre, über 3 Jahre und mehr.

Die preußische Strafanstaltsstatistik — eine solche für das gesamte Reichsgebiet, gibt es noch nicht (vgl. hierzu die näheren Erläuterungen im Art. Strafvollzugsstatistik, S. 724 dieses Bandes) — zählt die Vorstrafen nur bei Gefangenen, die Strafen von mindestens einem Jahr verbüßen. Schmidt teilt in der „Deutschen Justiz" (96. Jg., 1934, S. 1024), die in der folgenden Übersicht zusammengestellten Ergebnisse mit.

8. Zuchthaus- und Gefängnisstrafen der Zuchthaus- und Gefängnisgefangenen mit mindestens einjähriger Strafe in Preußen in den Rechnungsjahren 1930/31 bis 1932/33.

Bezeichnung	1930/31		1931/32		1932/33	
	männl.	weibl.	männl.	weibl.	männl.	weibl.
a) Gesamtzahl der Zugänge an Zuchthaus- und Gefängnisgefangenen	80 144	5229	94 710	6077	106 847	5919
b) Hiervon verbüßten Strafen von mindestens 1 Jahr	11 594	389	12 101	386	16 526	387
c) Von diesen hatten bereits Zuchthaus- oder Gefängnisstrafen erlitten überhaupt	9 379	269	9 579	214	13 121	237
d) und zwar:						
3—5 mal	2 802	68	2 837	63	3 857	67
6—10 mal	2 355	68	2 198	46	3 144	66
11—30 mal	1 291	45	1 264	39	1 636	45
mehr als 30 mal	71	2	90	7	133	1
e) Von den Vorbestraften (vgl. c) verübten die Tat seit Verbüßung der letzten Strafe:						
bis 1 Monat	324	6	350	3	453	5
über 1 Monat bis 3 Monate	1 168	29	1 240	24	1 540	27
über 3 bis 12 Monate	3 435	93	3 326	57	4 411	67
über 1 Jahr bis 5 Jahre	3 477	108	3 583	98	5 298	93
über 5 Jahre	975	33	1 080	32	1 419	45

Von den Zuchthaus- und Gefängnisgefangenen mit mindestens einem Jahr Strafe (vgl. b der zugehörigen Tabelle) waren mit Zuchthaus oder Gefängnis vorbestraft (c):

1930/31	1931/32	1932/33
80,5 %	78,4 %	79,0 %

von diesen wiederum hatten drei und mehr Vorstrafen:

1930/31	1931/32	1932/33
55,9 %	52,4 %	52,9 %

10. Daß die meisten Staaten des europäischen und außereuropäischen Auslandes der statistischen Ermittelung der Vorbestraften teilweise eine sehr eingehende Beachtung schenken, wurde bereits im ersten Abschnitt dieses Beitrages erwähnt. Obwohl nun die Ergebnisse hierüber ebenso wie jedes andere Datenmaterial auf dem Gebiet der Kriminalstatistik in erster Linie wegen der Unterschiede des einzelstaatlichen Strafrechts wie des Strafverfahrensrechts einerseits, wegen der Verschiedenartigkeit der kriminalstatistischen Methodik und Systematik andererseits — wenigstens in ihren absoluten Werten — von Land zu Land nicht vergleichbar sind, hat es neuerdings der um die Herbeiführung der Vergleichbarkeit internationaler kriminalstatistischer Zahlenangaben sehr verdiente ungarische Strafrechtsprofessor

Hacker (Miscolc) unternommen, durch eingehende Berechnungen eine vergleichbare Basis für die Entwicklung der Vorbestraftenkriminalität zu schaffen. In einer vor wenigen Monaten erschienenen Arbeit „Beiträge zum Problem der rückfälligen und unverbesserlichen Verbrecher" (s. Schrifttum), der die nachstehende Übersicht entnommen ist, hat

9. Die Entwicklung der Rückfallskriminalität im In- und Ausland 1922—1933.

Länder	Periode der Beobachtungen		Der Anteil der Rückfälligen an der ganzen Kriminalität			Der Anteil der öfters als 3mal Rückfälligen[1]) an der ganzen Kriminalität		
			betrug (in %) im Durchschnitt der		hat zu- (+) bzw. ab- (—)genommen in %	betrug (in %) im Durchschnitt der		hat zu- (+) bzw. ab- (—)genommen in %
	erstes Jahr	letztes Jahr	ersten 2 Jahre	letzten 2 Jahre		ersten 2 Jahre	letzten 2 Jahre	
Bulgarien . . .	1922	1932	7,4	10,5	+ 42	0,7	1,2	+ 71
Danzig, Freie Stadt. . . .	1922	1933	20,0	38,4	+ 92	—	—	—
Dänemark . .	1922	1931	37,5	39,5	+ 5	14,1	14,5	+ 3
Deutsches Reich	1924	1931	24,8	39,6	+ 60	6,2	11,8	+ 90
Finnland . . .	1924	1931	42,1	46,6	+ 11	6,7	10,2	+ 52
Griechenland .	1926	1931	20,6	24,9	+ 21	4,3	5,1	+ 19
Irischer Freistaat	1922	1933	60,3	63,3	+ 5	45,7	42,6	— 7
Italien	1919	1927	33,9	37,7	+ 11	19,5	22,6	+ 16
Kanada. . . .	1924	1932	18,5	24,8	+ 34	10,5	15,2	+ 45
Lettland . . .	1927	1933	26,3	34,6	+ 32	4,8	8,5	+ 77
Schottland . .	1922	1933	29,9	28,7	— 4	12,8	12,1	— 5
Schweden . . .	1922	1932	36,7	30,8	— 16	12,8	10,1	— 21
Südafrikanische Union . . .	1922	1933	20,8	16,9	— 19	5,6	5,5	— 2
Tschechoslowakei[2])	1922	1932	47,7	50,1	+ 5	26,9	27,5	+ 2
Ungarn	1926	1932	9,2	23,3	+153	0,8	4,1	+412
Ver. Staaten von Amerika . .	1926	1930	43,6	57,3	+ 31	5,3	7,7	+ 45

[1]) In einigen Ländern mußten hier die 2- bzw. 4mal und öfter Rückfälligen in Betracht gezogen werden.
[2]) Die Verschiebungen in der Kriminalität der wiederholt Rückfälligen konnten hier nur bezüglich der Jahre 1923—1932 beobachtet werden.

er Untersuchungen angestellt, ob die Kriminalität dieser gefährlichsten Verbrecher nach dem Kriege zu- oder abgenommen hat. Die Schlußfolgerungen des Verfassers aus den erzielten Resultaten sind etwa folgende:

Zunächst tritt in den Zahlen die demoralisierende Wirkung des Weltkrieges deutlich in Erscheinung, indem die Bevölkerung der in den Weltkrieg schwerer hinein oder in Mitleidenschaft gezogenen Staaten eine stärkere und stetig wachsende Beteiligung am Rückfall zeigt, während sich bei den vom Weltkrieg ganz oder beinahe verschonten Ländern eine geringe Abnahme in der Rückfallskriminalität feststellen läßt.

In ähnlicher Weise spiegeln sich in diesen Zahlen die Auswirkungen der wirtschaftlichen Verhältnisse wider, da die wirtschaftlich bedrängten Länder eine stärker anwachsende Anteilnahme an der Rückfälligkeit aufweisen.

Im Laufe seiner Untersuchungen kommt Hacker zu dem Endergebnis, daß die Zahlen im allgemeinen erkennen lassen, wie wirkungslos sich in dem Beobachtungszeitraum der Kampf gegen das rückfällige und unverbesserliche Verbrechertum gestaltet, dann aber auch, daß die Rückfälligen und Unverbesserlichen in den meisten Ländern eines der brennendsten Probleme auf dem Gebiet der Kriminalpolitik bilden.

Schrifttum:

G. Aschaffenburg, Das Verbrechen und seine Bekämpfung, Heidelberg 1933. — P. F. Aschrott, Erhebung und Verwertung statistischer Daten auf dem Gebiete der Strafrechtspflege mit besonderer Rücksicht auf Deutschland. Zeitschrift für die gesamte Strafrechtswissenschaft, Berlin und Leipzig 1885, V, 337. — Derselbe, Dreißig Jahre deutscher Kriminalstatistik, Zeitschrift für die gesamte Strafrechtswissenschaft 35, 518, Berlin 1913/14. — G. Beck, Die Ergebnisse der zeitlich abgemessenen Beschränkung der Freiheitsstrafen in ihrer Anwendung auf vorbestrafte Rechtsbrecher unter Berücksichtigung der jugendlichen Rechtsbrecher, Zeitschrift für schweizerische Statistik, Bern 1911, S. 165ff. — F. Beger, Die rückfälligen Betrüger, Kriminalistische Abhandlungen, Leipzig 1929, Heft VII. — R. Böckh, Arbeiten des Statistischen Amtes der Stadt Berlin, die Kriminalität betreffend, Statistisches Jahrbuch der Stadt Berlin, XXII. Jg., Statistik des Jahres 1895. — Derselbe, Statistische Messung der Bestraften der Bevölkerung von Berlin, insbesondere mit Gefängnis und Zuchthaus, ebenda, XXIII. Jg., Statistik des Jahres 1896. — Derselbe, Die mit Gefängnis Bestraften der Berliner Bevölkerung, ebenda, XXIV. Jg., Statistik des Jahres 1897. — L. Bodio, Die Methode einer wissenschaftlichen und einheitlichen Rückfallstatistik, Mitteilungen der Internationalen kriminalistischen Vereinigung, 4, Heft 3, 217ff., Berlin 1894. — K. Finkelnburg, Die Bestraften in Deutschland, Berlin 1912. — H. Fischinger, Die kriminalpolitische Bedeutung der Rückfallstatistik, Württembergische Jahrbücher für Statistik und Landeskunde, Stuttgart 1926. Jg. 1923/24, S. 32. — B. Földes, Einige Ergebnisse der neueren Kriminalistik, Zeitschrift für die gesamte Strafrechtswissenschaft, Berlin 1891, 11, 568, VII. Die Recidivität. — Derselbe, Die Statistik der Recidivität in Ungarn, Bulletin de l'Institut International de Statistique Rome 1892, IV, 1, 93. — N. Garofalo, La criminologie, Paris 1895. — E. Hacker, Beiträge zum Problem der rückfälligen und unverbesserlichen Verbrecher, Monatsschrift für Kriminalpsychologie und Strafrechtsreform, Heidelberg 1935, 26. Jg., S. 247ff. — Hoegel, Die deutsche Rückfallstatistik, Archiv für Kriminal-Anthropologie und Kriminalistik, Leipzig 1905, 19, 170ff. — Derselbe, Die Grenzen der Kriminalstatistik, Statistische Monatsschrift, Brünn 1907, N. F., XIIf. Jg., insbesondere S. 465ff. — Derselbe, Kritik und Reform der Kriminalstatistik, Archiv für Kriminal-Anthropologie und Kriminalistik 58, Leipzig 1914, S. 53ff. — F. Goldschmidt, Bericht über die fünfte Hauptversammlung der JKV. zu Antwerpen vom 25.—30. VI. 1894. 1. Plenarversammlung des Antwerpener Kongresses für Schutzfürsorge. Die Organisation einer wissenschaftlichen Rückfallstatistik. Mitteilungen der Internationalen Kriminalistischen Vereinigung, Berlin 1896, 5, 247. — H. Hoppe, Alkohol und Kriminalität in allen ihren Beziehungen, Grenzfragen des Nerven- und Seelenlebens, Wiesbaden 1906, III, 4, Rückfälligkeit. — A. John, Die Rückfallsdiebe, Kriminalistische Abhandlungen, Leipzig 1929, Heft IX. — H. Joly, La France criminelle, Paris 1889, Chap. V, Gens de partoût, les récidivistes. — K. Krohne, Lehrbuch der Gefängniskunde unter Berücksichtigung der Kriminalstatistik und Kriminalpolitik, Stuttgart 1889. — C. Lombroso, Der Verbrecher in anthropologischer, ärztlicher und juristischer Beziehung, Hamburg 1887, I, 334. — Derselbe, Die Ursachen und Bekämpfung des Verbrechens, Autoris. Übers. von H. Kurella und E. Jentsch, Berlin 1902. — W. Lorentz, Die Totschläger, Kriminalistische Abhandlungen, Leipzig 1932, Heft XVIII, insbes. S. 33. — G. Matteoti, La Recidiva, Saggio di revisione critica con dati statistici, Milano 1910. — G. v. Mayr, I. Zur Reform der Rückfallstatistik, Allgemeines Statistisches Archiv, Tübingen 1894, 3. Jg., S. 509. — Derselbe, II. Zur Organisation der Rückfallstatistik, Allgemeines Statistisches Archiv, Tübingen 1896, IV. Jg., S. 164. — Derselbe, III. Statistik und Gesellschaftslehre, 3. Bd. Moralstatistik mit Einschluß der Kriminalstatistik, Tübingen 1917. — G. v. Mayr, Garçon, O. Köbner, Projet d'un mémoire sur l'Organisation de la statistique des récidivistes. Rapports présentés à la cinquième session de l'Union. Ire Question. Mitteilungen der Internationalen kriminalistischen Vereinigung, Berlin 1896, 5, 45. — Derselbe, Gutachten für die fünfte Hauptversammlung der Internationalen Kriminalistischen Vereinigung. I. Zur ersten Frage betreffend die Organisation der Rückfallstatistik. Promemoria von Dr. G. v. Mayr, Dr. Garçon und Dr. Otto Köbner, Mitteilungen der Internationalen Kriminalistischen Vereinigung, Berlin 1896, 5, 181. — E. Mezger, Kriminalpolitik, Stuttgart 1934. — E. Mischler, Zur Organisation und Methodik der Kriminalstatistik, Statistische Monatsschrift, Wien 1890, XVI. Jg., S. 193ff. — G. Mortara, Tavole di criminalità e di recidività, Giornale degli economisti e rivista di statistica, Roma 1910, XL, Nr. 1, S. 75ff. — S. Oba, Unverbesserliche Verbrecher und ihre Behandlung, Berlin 1908. — A. v. Oettingen, Die Moralstatistik in ihrer Bedeutung für eine Sozialethik, 3. Aufl., Erlangen 1882, S. 464ff. — Derselbe, Über die Erhebung und Beurteilung kriminalstatistischer Daten, Zeitschrift für die gesamte Strafrechtswissenschaft, Berlin und Leipzig 1882, I, 414. — K. d'Olivecrona, Des causes de la récidive et des moyens d'en restreindre les effets, Paris 1873. — Rettich, Die württembergische Kriminalität. Württembergische Jahrbücher für Statistik und Landeskunde, Stuttgart, Jg. 1894; insbes. I, 457ff. — E. Ristow, Die Kriminalität der Roheitsdelikte, Strafrechtliche Abhandlungen, Breslau-Neukirch, Heft 314; insbes. S. 86. — E. Roesner, Die internationale Kriminalstatistik in ihrer methodischen Entwicklung, Allgem. Statistisches Archiv, Jena 1932, 22, 19ff. — Derselbe, Fünfzig Jahre deutsche Kriminalstatistik, ebenda, Jena 1934, 23, 343. — Derselbe, Die Aufgaben der Strafvollzugsstatistik, ebenda, Jena 1935, 25, 27. — Derselbe, Die Kriminalität der Vorbestraften. Monatsblätter für Gerichtshilfe, Gefangenen- und Entlassenenfürsorge. Berlin 1926, 11. Jg., S. 103. — J. Sacker, Der Rückfall. Eine kriminalpolitische und dogmatische Untersuchung, Abhandlungen des Kriminalistischen Seminars, Berlin 1892, III, 1. Heft. — W. Sauer, Kriminalsozlologie, Berlin-Grunewald 1933. — H. v. Scheel, Zur Einführung in die Kriminalstatistik, insbes. diejenige des Deutschen Reichs, Allgemeines Statistisches Archiv, Tübingen 1890 u. 1891, I. Jg., 1890, S. 185; insbes. S. 191. — J. Schurich, Lebensläufe vielfach rückfälliger Verbrecher, Kriminalistische Abhandlungen, Leipzig 1930, Heft X. — K. Seutemann, Die im engeren Sinne soziale Kriminalstatistik als Statistik der Rechtsgüterverletzungen. Jahrbuch für Gesetzgebung, Verwaltung und Volkswirtschaft im Deutschen Reich, Leipzig 1899, 23. Jg., S. 399ff. — Sichart, Insbesondere die Rückfälligkeit, Handbuch des Gefängniswesens, Hamburg 1888, II, 509. — W. Starke, Verbrechen und Verbrecher in Preußen 1854—1878, Berlin 1884, VII, 5, Rückfall. — G. Tarde, La criminalité comparée, Paris 1886, Chap. II, La statistique criminelle; III. La récidive. — H. Trommer, Urkundenfälschung und Betrug im Weltkriege, Kriminalistische Abhandlungen, Leipzig 1928, Heft VI; insbes. S. 48ff. — Derselbe, Dänische Rückfallstatistik, Monatsschrift für Kriminalpsychologie und Strafrechtsreform, Heidelberg 1935, 26. Jg., S. 272. — E. Yvernès, De la récidive et du régime pénitentiaire en Europe, Congrès International de Statistique à Budapest, IX. Session 1876, Programme II, Section Justice, Budapest 1876, S. 5—74. — Derselbe, La statistique de la récidive Revue prénitentiaire XIX, Paris 1895, S. 784. — A. Zucker, Über Kriminalität, Rückfall und Strafgrund, Leipzig und Wien 1907. — C. A. Verrijn Stuart, Inleiding tot de beoefening der Statistiek, Haarlem 1913. — v. Zwiedenik-Schidlo, Ergebnisse der Kriminalstatistik. Die Staaten Europas. Hrsg. v. Brachelli-v. Juraschek, Leipzig-Brünn-Wien 1907, S. 382.

Ernst Roesner.

Voruntersuchung.

I. Geltendes Recht. Stand vom 1. IX. 1935. Die Voruntersuchung (VU.) ist ihrem Zwecke nach ein Teil des Vorverfahrens; auch sie soll die Entscheidung darüber vorbereiten, ob ein Hauptverfahren stattzufinden hat. Andererseits bewirkt sie, daß die endgültige Entscheidung, auch wenn ein Hauptverfahren nicht stattfinden soll, vom Staatsanwalt (StA.) auf das Gericht übergeht; sie entzieht also dem StA. die Möglichkeit der Einstellung des Verfahrens und bildet deshalb und weil sie von einem Richter geführt wird, mit dem Hauptverfahren zusammen die gerichtliche Untersuchung (§ 151 StPO.).

Nicht jedes Verfahren führt zur VU. Gelangt der StA. bereits auf Grund seiner Ermittlungen zu der Auffassung, daß genügender Anlaß zur Erhebung der öffentlichen Klage nicht besteht, so verfügt er die Einstellung des Verfahrens (§ 170 Abs. 2 StPO.). Hält er genügenden Anlaß für gegeben, so ist es doch stets seinem pflichtgemäßen Ermessen anheimgestellt, ob er VU. beantragen will; in Sachen, für die der Volksgerichtshof, die Oberlandesgerichte oder die Schwurgerichte zuständig sind, soll er sie beantragen, wenn er sie für erforderlich hält; in anderen Sachen soll er sie nur beantragen, wenn außergewöhnliche Umstände die Führung der VU. durch einen Richter gebieten) § 178 StPO.). In den „Richtlinien für das Strafverfahren" — AV. vom 13. IV. 1935, Nr. 13 in der Fassung der AV. d. RJM. vom 7. VIII. 1935 (IIa, 19196), „Deutsche Justiz" S. 1124 — ist dementsprechend unter Hinweis auf die durch besonders gute Ergebnisse in der Regel nicht aufgewogene, verzögernde Wirkung der VU. der StA. angewiesen, solche nur zu beantragen, wenn Art und Umfang der Strafsache oder sonstige besondere Umstände die Aufklärung des Sachverhalts durch einen UR. geboten erscheinen lassen. — Ein Recht des Angeschuldigten, VU. zu beantragen, besteht seit Inkrafttreten des Gesetzes zur Änderung von Vorschriften des Strafverfahrens und des Gerichtsverfassungsgesetzes vom 28. VI. 1935 (RGBl. I, 844) nicht mehr.

Beantragt der StA. die VU., so erhebt er damit die öffentliche Klage (§ 170 StPO.) und konzentriert so das Verfahren auf eine bestimmte Tat und einen bestimmten Beschuldigten (§ 155 StPO.); deshalb muß sein Antrag diesen und die ihm zur Last gelegte Tat bezeichnen (§ 179 StPO.), eine VU. gegen Unbekannt kennt die StPO. nicht.

Eröffnet und geführt (§ 184 StPO.) wird die VU. vom Untersuchungsrichter (UR.), sofern nicht — in amts- oder landgerichtlichen Sachen — das Landgericht auf Antrag des StA. die Führung der VU. einem Amtsrichter überträgt (§ 185 StPO.). Die UR. sind — außerhalb der erstinstanzlichen Zuständigkeit des Volksgerichtshofs und der Oberlandesgerichte — Mitglieder der Landgerichte, die von der Landesjustizverwaltung — seit 1. IV. 1935 vom Oberlandesgerichtspräsidenten (VO. zur einheitlichen

Regelung der Gerichtsverfassung vom 20. III. 1935, RGBl. I, 403, § 7 Abs. 3) — nach Bedürfnis auf die Dauer eines Geschäftsjahres — seit 1. IV. 1935 im Falle vorübergehenden Bedarfs auch auf kürzere Dauer — zu bestellen sind (§ 61 GVG.). Im Bereich der erstinstanzlichen Zuständigkeit des Volksgerichtshofs und der Oberlandesgerichte bestellt der Präsident des Gerichts für jede Strafsache einen besonderen UR. aus der Zahl der Richter seines Bezirks (§ 186 StPO., Art III § 5 des G. zur Änderung von Vorschriften des Strafrechts und des Strafverfahrens vom 24. IV. 1934, RGBl. I, 341).

Dem Antrag des StA. auf Eröffnung der VU. ist zu entsprechen (§ 179 StPO.).

Über die Führung der VU. enthält die StPO. nur einige wenige Vorschriften. Sachlich hat sich der UR. auf die im Antrag des StA. bezeichnete Person und Tat zu beschränken (§ 155 StPO.); ergibt sich jedoch im Lauf der VU. Anlaß zu ihrer Ausdehnung auf andere Personen oder Taten, so ist der UR. berechtigt, auch insoweit dringende Untersuchungshandlungen vorzunehmen, hat aber dann alsbald dem StA. Mitteilung zu machen und ihm die weitere Verfügung zu überlassen (§ 191 StPO.). Zweck der VU. ist die Ermöglichung der Entscheidung über die Eröffnung des Hauptverfahrens, also die Feststellung, ob hinreichender Verdacht besteht; darüber hinaus soll der UR. Beweise nur erheben, „deren Verlust für die Hauptverhandlung zu befürchten steht oder deren Aufnahme zur Vorbereitung der Verteidigung des Angeschuldigten erforderlich erscheint" (§ 190 StPO.). Daß die Formulierung des Untersuchungszweckes keine sonderlich glückliche ist, ist vielfach anerkannt; die Praxis hat sie denn auch überwiegend dahin ausgelegt, daß in der VU. die erreichbaren Beweise zu sammeln und die Hauptverhandlung tunlichst so vorzubereiten sei, daß Unterbrechungen und Vertagungen infolge Lückenhaftigkeit des Beweisstoffes vermieden werden (vgl. hierzu auch den Art. Ermittlung, Ziff. III). Der höheren Bedeutung der zur VU. zu bringenden Strafsachen entsprechend muß der UR. auf unmittelbare Erhebung der Beweise bedacht sein. Zwar darf der landgerichtliche UR. alle Amtsrichter außerhalb seines Dienstsitzes, der UR. der höchsten Gerichte alle Amtsrichter ohne Einschränkung, um die Vornahme einzelner Untersuchungshandlungen ersuchen (§§ 185, 186 Abs. 3 StPO.), auch die Behörden und Beamten des Polizei- und Sicherheitsdienstes sind verpflichtet, Ersuchen oder Aufträgen des UR. um Ausführung einzelner Maßregeln oder um Vornahme von Ermittlungen zu entsprechen (§ 189 StPO.). Allein diese Gehilfen wird der gewissenhafte UR. nur für einfache, Aktenkenntnis nicht voraussetzende, nach Zeit und Umfang vorauszuberechnende Erhebungen in Anspruch nehmen. Zwingend ist dem UR. die Bekanntmachung der Eröffnung der VU. an den Angeschuldigten und dessen Vernehmung vorgeschrieben (§ 192 StPO.); ob er andere Personen vernehmen oder schriftliche Auskünfte von ihnen einholen will, ist seinem Ermessen überlassen, der schriftliche Weg ist aber natürlich nur dann gangbar, wenn Zweifel an der Zuverlässigkeit der Auskunftsperson nicht bestehen und dem unmittelbaren Eindruck keine Bedeutung für die Sache zukommt. Unumgänglich ist die förmliche Vernehmung von Zeugen und Sachverständigen, die voraussichtlich in der Hauptverhandlung nicht mehr zur Verfügung stehen oder zu ihr nur schwer beizubringen sein würden (vorweggenommene Beweisaufnahmen). — Wenn der UR. vernimmt oder einen Augenschein einnimmt, so hat er ein Protokoll aufzunehmen und zu diesem Zweck einen Urkundsbeamten der Geschäftsstelle zuzuziehen (§§ 188, 187 StPO.).

Erscheint es zur Beschleunigung des Verfahrens mit Rücksicht auf den Umfang der Sache oder die Schwierigkeit der Ermittlungen zweckmäßig, so kann der Präsident des Gerichts zur Unterstützung des UR. in jeder Zeit widerruflicher Weise Hilfsuntersuchungsrichter bestellen; sie haben die Befugnisse des UR., unterstehen aber seiner Leitung und seinen Weisungen, er entscheidet auch zunächst über Beanstandungen ihrer Maßnahmen (§ 184 StPO.).

Eine Mitwirkung des StA. im Lauf der VU. ist nur insoweit vorgesehen, als er befugt ist, ohne das Verfahren aufzuhalten, Einsicht in die Akten zu nehmen und Anträge zu stellen. Dem Verteidiger ist Einsicht in die Akten — abgesehen von bestimmten Schriftstücken (§ 147 Abs. 3 StPO.) — nur insoweit zu gestatten, als es ohne Gefährdung des Untersuchungszweckes geschehen kann; auch ihm ist es selbstverständlich unbenommen, Anträge zu stellen. Die Anträge der Prozeßbeteiligten binden jedoch den UR. in keiner Weise; er entscheidet allein über den Umfang seiner Ermittlungen. Erachtet der StA. nach Schluß der VU. eine Ergänzung für notwendig, so kann er sie beim UR. beantragen; im Falle der Ablehnung entscheidet das Gericht (§ 197 StPO.). Im sogenannten Zwischenverfahren kann auch der Angeschuldigte einzelne Beweiserhebungen beim Gericht beantragen (§ 201 StPO.).

Die Untersuchungshandlungen des UR. finden in der Regel in Abwesenheit der Prozeßbeteiligten statt; für die Vernehmung des

Angeschuldigten ist das ausdrücklich vorgeschrieben (§ 192 StPO.). Ein Recht auf Anwesenheit (sogenannte Parteienöffentlichkeit) — und dabei natürlich auch ein Fragerecht entsprechend dem der Hauptverhandlung nach § 240 StPO. — haben die Prozeßbeteiligten nur bei Augenscheinseinnahmen und vorweggenommenen Beweisaufnahmen, zu Augenscheinseinnahmen mit Sachverständigen muß der UR. auf Verlangen des Angeschuldigten die von ihm für die Hauptverhandlung vorzuschlagenden Sachverständigen zuziehen (§§ 193, 195 StPO.).

Im übrigen bietet die VU. gegenüber den Ermittlungen des StA. keine Besonderheiten, auch die Taktik und Technik des UR. kann keine andere sein als die des Staatsanwalts. Es kann deshalb insoweit auf die Artt. Ermittlung, Kriminaltaktik, Kriminaltechnik, Vernehmung u. a. verwiesen werden.

II. Geschichtlicher und rechtsvergleichender Überblick. Der gemeine Prozeß kennt keinen Ankläger. Alle Anzeigen strafbarer Handlungen gehen an den UR. Er stellt den objektiven Sachverhalt und den Schuldigen soweit fest, daß der Verdacht begründet erscheint. An diese Vor- (oder General-) Untersuchung schließt sich die Haupt- (Spezial-) Untersuchung an, die zum Urteil führt.

Die Gesetzgebung der deutschen Länder bahnt etwa seit der Mitte des 19. Jahrhunderts unter dem Einfluß der revolutionären Bewegungen jener Zeit in Anlehnung an das französische Recht die Entwicklung zur geltenden StPO. an. An die Stelle der geheimen und schriftlichen Hauptuntersuchung tritt die öffentliche und mündliche Hauptverhandlung. Der Inquisitionsprozeß bildet sich zum Anklageprozeß um. Der öffentliche Ankläger erscheint. In manchen Prozeßordnungen übernimmt er das Verfahren allerdings erst nach Schluß der VU.; anderswo aber ist er es, der die VU. beantragt und in bestimmten Fällen beantragen muß. Von Rechten des Angeschuldigten während der VU. ist kaum die Rede. Ziel der VU. ist Vorbereitung der Hauptverhandlung; es wird vom UR. erwartet, daß er die Beweise so erschöpfend erhebt, daß sie für die Hauptverhandlung bereit stehen.

Vergleicht man mit diesem Rechtszustand die Regelung der StPO. von 1877, so ergibt sich, daß sie sich im Wesentlichen an die gebahnten Geleise hält. Weiter entwickelt ist die Stellung des StA., der als Inhaber des Anklagemonopols nunmehr in der Regel die VU. beantragt und damit das Verfahren auf eine bestimmte Tat und einen bestimmten Angeschuldigten einengt. Die VU. ist nur für die schwerste Kriminalität notwendig, in amts- und schöffengerichtlichen Sachen unzulässig. Als Ziel erscheint die Vorbereitung der Entscheidung über die Eröffnung des Hauptverfahrens. Dem Angeschuldigten sind gewisse, wenn auch sehr beschränkte Befugnisse eingeräumt. Für vorweggenommene Beweisaufnahmen ist Parteienöffentlichkeit vorgesehen.

Von 1879 bis zum Inkrafttreten des erwähnten Gesetzes vom 28. VI. 1935 sind wesentliche Änderungen der Vorschriften über die VU. nicht zu verzeichnen. Erwähnung verdient immerhin das Jugendgerichtsgesetz, das auch die Straftaten Jugendlicher, für die das Schwurgericht oder das Reichsgericht zuständig wäre, den Schöffengerichten überträgt und damit aus dem Bereich der notwendigen VU. ausscheidet. Die Umgestaltung der Gerichtsverfassung durch die sogenannte Emminger-VO. vom 4. I. 1924 über Gerichtsverfassung und Strafrechtspflege (RGBl. I, 15) brachte die Ausdehnung der fakultativen VU. auf alle strafbaren Handlungen mit Ausnahme der Übertretungen und die Ausdehnung der notwendigen VU. auf die oberlandesgerichtlichen Erstinstanzsachen. Eine demgegenüber rückläufige, die VU. einschränkende Tendenz macht sich in der Gesetzgebung seit 1933 immer nachhaltiger bemerkbar. Die Notverordnungen gegen Verrat am deutschen Volke und hochverräterische Umtriebe vom 28. II. 1933 (RGBl. I, 85) § 10 und zur Beschleunigung des Verfahrens in Hoch- und Landesverratssachen vom 18. III. 1933 (RGBl. I, 131) Art. 2 ermächtigten den StA., im Rahmen der erstinstanzlichen Zuständigkeit des Reichsgerichts und der Oberlandesgerichte, wenn der Tatbestand einfach liegt, unmittelbar Anklage zu erheben; das Gesetz zur Änderung von Vorschriften des Strafrechts und des Strafverfahrens vom 24. IV. 1934 (RGBl. I, 341) Art. IV § 4 bestimmte, daß in den Sachen, für die der Volksgerichtshof zuständig ist, VU. entfällt, wenn sie nach dem Ermessen der Anklagebehörde für die Vorbereitung nicht erforderlich ist. Den vorläufigen Abschluß dieser Entwicklung bildet das mehrfach erwähnte G. vom 28. VI. 1935; der Antrag auf VU. steht jetzt in allen Sachen im Ermessen des Staatsanwalts, das Recht des Angeschuldigten, eine VU. zu beantragen, ist ebenso wie die Befugnis des Gerichts, sie oder ihre Ergänzung anzuordnen, verschwunden.

Auch die von Regierungsseite vor 1933 unternommenen Reformversuche tasteten die wesentlichen Züge der VU. nicht an; eine Ausnahme bildet nur der Regierungsentwurf von 1919, der die VU. überhaupt abschaffen wollte. Von den im Entwurf eines Einführungsgesetzes zu einem Allgemeinen

Deutschen Strafgesetzbuch von 1930 — Reichstagsdrucksache Nr. 2070 — vorgesehenen Änderungen der StPO. verdient in diesem Zusammenhang Erwähnung nur der Vorschlag, den StA. anzuweisen, VU. nur zu beantragen, wenn sie nach Umfang oder Bedeutung der Sache notwendig erscheine, und die Bestimmung, wonach sich die VU. auch auf die entlastenden Umstände und die Strafbemessungsgründe sowie auf die für die Anordnung einer Maßregel der Besserung und Sicherung erheblichen Tatsachen zu erstrecken habe (Art. 70 Ziff. 107—109, 98); die Begründung (S. 45) behält allerdings die Entscheidung der Frage der Beseitigung der VU. „einer künftigen umfassenden Strafprozeßreform" vor.

Von den Strafverfahrensordnungen anderer Länder unseres Kulturkreises nehmen die angelsächsischen eine Sonderstellung ein. Ihnen ist der StA. unbekannt, an seine Stelle tritt der private Verletzte oder die Organe der öffentlichen Sicherheit, sie betreiben das Verfahren. Der Richter (Friedensrichter oder Coroner) — und zugleich mit ihm eine Jury — tritt nur in Funktion, wenn über die Verweisung der Sache an das ordentliche Gericht, die Einstellung oder die Erhebung der Anklage zu entscheiden ist; diese Entscheidungen ergehen nach kontradiktorischer, mündlicher Verhandlung, in der die Parteien die Beweise vorführen, sie ist also in Wirklichkeit keine VU., sondern ein Vortermin, der das Vorverfahren, wenn man von einem solchen überhaupt reden will, abschließt. Der Richter erforscht nicht, sondern entscheidet; „die angelsächsische Vorstellung vom Richtertum ist mit einer strafverfolgenden Tätigkeit des Richters unvereinbar".

Nach dem — heute noch in Belgien geltenden — Code d'instruction criminelle von 1808 ist die VU. streng geheim, der Angeschuldigte ist lediglich Objekt des Verfahrens und jeder Verteidigungsmöglichkeit beraubt. In Frankreich selbst schuf ein G. von 1897 insofern Wandel, als es die verantwortliche Vernehmung des Angeschuldigten auf den Beginn der VU. verlegte, ihren inquisitorischen Charakter milderte und vorschrieb, daß, sobald ein Verteidiger gewählt sei, der Angeschuldigte nur noch in seiner Gegenwart vernommen werden dürfe, dem Verteidiger auch ein Fragerecht, die Einsicht in die Akten und ein Beweisantragsrecht einräumte, den StA. aber von der Vernehmung des Angeschuldigten ausschloß.

Die VU. im sowjetrussischen Strafprozeß entbehrt des Hauptmerkmals der westeuropäischen VU., des unabhängigen UR. Der russische UR. ist ein Richter minderen Grades, der der Aufsicht und den Weisungen des StA. unterstellt ist. Die Verteidigung ist so beschränkt, daß sie in der VU. kaum zur Geltung gelangen kann. Nach Schluß der VU. entscheidet der UR. über Anklageerhebung oder Einstellung, ist aber auch insoweit an die Weisungen des StA. gebunden.

Gewisse Ähnlichkeiten mit dieser Regelung zeigt die italienische StPO. von 1930. Zwar ist die VU. für die ganze sogenannte mittlere Kriminalität obligatorisch und die Bestellung eines Verteidigers schon für den Beginn der VU. vorgeschrieben. Allein auch hier übt der Generalprokurator eine gewisse Aufsicht über den UR., er hat das Recht, jederzeit Beweisanträge zu stellen, die Akten einzusehen und den Untersuchungshandlungen anzuwohnen, und der Verteidiger ist ihm gegenüber eigentlich rechtlos. Ihn mit dem Recht der Akteneinsicht oder einem Anwesenheitsrecht auszustatten, sei — so sagt die Begründung — im fascistischen Staat nicht denkbar, da die Staatsinteressen den Individualinteressen unter allen Umständen vorgingen und für ein Mißtrauen in die Objektivität der staatlichen Behörden kein Raum sein dürfe.

III. Kritik der VU. Die Widerstandskraft gegen Reformversuche, die die VU. in Deutschland bis in die letzte Zeit im Ganzen und in ihrer Ausgestaltung im Einzelnen gezeigt hat, ist um so erstaunlicher, als — abgesehen von der Schwurgerichtsverfassung und der Berufung — wohl kein Rechtsinstitut des Strafprozesses schärferer Kritik ausgesetzt war. Bereits auf dem II. Deutschen Juristentag im Jahre 1861 wurde die Abschaffung der VU. beantragt und in der Folge hatte sich sowohl der Deutsche Juristentag als die Internationale Kriminalistische Vereinigung und deren deutsche Landesgruppe immer wieder mit der VU. zu befassen; letztmals im Jahre 1928 gelangte die 3. Abteilung des Deutschen Juristentags zu einem Beschluß, der die Beseitigung der VU. fordert und das ganze Ermittlungsverfahren in die Hand des StA. legt. Im Zusammenhang mit diesen Tagungen und unabhängig von ihnen haben zu dem Problem Theoretiker und Praktiker des Strafprozesses Stellung genommen und Reformversuche angeregt, und wenn ihnen auch bis heute ein gesetzgeberischer Erfolg nicht beschieden war, so sprechen heute doch alle Anzeichen dafür, daß in absehbarer Zeit die Stunde der Entscheidung schlagen wird, die einer der Freunde der VU. schon im Jahre 1929 gekommen glaubte (Mannheim).

Von den Gegnern der VU. werden im Wesentlichen folgende Gründe ins Feld geführt:

1. Der UR. sei ganz vom Eröffnungsantrag des StA. abhängig, dieser habe zu bestimmen, wann der UR. in Aktion zu treten habe, und könne seine Ermittlungen beliebig lange und weit ausdehnen. U. U. werde so die VU. zu einer leeren Formalität. Geradezu zu einem Unfug arte sie aus, wenn sie der StA. dazu mißbrauche, das Klageerzwingungsverfahren nach §§ 172ff. StPO. unmöglich zu machen. Aus all diesen Gründen sei die Stellung des UR. eine eines unabhängigen Richters unwürdige; er sei in Wirklichkeit nicht Richter, sondern Gehilfe des StA.

2. In der Person des UR. seien die Funktionen des Richters und des Anklägers in einer Weise vereinigt, die keine zur Geltung kommen lasse. Der UR. solle „alles sein" und sei deshalb „nichts Rechtes, am allerwenigsten ein unparteiischer Richter". Einen solchen vor sich zu haben, wähne nur der unerfahrene Angeschuldigte; in Wirklichkeit könne der UR. nur „ein verkappter Inquisitor", ein „alter ego" des StA. sein. Er solle und wolle den Schuldigen feststellen und sei deshalb immer der Gefahr ausgesetzt, daß er in dem verdächtigten Angeschuldigten von vorne herein den Schuldigen sehe. Wegen seiner inquisitorischen Tätigkeit schätze ihn die Volksmeinung auch nicht anders ein als den StA.; ja selbst der Gesetzgeber scheine diese Auffassung zu teilen, habe er doch den UR. ausdrücklich vom erkennenden Gericht ausgeschlossen (§ 23 Abs. 2 StPO.). In der Verantwortlichkeit des StA. für den Erfolg des Verfahrens liege eine stärkere Gewähr für seine Unparteilichkeit, als sie die Unabhängigkeit des UR. biete, zumal letztere angesichts des Ernennungsrechts der Justizverwaltung und der Möglichkeit alljährlichen Wechsels ohnehin problematisch sei.

3. Die Arbeitsteilung zwischen StA. und UR. sei denkbar unökonomisch. Der am Erfolg nicht interessierte Inquirent leiste für den interessierten Arbeit, die dieser wegen seines Interesses intensiver und besser leisten würde. Am Ende der VU. sei der UR. wohl informiert, er kenne den Angeschuldigten und alle wichtigen Zeugen von Angesicht zu Angesicht und beherrsche alle Zusammenhänge; im gleichen Augenblick aber scheide er endgültig aus dem Verfahren aus, alle seine Kenntnisse und Erfahrungen seien damit unnütz geworden. Der StA. müsse sich jetzt die Grundlagen für sein weiteres Vorgehen und die gerichtlichen Entscheidungen höchst mittelbar aus den papiernen Akten erarbeiten. Selbst wenn die Zusammenarbeit zwischen UR. und StA. sich reibungslos vollziehe, so verursache das Hin und Her der Akten und die Notwendigkeit, die vom StA. bereits erhobenen Beweise nachzuprüfen und deshalb nochmals zu erheben, Verzögerungen und nehme den Beweisen die eindrucksvolle Frische.

4. In der VU. lebe der alte Inquisitionsprozeß fort; er sei beibehalten worden, obwohl er mit den neuen Maximen nicht mehr vereinbar sei. Daraus habe sich ein Vorverfahren entwickelt, das nicht „Fisch noch Fleisch", nicht bloße Vorbereitung und nicht wahrer Prozeß sei. Der VU. sei ein Ziel gesteckt worden, das in Wahrheit keines sei; denn der Begriff des „hinreichenden Verdachts" sei inhaltlos. Die Entwicklung in der Praxis habe deshalb dazu geführt, daß die VU. gewissermaßen die Beweisaufnahme der Hauptverhandlung vorwegnehme, damit aber auch deren Verlauf vorausbeeinflusse und bestimme. Die eingehenden, protokollarisch scheinbar genau festgelegten Aussagen bildeten die fast unverrückbare Grundlage der Hauptverhandlung; die Vernehmungen in dieser verlören ihre Unmittelbarkeit, sie entarteten zu einem Abfragen des Akteninhalts durch den Vorsitzenden, und schließlich werde die Hauptverhandlung zu einer „Schlußverhandlung", einer „Schlußdekoration", einer leeren Formalität. Natürlich müßten schon im Vorverfahren die Beweise erhoben werden, die in der Hauptverhandlung voraussichtlich nicht mehr zur Verfügung stünden, und diese Beweisaufnahmen seien stets einem Richter vorzubehalten. Allein diese Fälle seien weder so zahlreich noch so bedeutsam, daß sie allein die Beibehaltung der VU. rechtfertigten.

5. Die Tatsache, daß die VU. ebenso schriftlich und geheim sei, biete der Verteidigung keinen größeren Spielraum, als sie ihn im Vorverfahren des StA. habe; der Umfang der Parteienöffentlichkeit sei hier wie dort derselbe.

Auf Grund dieser Erwägungen gelangen die Gegner der VU. zu der Forderung, sie sei zu beseitigen, das Vorverfahren sei ganz in die Hand des Staatsanwalts zu legen, er allein habe das Material für die Entschließung des Gerichts über das Hauptverfahren, soweit irgend möglich, durch unmittelbare Vernehmungen, herbeizuschaffen; dazu seien ihm die erforderlichen Zwangsmittel an die Hand zu geben. Die Mitwirkung des Richters sei nur für vorweggenommene Beweisaufnahmen und eidliche Vernehmungen vorzusehen. Der Angeschuldigte solle berechtigt sein, gegen alle Eingriffe des StA. in seine Persönlichkeitsrechte die Entscheidung des Gerichts anzurufen. Zu seiner Sicherung müsse er auch das Recht haben, Beweisanträge zu stellen; vereinzelt wird sogar für den Verteidiger das Recht in Anspruch genommen, selbst Erhebungen zu machen, ja die Polizeibehörden um Auskünfte anzugehen. In einem Schlußverhör seien dem Angeschuldigten die Ergebnisse der Erhebungen vollständig bekannt zu geben. Der Eröffnungsbeschluß dürfe erst nach einem kontradiktorischen, mündlichen Vortermin ergehen. Dem erkennenden Gericht seien die Akten des Vorverfahrens nicht vorzulegen, damit es gezwungen sei, seinem Urteil lediglich die Ergebnisse der Hauptverhandlung zu Grunde zu legen; nur die Protokolle über vorweggenommene Beweisaufnahmen seien hiervon auszunehmen.

Die Befürworter der VU. stellen die Bedenken gegen die Unparteilichkeit des StA. in den Vordergrund. Der Richter sei durchdrungen vom Gefühl seiner Unabhängigkeit, ihm sei deshalb der Wille zur Gerechtigkeit in höherem Maße eigen als dem StA.; der UR. trete völlig unbefangen an die Dinge heran und verharre in dieser inneren Haltung um so mehr, als er am Ausgang des Verfahrens uninteressiert und bereit sei, auch die entlastenden Momente unverkürzt zur Geltung kommen zu lassen. Dem StA. schwebe als Ziel die Überführung des Schuldigen vor und dadurch werde sein Streben getrübt und er gerate in die Gefahr der Einseitigkeit, dies selbst dann, wenn er ebenso unabhängig wäre wie der Richter. Zum mindesten hieße es, „die Anforderungen an die Vertrauenskapazität der Menschen über alle Billigkeit anspannen, wenn man verlangen würde, daß der Beschuldigte sich mit Beruhigung in der Hand des künftigen Anklägers fühlen sollte". Der StA. habe infolge der auf ihn eindringenden Fülle laufender Geschäfte gar nicht die zu einer gründlichen Aufklärung schwerster und verwickelter Fälle erforderliche Zeit und Muße, er werde deshalb notgedrungen die Polizei in weit stärkerem Maße mit den Ermittlungen betrauen, als es im Interesse der Sache erwünscht sein könne. Durch bloße Verstärkung der Rechte des Beschuldigten und des Verteidigers könne nichts Wesentliches gebessert werden; die Partie zwischen Beschuldigtem und StA. bleibe stets ungleich. Die vorweggenommenen Beweisaufnahmen und die eidlichen Vernehmungen müßten doch dem Richter überlassen bleiben; sie erledige der UR. rascher und sachgemäßer als ein schlecht informierter, ersuchter Richter. — Anzustreben sei ein nachhaltiges Zurückdrängen des heute noch übermächtigen inquisitorischen Momentes. Als Ziel müsse der reine Parteiprozeß ins Auge gefaßt werden. Der Angeschuldigte solle nicht Objekt, sondern möglichst gleichberechtigtes Subjekt des Verfahrens sein; ihn zu vernehmen solle auch dem UR. nur gestattet sein, wenn er Gehör verlange. Für alle Vernehmungen und Erhebungen oder doch wenigstens für alle für die Entscheidung des Gerichts bedeutsamen Akte solle Parteienöffentlichkeit gelten; die Parteien sollten das Fragerecht haben, jederzeit Beweisanträge stellen und die Akten einsehen können, die Verteidigung solle stets notwendig sein und der Verkehr des Verteidigers mit dem Angeschuldigten keinen Beschränkungen unterliegen. — Für das weitere Verfahren wird empfohlen, dem UR. die Außerverfolgungsetzung zu übertragen; setze er nicht außer Verfolgung, so habe er einen Bericht über die Ergebnisse der VU. zu fertigen, den der StA. nach Beifügung der Anklageformel und des Beweismittelverzeichnisses dem Gericht als Anklageschrift vorlege. Ja, es wird sogar der Gedanke zur Erwägung gestellt, nach VU. den StA. überhaupt nicht mehr mitwirken zu lassen und den UR. mit der Erhebung der Anklage und ihrer Vertretung in der Hauptverhandlung zu betrauen, womit dann jene Einheitlichkeit hergestellt wäre, die die Gegner der VU. vermissen.

IV. Prognose. Dem Umbruch, der sich seit 1933 auch im deutschen Rechtsleben vollzogen hat, kann sich auch das Strafverfahren nicht entziehen. Im Gefolge der Reform des materiellen Strafrechts wird die Verfahrensordnung ohnehin Änderungen erfahren müssen; darüber hinaus aber wird das Verfahren grundsätzlich neugestaltet werden. Verlautbarungen maßgebender nationalsozialistischer Juristen ebenso wie die bisherige nationalsozialistische Gesetzgebung lassen die Grundlinien erkennen, die die neue Verfahrensordnung charakterisieren. Abgelehnt wird der Gedanke des Parteiprozesses mit annähernd gleichen Rechten des StA., des Beschuldigten und des Verteidigers (Henkel in der Deutschen Juristenzeitung 1935, S. 530, Freisler in der Sammlung „Zur Neugestaltung des Strafverfahrens und Strafvollzuges", Sonderdruck aus dem „Deutschen Strafrecht" Heft 8/9 von 1935, S. 9, Schäfer ebenda S. 25). Der StA. ist zur Ermittlung der Wahrheit und zum Schutze der Rechtsordnung berufen, also zu objektiver Tätigkeit bestellt (Thierack in der Zeitschrift der Akademie für deutsches Recht 1935, S. 94ff.). Die Kontrolle, die der UR. nach geltendem Recht über den StA. ausübt, das ausgeklügelte System von Hemmungen (Henkel in der Zeitschrift f. d. ges. Strafrechtswissenschaft 54, 37), die der Wahrheitsermittlung abträglich sind, das Nebeneinander von StA. und Gericht im Vorverfahren (vgl. a. Schäfer in der erwähnten Sammlung S. 26), das dem ungerechtfertigten Mißtrauen gegen das Gerechtigkeitsstreben des StA. entspringt, die Verantwortlichkeiten verwischt und das Verfahren verzögert (Siegert in der Zeitschrift f. d. ges. Strafrechtswissenschaft 54, 21), müssen als liberale „Restbestände“ beseitigt werden. Der Strafprozeß zerfällt in zwei Teile mit spezifischen Aufgaben, das Vorverfahren dient zur Feststellung, ob und wer zu verfolgen sei, das Hauptverfahren zur Aburteilung des Verfolgten (Dahm in der erwähnten Sammlung S. 40f.). Eine weitere Teilung des Vorverfahrens ist nicht angezeigt; deshalb muß der UR. verschwinden (Dahm in der erwähnten Sammlung S. 40, mit Einschränkung auf den Regelfall auch Schäfer ebenda S. 25/26). Herr des Vorverfahrens ist der StA. (Schwarz, im Nationalsozialistischen Handbuch für Recht und Gesetzgebung S. 1460ff., Schäfer in der erwähnten Sammlung S. 25); die Prüfung der Frage, ob eine Tat der unabhängigen richterlichen Nachprüfung bedarf, ist nicht Sache einer richterlichen Stelle, der Versuch, den Eröffnungsbeschluß beizubehalten, ist nur aus dem Mißtrauen gegen den StA. zu erklären (Dahm in der erwähnten Sammlung S. 41, Schäfer ebenda S. 27). Die nationalsozialistische Volksführung muß sich mit aller Entschiedenheit gegen die Unterstellung verwahren, als biete der unter ihrer unmittelbaren Weisungsgewalt stehende StA. eine geringere Gewähr für eine gewissenhafte und richtige Beurteilung der Ergebnisse des Vorverfahrens als ein insoweit keinen Weisungen unterliegendes Gericht; eine solche Unterstellung würde ein Mißtrauen gegen die Volksführung bedeuten (Freisler in der Deutschen Juristenzeitung 1935, S. 589 und in der erwähnten Sammlung S. 8/9, 20).

Danach winkt den Gegnern der VU. und des gerichtlichen Eröffnungsverfahrens der Sieg auf der ganzen Linie. An die Stelle der VU. wird ein von der dafür verantwortlichen Stelle einheitlich und straff geleitetes Ermittlungsverfahren treten, das mit größter Beschleunigung der Entscheidung zustrebt. Die in der Hauptverhandlung in aller Öffentlichkeit sich auswirkende Verantwortlichkeit des StA. sowohl gegenüber der vorgesetzten Behörde als auch gegenüber dem Gericht und dem Beschuldigten wird eine mindestens ebenso starke Gewähr für ihre Objektivität bieten, wie sie der unabhängige UR. bieten konnte. So werden auch die Freunde der VU. sie ohne allzu großes Bedauern scheiden sehen dürfen. Für Gegner und Freunde aber mag es vielleicht von einigem Interesse sein, noch einmal in großen Zügen die Entwicklung der VU. und des Streites um sie zu überschauen und damit mag sich dieser Beitrag gewissermaßen als Nachruf rechtfertigen, wenn er auch seinem Inhalt nach teilweise aus dem Rahmen eines Handwörterbuchs der Kriminologie herausfällt.

Schrifttum:

Löwe-Rosenberg, Kommentar zur StPO., 19. Aufl. — Beling, Deutsches Reichsstrafprozeßrecht, 1928. — Lukas-Dürr, Anleitung zur strafrechtlichen Praxis, 1. Teil: Das formelle Strafrecht, 1931. — Groß-Höpler, Handb. für Untersuchungsrichter, 1922. — Verhandlungen des II. Deutschen Juristentags II, 7 (Antrag Keller). — Verhandlungen des III. Deutschen Juristentags I, 3 (Gutachten Dorn), S. 6 (Gutachten Geßler), S. 13 (Gutachten Heinze); II, 289, 71 (Verhandlungen). — Verhandlungen des XXIX. Deutschen Juristentags I, 3 (Gutachten Rosenberg); II, 134 (Gutachten Mittermaier); V, 389, 809 (Verhandlungen). — Verhandlungen des XXXV. Deutschen Juristentags I, 138 (Gutachten Dohna), S. 460 (Gutachten Alsberg); II, 576 (Bericht Lobe), S. 611 (Bericht Höpler). — Simons in den Mitteilungen der Internationalen Kriminalistischen Vereinigung 10, 81, Garçon, ebenda S. 284, Mittermaier, ebenda 11, 277, 812, 821, Zucker, ebenda S. 312, Gautier, ebenda, S. 415, Heinemann, ebenda, S. 659, Kulemann, ebenda, S. 716, Rosenberg, ebenda, S. 755, Sitzungsniederschrift über die IX. Landesversammlung der Landesgruppe „Deutsches Reich“ der Internationalen Kriminalistischen Vereinigung, ebenda, S. 470. — Aschrott, Reform des Strafprozesses, 1906, S. 380, 388. — Mannheim, in „Die Reichsgerichtspraxis im deutschen Rechtsleben“, V, 209. — Berndt in der Zeitschr. f. d. ges. Strafrechtswissenschaft 51, 742. — Neumann, ebenda 52, 632.

Carl Hafner.

Voyeurs.

1. Voyeurs (vom franz. voir — sehen), auch Schauer oder Spanner genannt, sind Personen, die den Trieb haben, Andere bei sexueller Betätigung oder sonstigen diskreten Akten zu beobachten. Die echten Voyeurs wollen hierbei ungesehen bleiben, sie reizt gerade das geheime Schauen. Im weiteren Sinne rechnet man zu den Voyeurs auch solche Personen, die sexuellen Verkehr zu dritt, Triolismus, erstreben und pflegen (s. d. Art. Triolismus). Der Schautrieb, Mixoskopie, auch Visionismus genannt, bildet ein Gegenstück zu dem Exhibitionismus, dem Triebe, den eigenen Körper, insbesondere die Genitalien, zur Schau zu stellen, Bloch spricht auch von passiver Mixoskopie. Wie die Exhibitionisten keine einheitliche seelische Struktur aufweisen (s. d. Art. Exhibitionismus), so ist auch die Ätiologie des Schau-

triebes nicht einheitlich (was übrigens auch auf alle anderen Perversionen (s. d.) zutrifft). Die Sexualforscher behandeln den Schautrieb daher auch unter den verschiedensten Gesichtspunkten. Man erblickt in dem Schautrieb eine fetischistische Abart, Genitalfetischismus, oder man sieht in ihm eine Form des Hypererotismus, der Übererregbarkeit; Andere betonen die Beziehungen zum Masochismus und Sadismus, die besonders im Verkehr zu Dritt, dem Triolismus, erkenntlich sind. Oft ist Infantilismus bei den Voyeurs nicht zu verkennen, und in manchen Fällen empfindet der Voyeur selbst den Trieb, zu schauen, als einen Zwangszustand, von dem er sich durch nervenärztliche Behandlung zu befreien strebt. Zum Verständnis des Schautriebes gelangen wir, indem wir von der Beobachtung sexueller Wünsche und Strebungen ausgehen, die durchaus im Bereich des Normalen liegen. Das Auge ist das am meisten ausgebildete menschliche Sinnesorgan und übermittelt aus der Ferne auch sexuelle Reize. Diese Fernreize bilden normal lediglich die Einleitung zu einer Steigerung der Reize durch andere Sinnesorgane, die mehr in der Nähe und schließlich durch den Hauptkontakt der Genitalorgane wirken. Bei dem echten Voyeur beschränkt sich der erstrebte Sexualgenuß jedoch auf die Fernreize durch das Auge. Lediglich das erstrebte Ziel, eigener Sexualverkehr oder das Schauen des Geschlechtsverkehrs Anderer, ist also für die Unterscheidung maßgeblich, ob echter Schautrieb vorliegt oder nicht. Bekannt sind die mannigfachen Darstellungen von Susanne im Bade, bei denen eine Unterscheidung, ob Schautrieb oder normales Lustempfinden vorliegt, kaum möglich ist. Schon die Vorstellung des Sexualverkehrs Anderer kann sexuell erregend wirken, und wie Andere danach streben, von sexuellen Dingen zu hören, die sogenannten Écouteurs, so wollen die Voyeurs sexuelle Dinge oder Handlungen mit den Augen wahrnehmen, sei es, daß sie die Darstellung sexueller Vorgänge lesen oder sie in Abbildungen dargestellt zu sehen wünschen, wobei man nur an die bekannten pornographischen Aktbilder zu denken braucht. Es ist dann eine Steigerung, wenn schließlich der Wunsch erweckt wird, den Sexualverkehr Anderer oder die Geschlechtsorgane Anderer in Wirklichkeit zu schauen. — Es wird in der Literatur auch darauf hingewiesen, daß es schon einen besonderen Anreiz auf Kinder ausübe, wenn sie den Geschlechtsverkehr von Tieren beobachten können. Es dürfte aber doch zweifelhaft erscheinen, ob wirklich hierbei eine infantile sexuelle Lust erstrebt wird, oder ob hier als sexuelle Neugier nur der Wunsch der Kinder zum Ausdruck kommt, alles kennen zu lernen, wobei die Lust am Verbotenen und Geheimen mitwirkt. Ob es überhaupt Genitalfetischismus gibt, wird von Krafft-Ebing bezweifelt. Bloch und Andere dagegen halten ihn für häufiger; jedenfalls sind antifetischistische Gefühle bezüglich der Genitalorgane sehr häufig, woraus auch der Schluß auf nicht seltenes Vorkommen von Genitalfetischismus gerechtfertigt sein mag. Exhibitionismus ist als eine sadistische Abart angesehen worden, und dementsprechend könnte man in den Voyeursneigungen eine Spielart des Masochismus erblicken, da sicher die Beschränkung auf das Zuschauen des Geschlechtsverkehrs des geliebten Weibes mit einem anderen Mann als eine Demütigung empfunden werden kann. Wiederum kann es auch als eine sadistische Regung gedeutet werden, wenn das Weib gezwungen wird, vor den Augen des Zuschauers sich einem Anderen hinzugeben. Sicher können beide Motive vorliegen, getrennt oder kombiniert, da ja häufig Sadismus und Masochismus (s. d.) in derselben Person vereinigt sind, wenn auch die eine Seite mehr zum Ausdruck kommen mag. Auf alle Fälle kann man in der Beschränkung auf einen sexuellen Genuß aus der Ferne auf sexuelle Schwäche schließen, die allerdings durchaus nicht mit sonstiger Schwäche der Körperkräfte oder des Willens einherzugehen braucht.

2. Die Voyeurs sind zuerst von dem Franzosen Coffignon beschrieben worden. Die Beobachtungen, die Coffignon in den Champs Elysées in Paris machte, treffen auch für alle anderen Großstädte und mit entsprechenden lokalen Veränderungen auch für die ländlichen Verhältnisse zu. Es gibt überall Personen, die in Hainen, Parks, unter Brücken, Eisenbahnübergängen und dererlei Orten, wo Liebespaare Zärtlichkeiten austauschen oder gar den Geschlechtsakt vollziehen, sich aufhalten, um diese Liebespärchen gespannt zu beobachten. Es werden auch von ihnen Löcher in die Wände der öffentlichen Bedürfnisanstalten gebohrt, um Einblick in die Nachbarzelle zu ermöglichen, hierbei ist es auf das Schauen der Genitalorgane abgesehen oder auch auf die Beobachtung der Defäkation; hier hätten wir nach den psychoanalytischen Anschanungen klare infantile Regungen der Spanner. Infantile Neigungen lassen auch die Voyeurs erkennen, die sich auf den Spielplätzen kleiner Kinder aufhalten und stundenlang warten, ob ein Kind dort seine Notdurft verrichtet oder vielleicht von den Wärterinnen durch leichte Schläge auf das Gesäß gestraft wird. In den Türen der Hotels werden oft Bohrlöcher vorgefunden, die von Spannern herrühren, die dort Liebespaare, am liebsten Hochzeits-

reisende beobachten. In den Badeanstalten kann man oft finden, daß die Fugen der Bretterwände, die die Zellen von einander trennen, verbreitert oder auch kleine Löcher in die Wände gebohrt sind, um einen Einblick in die Nachbarkabine zu ermöglichen. Es liegt nahe, daß von den Personen, die Zimmer Prostituierten als Absteigequartiere überlassen, auch der Schautrieb dem Gelderwerb dienstbar gemacht wird. Die Leiter dieser Quartiere vermieten Plätze an Spanner, denen die Möglichkeit gegeben wird, bequem im Sessel sitzend, den Geschlechtsverkehr Anderer durch Bohrlöcher in den Wänden und Türen zu beobachten. — Es finden sich auch genug Personen bereit, die entgeltlich den Geschlechtsverkehr ausführen, um sich während des Aktes von den Voyeurs beobachten zu lassen. Diese Vorgänge spielen sich gleichmäßig ab in den einfachsten Verhältnissen unter Brücken und Eisenbahnübergängen und in Luxusquartieren, die für Kuppelzwecke hergerichtet sind.

Manche Voyeurs wenden, um zur Befriedigung ihres Triebes zu gelangen, besondere Tricks an. So ist ein Mann darauf verfallen, in öffentlichen Bedürfnisanstalten für Männer eine Flüssigkeit auf den Boden auszugießen, in der sich die Genitalien der Personen, die die Anstalt aufsuchten, spiegelten. Immer wieder führen sich Voyeurs als Ärzte ein, um als angeblich von Wohlfahrtsbehörden oder Gesundheitsämtern Beauftragte schwangere Frauen zu untersuchen. Sie kommen bei den überraschten Frauen mit diesen plumpen Vorspiegelungen unglaublich oft zu ihrem Ziel. 1931 trat in Berlin ein in den Tageszeitungen als „Nachtgespenst" bezeichneter Einbrecher wiederholt auf, der sich in vielen Fällen darauf beschränkte, schlafenden Frauen und Mädchen die Bettdecke fortzuziehen. Kurz vor Ausbruch des Krieges gelang es dem Verfasser, eine ganze Kolonne sehr gefährlicher, z. T. mit falschen Kriminalmarken, Taschenlampen, Revolvern und Schließketten ausgerüstete Spanner zu ermitteln und festzunehmen. Zu dieser Kolonne gehörten auch Frauen, Alle hatte die gleiche Leidenschaft zusammengeführt, sie trafen sich in Schanklokalen in der Nähe des Tempelhofer Feldes und verteilten sich dann bei Einbruch der Dunkelheit, um Liebespärchen zu beobachten. In wiederholten Fällen stellten sie die Liebespaare und erpreßten von ihnen Geld, da sie sich strafbar gemacht hätten; zuweilen führten sie Männer und Frauen auf verschiedenen Wegen angeblich zur Wache und notzüchtigten die Frauen und mißhandelten die Männer. Diese wagten kaum Widerstand, und auch Soldaten ertrugen diese Mißhandlungen, da sie militärische Bestrafung fürchteten. Bei der Vernehmung gaben die Beschuldigten z. T. an, daß sie ihrer Leidenschaft nachgehen müßten; die echten Voyeurs bekundeten hierbei, daß es ihre höchste Lust sei, den Geschlechtsverkehr Anderer zu beobachten, nicht ihn selbst auszuüben. Wie der Verfasser jetzt auch persönlich feststellen konnte, werden auch die von wenigen Ausflüglern betretenen Forsten in der Umgebung von Berlin von Spannern unsicher gemacht. Bei einer Wanderung wurde der Verfasser am hellen Tage von drei Männern durch Zeichen aufgefordert, stehen zu bleiben; ich kam dieser Aufforderung nach, da ich glaubte, Naturfreunde wollten mir Rehe oder dergleichen zeigen; dann erfuhr ich, daß die drei Männer ein Liebespaar beobachteten. Benachrichtigung eines patroullierenden Polizeibeamten führte nicht mehr zur Feststellung der Spanner. Die Voyeurs wissen sich außerordentlich geschickt dem jeweiligen Milieu anzupassen, um nicht aufzufallen, wie diese drei Voyeurs wohl von jedem als Naturfreunde angesehen worden wären, geben sich die Beobachter kleiner Kinder als harmlose Kinderfreunde, die an dem Spiel der Kinder sich ergötzen; noch Andere führen Hunde, die sie im Freien dressieren; einer von den Spannern des Tempelhofer Feldes führte einen Raben bei sich, den er als Tierfreund mit ins Freie nahm, wodurch sein einsames, langes Verweilen am Stadtrande Streifen der Polizei oder harmlosen Passanten erklärlich erschien.

3. Strafrechtlich stellt sich das Beobachten Anderer bei ihren „natürlichen Verrichtungen" als Beleidigung (§ 185 StGB.) dar. Kann Beleidigung bei Beobachtung kleiner Kinder durch Spanner nicht für vorliegend erachtet werden, so kommt Erregung öffentlichen Ärgernisses durch das Gebaren der Voyeurs in Frage (§ 183 StGB.). Weiter kann der Tatbestand des § 132 StGB. Amtsanmaßung und § 253 StGB. Erpressung bei den oben angeführten Fällen erfüllt sein, schließlich kann Straßenraub oder Körperverletzung mit nachfolgendem Diebstahl, räuberische Erpressung usw., je nach den Tatumständen, vorliegen. In dem Verkehr zu Dritt, dem Triolismus, wird Kuppelei bzw. auch schwere Kuppelei erblickt, auch wenn die Handlung zur Herbeiführung eigener Geschlechtslust ausgeführt wird (§§ 180, 181 StGB.).

Schrifttum:

v. Krafft-Ebing-Moll, Psychopathia sexualis, Stuttgart 1924. — Franz v. Liszt, Lehrbuch des Deutschen Strafrechts, 1912. — Handwörterbuch der Sexualwissenschaften, Bonn

1926, Artikel: Voyeurtum, Homosexualität, Infantilismus, Triolismus. — W. Mittermaier, Verbrechen und Vergehen wider die Sittlichkeit in Vergleichende Darstellung des Deutschen und ausländischen Rechts, Berlin 1906. — Olshausen, Kommentar zum Strafgesetzbuch, Berlin 1906. — Hermann Rohleder, Vorlesungen über Geschlechtstrieb und gesamtes Geschlechtsleben, Berlin 1907. — Erich Wulffen, Der Sexualverbrecher, Berlin 1923.

Karl Metelmann.

W.

Wach- und Schließgesellschaften.

1. Die ersten Wach- und Schließgesellschaften wurden in Deutschland um die Wende des vorigen Jahrhunderts gegründet. Sie verdanken ihre Entstehung dem Bedürfnis der um diese Zeit in den Großstädten stetig zunehmenden Bevölkerung nach einem über die polizeilichen Aufgaben hinausgehenden Schutz der persönlichen Sicherheit und des Eigentums in Privaträumen und auf privaten Grundstücken. Im Hinblick auf die wachsende Unsicherheit wurde auch der Wunsch nach persönlicher individueller Bewachung dringender. Das hatte in den neunziger Jahren der Wirtschaftsgenossenschaft Berliner Hauseigentümer bereits Veranlassung gegeben, einen Schließdienst der Häuser durch angestellte Wächter einzurichten, denen jedoch, abgesehen von dieser Tätigkeit, ein Wachdienst noch nicht oblag. Den Gedanken, ein gewerbsmäßiges Bewachungsinstitut ins Leben zu rufen, verwirklichten im Jahre 1901 ein Kaufmann in Hannover, der in Amerika das Bewachungsgewerbe kennen gelernt und studiert hatte, und zwei Kölner Bürger. Die letzteren gründeten in Köln und dann rasch hinter einander in vielen anderen Großstädten Wach- und Schließinstitute. Das Publikum sprach diesen Gesellschaften zunächst jede Existenzberechtigung ab, trotzdem setzte sich vornehmlich der Nachtwachtdienst allmählich durch. Vorerst auf das Schließen der Haustore beschränkt, begannen die Wachunternehmen bald damit, Fabriklagerräume zu überwachen, übernahmen die Sicherung von Haus und Hof und kleinen Betrieben und lenkten schließlich die Aufmerksamkeit der Großindustrie auf sich.

Bereits im Jahre 1904 schlossen sich Bewachungsgesellschaften aus vielen deutschen Großstädten zu einem Verbande zusammen, der den Namen „Wach- und Schließgesellschaften (Kölner Verband) e. V." erhielt und dem sich im Laufe der Zeit auch zahlreiche ausländische Gesellschaften aus den Nachbarstaaten, d. s. aus Österreich, der Schweiz, Tschechoslowakei, Holland und den skandinavischen Staaten, anschlossen. Der Aufschwung, den dieser Verband nahm, erzeugte zugleich aber eine immer stärker hervortretende Konkurrenz. Es wuchsen überall private Bewachungsinstitute aus der Erde, vielfach Unternehmungen, die sich häufig unerlaubter Mittel im Wettbewerb bedienten. Häufig gaben sich Bewachungsinstitute dem Publikum gegenüber den Anschein, als seien sie staatlich anerkannt oder gar ein behördliches Unternehmen. Die Schuld an diesen Mißständen, die zur Schädigung der Allgemeinheit und der reellen Bewachungsinstitute geführt, lag in der Ausnutzung der Gewerbefreiheit, die für das Bewachungsgewerbe bis zum Jahre 1927 galt. Bis zu diesem Zeitpunkt war die Ausübung durch Bewachungsgesellschaften gemäß § 1 RGewO. frei und an keine Erlaubnis gebunden. Es galten hiernach lediglich die allgemeinen Vorschriften wie für jeden Gewerbebetrieb, also insbesondere gemäß § 14 RGewO. die allgemeine Anzeigepflicht beim Beginn eines Bewachungsunternehmens gegenüber dem Gemeindevorstand. Eine gesetzliche Handhabe, unfähige oder moralisch ungeeignete Personen von der Errichtung und vom Betrieb von Bewachungsinstituten auszuschließen, war nicht gegeben.

Hierin wurde Wandel geschaffen durch das Gesetz zur Abänderung der RGewO. vom 7. II. 1927 (RGBl. I, 57), das auf Grund verschiedener Eingaben der interessierten Kreise, insbesondere des Kölner Verbandes, beschlossen wurde. Dieses Gesetz führte die Konzessionspflicht für das Bewachungsgewerbe ein und reinigte das Bewachungsgewerbe von unlauteren und ungeigneten Kräften.

2. In dem durch das G. vom 7. II. 1927 in die GewO. eingeführten § 34a ist angeordnet, daß ein neu einzurichtendes Bewachungsunternehmen erst nach Prüfung der

Zuverlässigkeit des Antragstellers und des Nachweises der erforderlichen Mittel begonnen werden darf. Gemäß dem entsprechend erweiterten § 38 RGewO. unterstehen alle Bewachungsgesellschaften ständig polizeilicher Aufsicht. Zwecks wirksamerer Ausübung dieser Aufsicht wurde den Landesbehörden die Möglichkeit gegeben, weitere Vorschriften über den Umfang der Befugnisse und Verpflichtungen sowie über den Geschäftsbetrieb der Wach- und Schließgesellschaften zu erlassen. Von dieser Befugnis haben Preußen und Sachsen durch Erlaß entsprechender Vorschriften unter dem 18. I. 1928 und 31. I. 1929 Gebrauch gemacht (vgl. MinBl. f. Handel u. Gew. S. 21ff. und sächs. GBl. vom 31. I. 1929, S. 3). Von den übrigen Ländern sind gleiche Bestimmungen erlassen worden. Unzuverlässigen Unternehmern kann gemäß § 53 RGewO. der Betrieb untersagt oder die erteilte Konzession entzogen werden, insbesondere dann, wenn die Unrichtigkeit der Nachweise dargetan wird, auf Grund deren die Erlaubnis erteilt worden ist, oder wenn dem Inhaber der Erlaubnis die bürgerlichen Ehrenrechte aberkannt sind, jedoch nur für die Dauer des Verlustes der Ehrenrechte.

Die Wach- und Schließgesellschaften sind keine Konkurrenzunternehmungen der Polizei. Beide Institutionen haben getrennte Aufgabengebiete, die sich allerdings in der Praxis vielfach berühren. Ihre Wesensverwandtschaft liegt in dem gemeinsamen Ziel, die Angriffe des Verbrechertums abzuwehren. Ihr grundlegender Unterschied besteht darin, daß die Polizei im allgemeinen öffentlichen Interesse handelt, die Wach- und Schließgesellschaften dagegen in erster Linie das, was ihnen vertraglich zur Überwachung übertragen ist, schützen. Das Betätigungsfeld der Polizei sind Straßen und Plätze, Versammlungsorte und Verkehrsmittelpunkte. Das Innere von Privathäusern, Wohnungen und Geschäftsräumen sowie Höfe und Lagerplätze entziehen sich in der Regel der Beobachtung durch die Polizei. Die Pflicht zum Eindringen in geschlossene Räume ist für sie nach den gesetzlichen Bestimmungen nur dann gegeben, wenn sie zu Hilfe gerufen wird oder aus Wahrnehmungen von außen die Vorbereitung oder Verübung eines Verbrechens im Innern vermuten kann. Die staatliche Polizei kann, da sie im Dienste der Allgemeinheit steht, auch nie den Einzelwünschen nachkommen, die von Wohnungs- und Ladeninhabern, Haus- und Fabrikbesitzern in bezug auf Art, Intensität und Umfang der Bewachung ihres Eigentums ausgesprochen werden. So ist das private Bewachungsgewerbe nicht nur eine notwendige Ergänzung, sondern auch eine wertvolle Unterstützung der polizeilichen Tätigkeit, wie Polizeipräsident Melcher erklärt hat.

Wenn beide Einrichtungen, die staatliche Polizei und das private Bewachungsgewerbe, zwar einen getrennten Aufgabenkreis zu erfüllen haben, so ist es doch für die Ausübung ihrer Tätigkeit und zur Erreichung des gemeinsamen Ziels von Wichtigkeit, daß sie sich in Übereinstimmung mit einander zum Wohle der Allgemeinheit ergänzen. Das ist um so notwendiger, als in der praktischen Tätigkeit zwischen öffentlichen und privaten Sicherheitsorganen naturgemäß Berührungspunkte vorhanden sind, die zu Zuständigkeitsstreitigkeiten führen können. Ein häufiger strittig gewordener Sonderfall auf diesem Gebiet ist die Frage, ob ein Wächter einer Bewachungsgesellschaft auf Verlangen eines Polizeibeamten diesem ein Haus oder Geschäftslokal öffnen muß. Diese Frage ist grundsätzlich zu verneinen, da der Wächter zivilrechtlich als Angestellter seiner Gesellschaft dem Abonnenten gegenüber verpflichtet ist, den bewachten Raum nur dann zu öffnen, wenn dies vertraglich gestattet ist. Hiervon ist jedoch dann eine Ausnahme zu machen, wenn der Polizeibeamte einen richterlichen Haftbefehl auszuführen oder ein Kapitalverbrechen aufzuklären hat oder wenn es sich um die Verhinderung eines beabsichtigten Verbrechens handelt. Maßgebend hierfür sind die Bestimmungen der §§ 102 bis 105 StPO.

3. Als Hauptaufgabe eines Bewachungsunternehmens ist die Verhütung einer Eigentumsbeschädigung des Abonnenten durch Einbruch, Feuer oder Wasser anzusehen. Daneben ist vielfach in letzter Zeit Bewachungsinstituten die Aufgabe übertragen worden, bei Sportveranstaltungen, auf Ausstellungen und in Vergnügungsparks den Kontroll- und Wachdienst auszuüben und die Überwachung parkender Fahrzeuge zu übernehmen. Wächter sind auch als Verkehrsregler, Kontrolleure oder Kassierer tätig. Als besondere Art der Bewachung ist die Reisebewachung zu nennen, die darin besteht, daß eine Bewachungsgesellschaft bei Beförderung wertvoller Güter auf dem Land- oder Wasserwege eine Anzahl geeigneter Wächter stellt. In verschiedenen Großstädten haben Bewachungsinstitute kürzlich einen neuartigen Sicherheitsdienst eingerichtet, der darin besteht, daß man sich nachts von einem Wächter begleiten lassen kann, um vor Belästigungen aller Art geschützt zu sein. Diese neue Bewachungsart hat im Laufe kurzer Zeit beim Publikum großen Anklang gefunden. Dem modernen Wächter liegt schließlich die Kon-

trolle vorhandener elektroautomatischer oder mechanischer Sicherungen ob.

Das Bewachungsgewerbe ist zu einer sorgfältigen Auswahl der Wächter bei ihrer Einstellung verpflichtet. Gemäß den zu der Novelle zur RGewO. vom 7. II. 1927 ergangenen landesrechtlichen Vorschriften dürfen nur unbescholtene über 24 Jahre alte Personen im Bewachungsgewerbe beschäftigt werden. Größere Wachinstitute lassen dem Wächter, bevor er als solcher angestellt wird, in einem Lehrkursus eine vielseitige Ausbildung angedeihen. Die Berufsanwärter werden häufig einer psychotechnischen Prüfung auf allgemeine Intelligenz, Entschluß- und Beobachtungsfähigkeit unterzogen. Alsdann werden ihnen Kenntnisse, insbesondere in Polizeiwissenschaften, im Gebrauch von Handfeuerwaffen, in der Hilfe bei Unglücksfällen und im Feuerlöschwesen beigebracht. Daneben erfolgt eine umfassende körperliche Ausbildung.

Was die Bewachungstechnik betrifft, so ist zwischen zwei verschiedenen Bewachungsarten zu unterscheiden: der Revierbewachung und der Separatbewachung. Revierbewachung bedeutet den Zusammenschluß einer Anzahl von Abonnenten mehrerer in möglichst unmittelbarer Nachbarschaft neben einander liegender Bewachungsobjekte, die von dem Wächter in bestimmten Abständen bewacht werden können. Je weniger Bewachungsobjekte vorhanden sind und je konzentrierter deren Lage ist, um so intensiver kann der Wachdienst eingerichtet werden. Separatbewachung bedeutet Bewachung eines einzelnen Bewachungsobjektes durch einen Separat- oder Einzelwächter. Kombinierte Separatbewachung liegt vor, wenn eine beschränkte Anzahl, höchstens drei oder vier Unternehmen, durch den gleichen Separatwächter bewacht werden. Von dieser Bewachungsart spricht man auch, wenn der Separatwächter gleichzeitig einen Straßendienst zu versehen hat. Eine Abart ist die Block- oder Gruppenbewachung, bei der eine Anzahl von Wächtern einen bestimmten Block von Wohn- bzw. Geschäftshäusern zu bewachen haben. Bei der sogenannten Kettenbewachung, die über den genannten Bewachungsarten wie ein Netz gespannt werden kann, wird das Objekt durch mehrere Wächter verschiedener Reviere bewacht, und zwar derart, daß zwei oder drei aneinanderstoßende Reviere einen weiteren Revierwächter bekommen, dessen Kontrollgang ständig die anderen Reviere schneidet. Auf diese Weise wechseln sich die Kontrollgänge an den einzelnen Bewachungsobjekten stets ab und werden bald vom Revier-, bald vom Kettenwächter ausgeführt (vgl. Nelken, Das Bewachungsgewerbe, S. 359). Die Wächter der größeren Institute unterstehen einer genauen Kontrolle. Sie werden durch Oberbeamte in Uniform und Zivil zu unregelmäßigen Zeiten kontrolliert. Vielfach müssen die Wächter zum Zeichen ihrer Anwesenheit an bestimmten Stellen in gewissen zeitlichen Abständen Kontrolluhren mit besonderen Schlüsseln bedienen, damit keines der ihnen anvertrauten Objekte übergangen wird.

4. Der Bewachungsvertrag, mit dem das Wachunternehmen gegen Entgelt innerhalb einer festgesetzten Frist die Bewachung des ihm vom Kunden anvertrauten Objekts übernimmt, bedarf nach dem Gesetz keiner Form. Er kann mündlich oder schriftlich erteilt werden. Das Wachinstitut ist jedoch verpflichtet, dem Vertrage Geschäftsbedingungen zu unterlegen, die der Polizei zuvor mitgeteilt sein müssen. Nach herrschender Rechtsanschauung wird der Vertrag als Dienstvertrag im Sinne des § 611 BGB. aufgefaßt, wobei als Dienstberechtigter im Sinne des Gesetzes der Auftraggeber und als Dienstverpflichteter die Gesellschaft angesehen wird. Nach einer verschiedentlich vertretenen Ansicht wird der Vertrag auch als Werkvertrag im Sinne des § 631 BGB. aufgefaßt. Die Annahme der einen oder anderen Form ist nicht allein theoretisch, sondern auch praktisch von erheblicher Bedeutung, z. B. für den Inhalt der Verpflichtungen (§§ 611, 631 BGB.), für die Frage vorzeitiger Kündigung (§§ 626, 649 BGB.) sowie für die Zwangsvollstreckung (§ 888 ZPO.) und den Konkurs (§§ 22, 61 KO.). Von der Rechtsprechung wird in der überwiegenden Mehrzahl der Urteile, die sich mit dem Verhältnis der Wach- und Schließgesellschaften zu ihren Abonnenten befassen, Dienstvertrag angenommen (Näheres hierüber s. in Nelken, Das Bewachungsgewerbe, S. 440ff.; Katschke-Schmid, Das Recht des Wachgewerbes. S. 128f. und dort angeführte Entscheidungen), Aus dem Bewachungsvertrage haftet die Wachgesellschaft dem Abonnenten gegenüber gesetzlich für die durch Vorsatz und Fahrlässigkeit der Organe oder Angestellten herbeigeführten Schäden. Für diese vertragliche Haftung aus dem Wachbetrieb muß der Unternehmer eines Bewachungsgewerbes seinerseits wiederum versichert sein. Die zu diesem Zweck von ihm einzugehende Haftpflichtversicherung muß derart sein, daß durch sie das ganze vertragliche und gesetzliche Risiko dem Abonnenten gegenüber gedeckt ist.

Schrifttum:

Katschke-Schmid, Das Recht des Wachgewerbes, 1929, Kommentar zur Novelle der GewO. v. 7. II. 1927. — Nelken, Das

Bewachungsgewerbe, ein Beitrag zur Geschichte des Selbstschutzes, 1926. — Wolf, Die zivilrechtliche Stellung der Wach- und Schließgesellschaften unter besonderer Berücksichtigung der Parteiabreden (Diss.) 1926. — Lindenau, Die Privatpolizei, Deutsche Strafrechtszeitung, Heft 3/4, 1921. — Menzel, Konzessionspflicht des Bewachungsgewerbes, Die Polizei, Berlin v. 5. V. 1927. — Derselbe, Zusammenarbeit der Polizeibehörden mit den privaten Bewachungsgesellschaften, Verbandszeitung, Okt. 1926. — Derselbe, Bewachungsgewerbe und Bedürfnisfrage, Verbandszeitung 1928, S. 3996. — Stephan, Zusammenarbeit mit der Polizei, Verbandszeitung März 1927 und April 1927. — Derselbe, Übertragung polizeilicher Aufgaben an Wächter, Verbandszeitung, Juli 1928. — Schmitz, Sicherung der Kunstsammlungen und Bibliotheken gegen Feuer und Einbruch, Der Kunstwanderer, Sept. 1926.

Richard Zaucke.

Waffenuntersuchung s. Schußwaffenuntersuchung.

Wahrsagen.

Wahrsagen nennt man das angenommene Ermitteln gegenwärtigen, vergangenen oder zukünftigen Geschehens auf übersinnlichem Wege und das Äußern des Ergebnisses. Einst ein höchst bedeutungsvoller Bestandteil verschiedener Religionen, staatlich anerkannt und geübt — man denke an das Orakelwesen der Römer und Griechen, an die germanischen Ordalien —, fristet das Wahrsagen heute trotz seiner unglaublich großen Verbreitung ein bescheidenes Dasein. Zwar werden bald hier, bald dort, hauptsächlich in Verbindung mit dem Okkultismus (s. d.), ernsthafte Versuche unternommen, einzelnen Methoden wieder zu ihrer alten Bedeutung zu verhelfen; hauptsächlich gilt dies von der Astrologie und auch von der Chiromantie; praktisch wird indes das Wahrsagen meist von berufsmäßigen „Propheten", die entweder öffentlich hervortreten oder in der Stille wirken, in mehr oder minder primitiver Art ausgeübt.

Als Methoden werden hauptsächlich die Astrologie, Chiromantie und das Kartenlegen gepflogen. Wenn man vielfach daneben auch noch — wie insbesondere z. B. in Annoncen — die Graphologie vertreten findet, so handelt es sich dabei manchmal allerdings um mehr oder minder schüchterne Versuche, die Handschriftendeutung in primitiver Form zu verwerten. Meist gilt die „Graphologie" nur als Lockspeise, während in Wirklichkeit ganz primitive Wahrsagemethoden angewendet werden. Die Graphologie soll nur den Anschein einer höheren Qualität des Unternehmens erwecken.

Die Astrologie ist die Ausdeutung des Gestirnstandes für einen bestimmten Zeitpunkt, und zwar insbesondere hinsichtlich seines Einflusses auf das menschliche Schicksal, das durch den Lauf der Gestirne vorher bestimmt erscheint. Zu diesem Zweck wird das sogenannte Horoskop gestellt, das in seinen zwölf „Häusern" über alles Wissenswerte Auskunft geben soll.

Die Chiromantie (Handlesekunst) geht von dem Glauben aus, daß sich das Schicksal des Menschen in den Falten und Wölbungen der inneren Handfläche, in den Nägeln usw. äußert. Den einzelnen „Bergen" (Jupiterberg, Saturnberg, Apolloberg usw.) und Linien (Lebenslinie, Kopflinie, Saturnlinie usw.) kommen bestimmte Bedeutungsgebiete zu (wie aus den Bezeichnungen für Berge und Linien hervorgeht, besteht zwischen Chiromantie und Astrologie ein enger Zusammenhang). In breiten Volksschichten gilt der Zigeuner als Hauptträger der Handlesekunst.

Das in der überwiegenden Mehrzahl der Fälle gehandhabte Verfahren ist wohl das Kartenlegen. Es gibt eigene Wahrsagekarten, doch werden meist die gebräuchlichen Spielkarten (französische und deutsche) hierzu verwendet. Für das Legen der Karten gibt es zahlreiche Systeme und Vorschriften; das Ausdeuten wird nach bestimmten entweder übernommenen oder selbst zurecht gelegten Regeln in meist äußerst primitiver Weise vorgenommen.

Neben diesen allgemein verbreiteten Methoden gibt es noch eine Unzahl von seltener geübten Verfahren, wie z. B. Geomantie, Traumdeuten, das Wahrsagen mit dem siderischen Pendel, Zaubertrommel u. dgl. m. Die Anwerbung der Kunden erfolgt fast ausschließlich im Wege des Inserats, zum Teil in ungemein großzügiger Weise, um selbst Interessenten eines ganzen Kontinentes zu erfassen. Dieser Umstand beweist, daß trotz des „aufgeklärten Zeitalters" in weiten Bevölkerungsschichten ein lebhaftes Bedürfnis nach Enthüllung des Verborgenen besteht.

Strafrecht ich, kriminalpolitisch und kriminologisch bedeutsam wird das Wahrsagen durch die Verletzung und Gefährdung gesellschaftlicher Interessen, die in mannigfacher Form gegeben sein können; hinsichtlich des Fragestellers hauptsächlich in Gestalt von Vermögensschädigungen (Betrug), Gefährdung der körperlichen Sicherheit; schließlich kann das Wahrsagen auch den Ausgangspunkt zu falschen Beschuldigungen, Angriffen auf die Ehre oder sonstige Güter bilden. Dementsprechend haben sich eine Reihe von Gesetzgebungen veranlaßt gesehen, zum Wahrsagen unmittelbar Stellung zu nehmen und es als eigenen Tatbestand mit Strafe zu bedrohen (wie z. B. Frankreich, Belgien usw.).

Andere Staaten wieder bekämpfen das gewerbsmäßige Wahrsagen durch polizeiliche Verbote unter Androhung von leichten Freiheits- oder Geldstrafen. So bestrafen z. B. Bayern, Baden und Hessen das Wahrsagen als Gaukelei. Seit einiger Zeit ist für den Bereich des Polizeibezirkes Berlin nicht nur das entgeltliche Wahrsagen, sondern — was viel wirksamer ist — auch bereits die öffentliche Ankündigung bei Geldstrafe oder Zwangshaft verboten. Derselben Strafe unterliegt der Handel mit Druckschriften, die der Ausübung des Wahrsagens dienen.

Im übrigen ist das Wahrsagen nur als Betrug erfaßbar oder, wenn es mit der Erfüllung eines anderen strafrechtlichen Tatbestandes in ursächlichen Zusammenhang zu bringen ist. Freilich wird man es vielfach mit Beweisschwierigkeiten zu tun haben. Das deutsche Reichsgericht hat in seiner Entscheidung vom 11. VII. 1916 Betrug nach § 263 StGB. grundsätzlich dann für gegeben erachtet, wenn der Wahrsager durch unwahre Versprechungen seinen Klienten zur Vorauszahlung bestimmte.

Eine wirksame Bekämpfung des Wahrsageunwesens muß auch schon die Ankündigung des Wahrsagers umfassen. Ohne Reklame würde das Unternehmen bald unergiebig sein. Die Handhaben hierzu sind allerdings recht karg. Die Praxis behilft sich mit den Bestimmungen des § 360 Ziff. 11 StGB. (grober Unfug). Ob die Anwendung des § 4 UnlWG. dem Geiste des Gesetzes entspricht, erscheint fraglich. Auf das Verbot der Polizeiverordnung für Berlin wurde schon oben verwiesen.

Nicht unerwähnt bleiben darf der Versuch eines neuen Weges zur Bekämpfung asozialer und unlauterer Angriffe überhaupt, den die deutsche Justiz mit dem Ziele „Rechtsschutz des Volkes" beschritten hat. Sie will durch Aufklärung über asoziale und antisoziale Handlungsweisen zu vorbeugender Abwehr solcher Angriffe erziehen. Der Gedanke verspricht nach verschiedener Richtung hin Erfolg; ob auch hinsichtlich des Wahrsagens, wird die Zukunft lehren. Die Dummheit stirbt nicht aus und das Bedürfnis nach Entschleierung der Zukunft hat bisher noch jeder Vernunft standzuhalten vermocht.

Schrifttum:

(auswahlweise, vorwiegend vom Standpunkt kriminologischer Betrachtung.)

Cleric, Zur Strafbarkeit der Kartenschlägerei, SchweizJZ. S. 281, 1922. — Groß, Handb. für Untersuchungsrichter, 7. Aufl., München 1922. — Derselbe, Kartenaufschlagen, Arch. f. Kriminol., 6, 327. — Hartung, Bilanz der Astrologie, Arch. f. Krim. 89, 230. — Hegler, Betrug (in Vergl. Darst. d. deutsch. u. ausl. Strafr., bes. Teil, 7, 405). — Hellwig, Moderne Astrologen, Arch. f. Kriminol. 33, 181. — Derselbe, Erfolgreiche Anwendung des Erbschlüsselzaubers, Arch. f. Kriminol. 31, 320. — Derselbe, Psychologische Notizen, Arch. f. Kriminol. 23, 81. — Derselbe, Kriminalistische Aufsätze, Arch. f. Kriminol. 33, 11. — Derselbe, Brandstiftung aus Aberglauben, Monatsschr. f. Kriminalpsychol. u. Strafrechtsref. 6, 500. — Derselbe, Wahrsager und Strafrechtsreform, DJZ. 1908, Sp. 634. — Derselbe, Verbrechen und Aberglaube, Leipzig 1908. — Derselbe, Wahrsagen und Hexenglaube, Monatsschr. f. Krim. Psych. und StrafrRef. 14, 202. — Horoskop, Das, im Dienste der Kriminalistik, Arch. f. Krim. 89, 79. — Loewenstimm, Aberglaube und Gesetz, Arch. f. Kriminol. 25, 131. — Moll, Über die Ursachen der Kurpfuscherei, DStrZ. Sp. 238. — Pilcz, Okkultismus und Rechtspflege, Abh. a. d. inn. med. Grenzgeb., Heft 7, 1927. — Rasch, Schwindel in Kriegszeiten, DStrZ., Sp. 241, 1915. — „Rechtsschutz des Volkes": Der Wahrsage-Schwindel, Deutsche Justiz, 96. Jahrg., S. 992. — Schneickert, Neue Gaunertricks, Arch. f. Kriminol. 26, 311. — Schultzenstein, Einschreiten gegen gewerbsmäßige Wahrsagerei, DJZ., Sp. 799, 1915. — Schuster, Dummheit und Zigeuner, Arch. f. Kriminol. 23, 143. — Schütze, Aberglaube, Wahrsagen und Kurpfuscherei, Arch. f. Kriminol. 12, 252. — Stephan, Bekämpfung der Wahrsagerei und ähnlicher Veranstaltungen, DStrZ., Sp. 88, 1922. — Strasser, Das Kumulativverbrechen, Arch. f. Kriminol. 51, 202; 52, 1 und 207, 53, 1 und 199. — Streicher, Das Wahrsagen, Wien 1926.

Hubert Streicher.

Wanderarbeitsstätten s. Wandererfürsorge.

Wandererfürsorge.

I. Begriff, Gegenstand, Aufgaben und Mittel. Unter Wandererfürsorge versteht man alle Maßnahmen und Einrichtungen, welche die Fürsorgebedürftigkeit von Wanderern verhüten oder beseitigen oder ausgleichen sollen.

Die Zahl der die Deutsche Wandererfürsorge angehenden Wanderer schwankt überaus stark, je nach der Wirtschafts- und Arbeitsmarktlage, sowie Jahreszeit und Witterung. Für 1929/30 schätzten Kenner die Zahl auf etwa 35000, um die Wende 1932/33 — dem Höhepunkt der letzten deutschen Wirtschaftskrise — auf 400000, während für 1934 eine am 10. XII. vorgenommene Stichtagzählung wieder eine Abnahme auf etwa 35000 erkennen läßt. An dem Anschwellen bis 1932/33 waren vor allem arbeitslose jüngere Wanderer bis zum 30. Lebensjahre beteiligt, die dann ebenso rasch von den Landstraßen wieder verschwanden, wie sie mit dem wirtschaftlichen Aufschwung und den Arbeitsbeschaffungsmaßnahmen Arbeit fanden oder zum Arbeits- und Heeresdienst eingezogen wurden. Immerhin bildeten im Jahre 1934 die Jungwanderer noch etwa 20% aller Wandernden; ein nicht kleiner Teil davon waren aus dem Arbeitsdienst und der Landhilfe Entlassene. Dagegen nahm von 1932—34 der Anteil der mehr als 30 jährigen Wanderer zu und zwar je höher das Alter, desto mehr; ein Zeichen dafür, wie die Wirtschaft überalterte Arbeitskräfte abstößt. Jahreszeitlich beginnt die Wanderbewegung der Jungwanderer (bis zum 25. Lebensjahr) im Frühjahr, erreicht im Juli/August ihren Höhepunkt und fällt dann zum Herbst wieder ab, während bei den über 30jährigen die Hauptzeit im Herbst und Winter, der Tiefpunkt aber im Sommer liegt; Oktober und März sind die Ab- und Anwanderzeiten der sommerlichen Saisonarbeiter. Beruflich stellten 1934 den Hauptanteil an den Wanderern die Handwerker, die ungelernten Arbeiter und die landwirtschaftlichen Arbeiter.

Das führt zu den Ursachen des Wanderns. Für den Handwerker gehört es zur Tradition der Berufsausbildung und wird als solche gerade vom nationalsozialistischen Staat gern gesehen und gefördert. Ähnlich steht es bei dem gelernten Arbeiter. Der ungelernte Arbeiter wandert dagegen meist zur Arbeitsuche von Orten mit absinkendem Arbeitsangebot zu Gegenden mit steigender Beschäftigungsaussicht. Bei den landwirtschaftlichen Arbeitern handelt es sich überwiegend um die Wander-(Saison-)Arbeiter („Schnitter"), die sich übrigens auch unter den gewerblichen Wanderarbeitern finden. Neben diesen wirtschaftlichen und beruflichen Motiven zum Wandern, die den „geordneten", d. h. arbeitswilligen und -fähigen Wanderer kennzeichnen, sind die Antriebe zum Wandern zu beobachten, die einer charakterlichen Unstetigkeit, einem pathologischen oder pubertätsbedingten Wandertrieb, Fahrtenromantik, Arbeitsscheu oder dem Bestreben entspringen, sich durch häufigen Ortswechsel polizeilicher oder staatsanwaltlicher Nachforschung und Ergreifung zu entziehen. Die nur oder auch aus diesen Gründen Wandernden gehören zu der auch kriminologisch wichtigen Gruppe von „ungeordneten", d. h. sozial brüchigen Wanderern. In Zeiten der Wirtschaftsnot wächst der Anteil der geordneten Wanderer, während in normalen Zeiten die recht konstant bleibende absolute Zahl der sozial brüchigen Wanderer anteilsmäßig überwiegt.

Die Ursachen, die zum Wandern führen, decken sich häufig verhängnisvoll mit den Gründen der Fürsorgebedürftigkeit der Wanderer. Namentlich die sozial brüchigen Wanderer stoßen auf der Landstraße ausgerechnet auf eine Umwelt, welche besonders hohe Anforderungen an die seelische, moralische und körperliche Widerstandskraft schon des sozial gesunden Menschen stellen.

Die Fürsorgebedürftigkeit vom Standpunkt des Volksschutzes kann auf den verschiedensten Ursachen beruhen: Der Wanderer kann arbeitslos sein; er kann mittellos sein; er ist vielleicht aus körperlichen oder geistigen Gründen arbeitsschwach oder arbeitsunfähig oder gar arbeitsscheu; er kann aber auch aus anderen Gründen in die Gefahr der Verwahrlosung geraten sein, wie etwa aus jugendlicher Unreife. In allen diesen Fällen gilt es der Wandererfürsorge, den Wanderer wieder zu einem geordneten Leben zurückzuführen oder, wo das nicht möglich erscheint, ihn zu bewahren. Dem ersten Ziel dient zunächst a) die Bereitstellung von sittlich und hygienisch einwandfreien Verpflegungsstationen und Übernachtungsstätten in Form von Wandererherbergen oder Obdachlosenasylen. b) Die Vermittlung von Arbeit. Wenn dies nicht gelingt: c) die Gewährung von Arbeit in Gestalt von selbständigen oder an die Wandererherbergen angeschlossenen Wandererarbeitsstätten, in denen die arbeits- und mittellosen Wanderer Arbeit vorübergehend finden können. Sind in die Arbeitsstätten auch Wohnvorrichtungen für einen längeren Aufenthalt eingeschlossen, entsteht der Typ der Arbeitskolonie. Versagen diese Mittel, um den Wanderer wieder in ein geordnetes Leben einzugliedern, weil er etwa ein arbeitsscheuer Landstreicher ist, so kommt es zur d) Erziehung zur Arbeit durch Einweisung in ein Zwangsarbeitshaus oder (und) Bestrafung. — Versagen die Mittel zu a—c aber, weil der Wanderer chronisch arbeitsschwach oder arbeitsunfähig ist (etwa wegen Altersgebrechlichkeit), so sollte er einer Bewahrungsanstalt überwiesen werden.

Die Wandererfürsorge bedarf einer Ergänzung durch Regelung des Wandererwesens überhaupt, die etwa durch Bindung des zulässigen Wanderns an eine amtliche Wanderbewilligung (Wanderschein, Arbeits- und Wanderbuch) und Wanderordnung dafür sorgt, daß von vorn herein in den Wanderstrom solche Menschen nicht gelangen, die z. B. aus Gebrechlichkeit oder jugendlicher Unreife „wanderunfähig", — weil von vorn herein der Wandererfürsorge bedürftig — sind.

Nach diesem Überblick über die Aufgaben und Mittel der Wandererfürsorge kann bestimmt werden, daß nicht unter die Wandererfürsorge im technischen Sinn des Wortes fallen: Alle Einrichtungen, wie Jugendherbergen u. ä., welche für berufliche und sportliche Wanderer geschaffen werden, die — sich aus eigenen Mitteln erhaltend — wirtschaftlich oder in der Richtung der sozialen Verwahrlosung nicht gefährdet sind.

II. Die bisherige Entwicklung der Wandererfürsorge. Eine planmäßige, selbständige Wandererfürsorge im heutigen Sinn gibt es erst seit einem Jahrhundert. Bis dahin erfüllten die allgemeinen Herbergen die Aufgaben der Wandererfürsorge schlecht und recht mit. Im Altertum waren es die Xenodochien und Hospitäler, im Mittelalter zunächst die — auch heute noch darin tätigen — Klöster und die ihnen angeschlossenen Pilgerherbergen, dann seit etwa dem Jahre 1100 daneben die von Ritterorden oder Einzelnen gestifteten Spitäler und Pilgerhäuser, endlich das von den Innungen und Zünften entwickelte umfangreiche Herbergswesen. Christliche Hausordnung, Spielverbot usw. war das Gesetz dieser Wandererherbergen des Mittelalters. Gleichwohl — namentlich im 30jährigen Krieg — verwilderten die Herbergen: das Bettel- und Landstreicherunwesen wurde zur Landplage und wuchs unter den staatlichen und städtischen Gegenmaßnahmen erst recht, weil diese sich nur auf strafrechtliche und rein repressive polizeiliche Maßnahmen von zum Teil großer Brutalität beschränkten. Erst in der ersten Hälfte des 19. Jahrhunderts setzte sich der Gedanke einer selbständigen planmäßigen Wandererfürsorge im heutigen Sinne durch, getragen zunächst von der katholischen und protestantischen Kirche. Adolf Kolping auf katholischer, Perthes, Wichern, v. Bodelschwingh auf protestantischer Seite wurden die Vorkämpfer der deutschen Wandererfürsorge gegen die verwahrlosten und damit verwahrlosenden Zustände in den damaligen, meist privaten Wandererherbergen („Pennen", „Schnapsherbergen"), die außerdem als Sammelpunkte revolutionärer Elemente unter den zunehmend verproletarisierenden Handwerksgesellen eine Staatsgefahr zu bilden begannen.

1. Die moderne Wandererfürsorge beginnt mit der Gründung von Wandererherbergen für minderbemittelte Wanderer. a) Adolf Kolping (1813—1865), katholischer Geistlicher, der „Gesellenvater" genannt, gründete unter den wandernden katholischen Handwerksgesellen im Jahre 1845 die „Gesellenvereine" und errichtete 1853 in Köln das erste „Gesellenhaus". Der Zweck des Hauses war Pflege der christlichen Gesinnung unter den Wanderburschen und Schaffung einer moralisch und hygienisch einwandfreien, wohlfeilen Übernachtungsheimstatt. 1870 bestanden bereits 74, 1934 aber 370 Gesellenhäuser (mit 154389 gewährten Nachtquartieren im Jahr) an allen größeren deutschen Orten. Die Häuser (auch Kolpingshäuser, Christophorus-Häuser genannt) sind im Reichsverband katholischer Gesellenhäuser in Köln zusammengefaßt (Deutsche Kolpingsfamilie). Ursprünglich waren die Gesellenhäuser nur für Mitglieder der Gesellenvereine bestimmt; diese erwarben durch ihre Mitgliedschaft und Beitragszahlung einen Anspruch darauf, daß sie, arbeitslos geworden, für bestimmte Zeit auf die Wanderschaft gehen dürfen und überall in den Gesellenhäusern kostenlos Obdach und Verpflegung erhalten. Später sind die Gesellenhäuser auch Nichtmitgliedern gegen Zahlung eines bescheidenen Entgeltes zugänglich gemacht worden.

b) Ein Jahr nach der Errichtung des ersten katholischen Gesellenhauses gründete von protestantischer Seite der Professor des Staatsrechts, Clemens Theodor Perthes (1809 bis 1867) am 21. V. 1854 in Bonn die erste „Herberge zur Heimat", ebenfalls mit christlicher Hausordnung und völligem Verbot von Alkoholgenuß, sowie von Glücks- und Kartenspiel. Vorläufer waren die sogenannten Pilgerstübchen, welche die evangelischen Jünglingsvereine für ihre wandernden Mitglieder hier und da eingerichtet hatten. Angeregt durch den Vortrag seines Freundes Wichern auf dem I. Kongreß für Innere Mission über „Die Aufgabe der inneren Mission für die wandernde Bevölkerung" im Jahre 1849, erbat Perthes durch Wicherns Vermittlung mit Erfolg von König Friedrich Wilhelm IV. eine Summe von

2000 Reichstalern zur Finanzierung seiner Gründung, an der sich auch die Zentralinstanzen der Inneren Mission beteiligten.

Perthes setzte in seiner Schrift: „Das Herbergswesen der Handwerksburschen" 1855 folgende beiden, noch heute gültigen Ziele: Einmal soll die Herberge ein gutes „Volksgasthaus" mit anheimelndem, familiärem Charakter sein. „Nur wenn die Herberge als Wirtshaus vorzüglich ist, wird ihr der christliche Charakter nicht schaden." Zweitens aber sollen die Herbergen „Kapellen der Landstraße" sein. Christlicher Geist in Tischgebet, Andachten, Abendmahlsfeiern und anderen kirchlichen Festen soll sie beherrschen. Der Persönlichkeit des „Hausvaters" — meist ein Diakon der Inneren Mission — maß Perthes entscheidende Bedeutung bei; er soll nicht bloß ein guter Gastwirt, sondern ein Seelsorger sein, der auf Anstand, gute Unterhaltung und Bücher zu halten und die verschiedenen Nöte seiner Gäste zu betreuen vermag. Bekenntnis zum gläubigen protestantischen Christentum und Teilnahme an den Andachten sollten dagegen nicht Aufnahmebedingung sein.

Die dritte Aufgabe eines „Fürsorgehauses" entwickelte sich dagegen erst unter dem gleich darzustellenden Einfluß Friedrich v. Bodelschwinghs. Die Herbergen betreiben heute Fürsorge für unbemittelte, kranke und gebrechliche Wanderer und vermitteln seit jeher Arbeit. Die Arbeitsvermittlung nahm vor dem Weltkrieg einen großen Raum ein. 163049 Vermittlungen z. B. im Jahre 1912. Nach Einrichtung der öffentlichen Arbeitsnachweise ging die eigene Vermittlungstätigkeit der Herbergen naturgemäß stark zurück (9783 Vermittlungen z. B. im Jahre 1934). Die Herbergen haben aber das Recht zur Arbeitsvermittlung in enger Zusammenarbeit mit den Arbeitsämtern; vgl. bisher §§ 49—51 des G. über Arbeitsvermittlung vom 16. VII. 1927, jetzt aufgehoben und ersetzt durch DVO. vom 26. XI. 1935 (RGBl. I, 1361).

Wie Kolpings, so fand auch Perthes' Beispiel rasch Nachahmung, vor allem durch die Initiative der „Fliegenden Blätter des Rauhen Hauses" und des „Zentralausschusses für Innere Mission" (Denkschriften von Pastor Rathmann, Hamburg 1876, von Pastor Drose 1883). 1876 waren bereits 84 Herbergen gegründet, 1900 sind es 457; 1934 — infolge des Krieges — nur noch 334 Herbergen mit 15000 Betten, in denen jährlich 1,2 Millionen Personen in 3 Millionen Schlafnächten übernachteten. Träger der Herbergen sind freie christliche Vereine. Die Bettenzahl der Heime schwankt zwischen 20 und 300, das Übernachtungsgeld zwischen 30—80 Reichspfennige. In Grenzen nehmen die Herbergen auch selbstzahlende Wanderer für längeren Aufenthalt auf (sogenannte Kost- und Schlafgänger). Die Herbergsvereine sind zusammengefaßt in 15 Landes- und Provinzialverbänden und seit 1881 zusammengeschlossen im „Deutschen Herbergsverein", der dem Zentralausschuß für Innere Mission beigetreten ist.

c) Neben der katholischen und protestantischen Wandererfürsorge schuf gleichwertige Wandererherbergen die Heilsarmee in ihren „Industrie- oder Logier- oder Männerheimen", die nach ähnlichen christlichen, wirtschaftlichen und fürsorgerischen Grundsätzen geführt werden und in fast allen Großstädten zu finden sind. 1935 wurden 20 Industrie- und Logierheime für alleinstehende Männer mit ca. 3300 Betten und 13 Heime für alleinstehende Frauen mit 622 Betten betrieben; davon sind ausgesprochene Wandererfürsorgeheime für Mittellose, darin Kost und Logis gegen Gelegenheitsarbeit (Holzzerkleinern, Abfallsortieren u. dgl.) abgegeben wird, 12 für Männer mit 800 Betten und 4 für Mädchen mit 100 Betten.

d) Auch die „Gewerkschaftshäuser" der 1933 aufgelösten Gewerkschaften dienten z. T. mit Wandererherbergszwecken. Sie werden heute von der deutschen Arbeitsfront als „Haus der deutschen Arbeit" u. ä. weiterbetrieben.

2. Einen weiteren grundlegenden Schritt zum Ausbau der Wandererfürsorge taten Pastor Friedrich v. Bodelschwingh (1831 bis 1910) und Pastor Mörchen durch ihre Forderung, neben den Wandererherbergen für sich oder in Verbindung mit ihnen „Arbeitskolonieen" und „Wanderarbeitsstätten" zu schaffen. Die „Herbergen zur Heimat" waren für knapp, aber immerhin doch etwas bemittelte Wanderer bestimmt. Sie waren aber für die je nach der Bewegung des Arbeitsmarktes schwankenden Mengen der arbeits- und mittellosen Wanderer nicht ausreichend und geeignet. Sie konnten vor allem den Bettel der Wanderer nicht verhindern.

Die sogenannten Vereine gegen Hausbettelei, in erster Linie aus dem Schutzbedürfnis des Publikums gegen die Bettel-Belästigung an der Haustür um 1880 entstanden, ersetzten nur das Einzelalmosen durch das kaum bessere Vereinsalmosen. Zur zweckvolleren Bekämpfung von Bettel und Wanderelend richtete daher zuerst Oberamtmann Huzel-Blaubeuren, angeregt von Dekan Kemmler, um 1870 in Württemberg die sogenannten Natural-Verpflegungsstationen ein; hier wurden mittellose Wanderer kostenlos verpflegt, damit sie nicht zu betteln brauchten;

1883 bestanden in Württemberg in 56 von 64 Oberämtern solche Stationen, 1884 gab es in Preußen 595, 1890 in ganz Deutschland 1957; heute ist ihre Zahl auf noch nicht 70 zurückgegangen, denn die Stationen versagten. Durch die wahllos gewährte Verpflegung ohne Gegenleistung wurde nichts erreicht; die arbeitsscheuen Elemente unter den Wanderern wurden erst recht gefördert („Frühstücksstuben der Bettler").

v. Bodelschwingh stellte dem gegenüber — vor allem auf dem Karlsruher Kongreß der Inneren Mission 1884 — zwei Forderungen auf: 1. Den Grundsatz: „Arbeit statt Almosen", also keine Unterstützung ohne Arbeitsleistung. Daher Schaffung von Arbeitsstätten für Wanderer. 2. Der Strom der arbeitslosen und mittellosen Wanderer darf nicht dem Grundsatz der Freizügigkeit mehr überlassen, sondern muß von einer Arbeitsstätte zur anderen durch Einhaltung einer bestimmten Wanderordnung, die mittels eines einheitlichen Kontrollpapiers, des sogenannten Wanderscheins, gesichert wird, reguliert und kontrolliert werden. — Zuerst wurden in Westfalen die Verpflegungsstationen in sogenannte Wanderarbeitsstätten umgewandelt, in denen vor allem Hölzer zerkleinert und Steine geklopft wurden; sie waren vielfach den „Herbergen zur Heimat" angeschlossen. Die Provinzialverwaltung Westfalen führte auch als erste im Jahre 1886 die vom deutschen Herbergsverein vorgeschlagene Wander- und Legitimations-Ordnung durch. Andere preußische Provinzen folgten dem westfälischen Beispiel. 1892 wurde der „Gesamtverband deutscher Verpflegungsstationen (Wanderarbeitsstätten)" gegründet, der sofort die Wander- und Arbeitsordnung sowie den Wanderschein des Herbergsvereins übernahm. Diese Regeln wurden erst 1921 vom Gesamtverband durch eine neue Wanderordnung ersetzt; eine abermalige Reform steht bevor.

Der nächste Schritt v. Bodelschwinghs war die Forderung einer gesetzlichen Regelung der Wanderarbeitsstätten, wenigstens in den deutschen Ländern. Der erste preußische Entwurf, nach dem der Staat $1/3$ der Kosten der Wanderarbeitsstätten tragen sollte, scheiterte 1895 im Landtag an der Kostenfrage mit der Folge, daß hunderte von Wanderarbeitsstätten wieder aufgelöst werden mußten. Am 29. VI. 1907 wurde das erste preußische Wanderarbeitsstättengesetz erlassen; es befugte die Provinzen, falls sich $2/3$ Stimmenmehrheit in den Provinziallandtagen dafür erklärte, Wanderarbeitsstätten mit bindender Wanderordnung einzurichten. Diese Regelung hatte den Fehler, daß ein einheitliches und gleichmäßiges Netz von Wanderarbeitsstätten in Preußen nicht geschaffen wurde, denn nur die Provinzen Westfalen, Hannover, Sachsen, Brandenburg und die Bezirke Kassel und Wiesbaden führten die Grundgedanken, sei es mit oder ohne Zugrundelegung des Gesetzes durch, aber im einzelnen mit großen Abweichungen unter einander. Von den deutschen Ländern erließ noch Württemberg nach westfälischem Vorbild 1908 durch eigene Landesgesetze ebenfalls eine Wanderarbeitsstättenordnung; finanzielle Träger sind hier die Amtskörperschaften. Endlich hat Bayern in Art. 34—36 (seit 1935 Art. 28—30) seines Fürsorgegesetzes vom 14. III. 1930 den unmittelbaren Gemeinden und Bezirken zur Pflicht gemacht, Einrichtungen der Wandererfürsorge für bedürftige Wanderer zu schaffen. 1934 wurde der „Bayerische Landesverband für Wanderdienst (Körperschaft des öffentlichen Rechts)" zur Förderung der Wandererfürsorge durch Schaffung eines Netzes von „Wanderhöfen" usw. gegründet. Das Pflichtwanderbuch ist heute durch Verwaltungsmaßnahmen in folgenden deutschen Gebieten eingeführt: Bayern (1931), Baden (1931), Rheinprovinz (1932), Westfalen, Hannover, Schleswig-Holstein, Oldenburg, Hamburg und Bremen (1933).

Im Ganzen gibt es zur Zeit in Deutschland etwa 200 Wanderarbeitsstätten, zu denen noch 70 Verpflegungsstationen in Baden kommen. 138 dieser Wanderarbeitsstätten sind „Herbergen zur Heimat" angeschlossen, was sich sehr bewährt hat. Die Stätten liegen in den ausreichend versehenen Gebieten durchschnittlich 25—40 km voneinander entfernt; vormittags wird meist gearbeitet, nachmittags zur nächsten Stelle gewandert. Jede Wanderarbeitsstätte muß einen Arbeitsnachweis haben und dem Arbeitsamt die Stellungsuchenden melden. Die Erfolge der Wanderarbeitsstätten sind überall dort gut gewesen, wo der Grundsatz „Arbeit statt Almosen" wirklich durchgeführt wurde. In diesen Stätten hat sich vor allem die Absonderung und Erkennung der arbeitsscheuen Elemente sehr rasch vollzogen, wie es v. Bodelschwingh beabsichtigt hatte.

Aber auch die Wanderarbeitsstätten reichten noch nicht aus. Für die arbeitsscheuen und auf der Landstraße heruntergekommenen Wanderer mußten andere Einrichtungen geschaffen werden, in denen Wanderer längere Zeit zum Zwecke der Arbeitserziehung, Erholung und Gesundung untergebracht werden konnten. Das führte zur Gründung der ersten sogenannten Arbeiterkolonieen. Die erste eröffnete im Herbst 1882 v. Bodelschwingh in Wilhelmsdorf bei Bielefeld. Die Arbeiterkolonieen sind dazu bestimmt, den auf längerer Wanderschaft zermürbten und heruntergekommenen Obdachlosen für in der Regel 3 Monate (oft aber für über 1 Jahr) aufzunehmen, ihm gegen Arbeitsleistung Obdach und Unterhalt zu gewähren, den der regelmäßigen Arbeit Entwöhnten zu nachhaltiger Berufsarbeit zu ertüchtigen und ihm nach Möglichkeit geeignete Arbeitsstätten zu vermitteln. Mit finanzieller Hilfe des nachmaligen Kaisers Friedrich III. wurden überall katholische und evangelische Arbeiter-Kolonie-Vereine gebildet, die sich im „Zentralvorstand deutscher Arbeiterkolonieen" zusammenschlossen. Dem Zentralvorstand waren 1934 52 Arbeiterkolonieen mit 6500 Plätzen angegliedert.

Die meisten Kolonieen beschäftigen ihre Insassen mit land- und forstwirtschaftlichen Arbeiten, vor allem mit der Urbarmachung von Ödland. Nur einige in größeren Städten gelegene Kolonieen betreiben Tischlerei, Bürstenmacherei, Strohhülsenherstellung, Holzzerkleinerung usw. Die Kolonieen betreiben auch mit Erfolg Fürsorge für Strafentlassene.

Rein zu Erholungszwecken dienen die sogenannten „Wanderheime", von denen das erste 1926 in Bethel gegründet wurde. Hier ist eine Unterbrechung der Wanderschaft von 8—14 Tagen zur körperlichen und seelischen Erholung, Instandsetzung der Kleidung usw. vorgesehen. Eine genaue ärztliche Untersuchung siebt die Wanderunfähigen und Kranken aus. Für Gesunde wird Arbeit vermittelt. Bei dauernd erfolgloser Arbeitssuche ist die Überweisung in die Arbeiterkolonieen vorgesehen.

Die katholischen Einrichtungen der caritativen Wandererfürsorge (29 Wanderarbeitsstätten, 6 Arbeiterkolonieen, 19 Obdachlosenheime und Vorasyle, die im Jahre 1934 von 255180 Personen benutzt wurden) sind im Verband „Deutscher Wandererdienst" innerhalb des „Deutschen Caritasverbandes" in Freiburg i. Br. zusammengefaßt, der eng mit den evangelischen Verbänden zusammenarbeitet.

3. Neben diesen Einrichtungen der konfessionellen Wandererfürsorge für mittellose Wanderer ist noch der staatlichen und Kommunaleinrichtungen, wie der Asyle für Obdachlose, zu gedenken (s. Art. Obdachlose).

Darüber hinaus haben sich die Staats- und Kommunalbehörden weitgehend durch finanzielle Unterstützung an den genannten Einrichtungen der privaten Wandererfürsorge erheblich beteiligt, ja, manche der Wandererarbeitsstätten und Arbeiterkolonieen werden unmittelbar vom Staat (Provinz, Stadt) betrieben. Außerdem sind die Wohlfahrtsämter zur Hilfeleistung gegenüber bedürftigen Wanderern im Rahmen der allgemeinen Fürsorgepflichtgesetzgebung verpflichtet; sie gewähren zumeist als Unterstützung Geldmittel, Verpflegung oder Kleidung und sorgen dafür, daß die sie in Anspruch nehmenden Wanderer darüber hinaus, wenn nötig, im Asyl oder in den Wandererarbeitsstätten und Arbeiterkolonieen untergebracht werden. Die NS-Volkswohlfahrt läßt das „Winterhilfswerk" auch bedürftigen Wanderern zukommen, aber nur in engem Zusammenwirken mit den konfessionellen Wandererfürsorgeverbänden, denen sie bisher völlig die Wandererfürsorge belassen hat.

III. Der gegenwärtige Stand der Wandererfürsorge. Die bisherige Entwicklung der Wandererfürsorge hat also eine Fülle von verschiedenartigen Einrichtungen hervorgebracht, aber trotz allem Geleisteten und Geschaffenen haftet der heutigen Wandererfürsorge eine schwere Halbheit an: Es fehlt die Zusammenfassung und Abstimmung aller Einrichtungen auf einander durch eine reichsgesetzliche Regelung. Schon die geographische Verteilung der verschiedenen Herbergen, Wandererarbeitsstätten, Arbeiterkolonieen usw. über das Reich ist ganz ungleichmäßig (s. die Übersichtskarte für 1935 des Deutschen Vereins für öffentliche und private Fürsorge, NDV. 1935, S. 26): Bayern, Rheinland, Baden und Hessen z. B. sind noch völlig im Rückstand. In diesen rückständigen Reichsgebieten sind die Wanderer entsprechend weiter auf die „wilden Herbergen" angewiesen, die vielfach unerfreuliche Alkoholschankstätten mit zweifelhaften Frauen („Tippelschicksen"), Glücksspielhöhlen, Hehlereibörsen und Schlupfwinkel politisch verdächtiger Elemente sind; Zustände, die bisher nur zeitweise durch scharfe polizeiliche Überwachung, Konzessionsentziehung usw. gemildert werden konnten.

Der Deutsche Verein für öffentliche und private Fürsorge (vormals Deutscher Verein für Armenpflege und Wohltätigkeit) hat bereits in seiner Gründungsversammlung 1880 unter dem Eindruck der durch die Gründungsjahre entstandenen Wanderernot die Forderung nach reichsgesetzlicher Regelung erhoben; desgleichen die etwas später gegründeten 3 Wandererfürsorge-Verbände (Deutscher Herbergsverein, Gesamtverband deutscher Verpflegungsstationen [Wanderarbeitsstätten], Zentralverband deutscher Arbeiterkolonieen). Alle 4 Verbände haben immer wieder betont, daß man sich bei dieser Regelung nicht mit rein repressiven polizeilichen und strafrechtlichen Maßnahmen zur Unterdrückung der Bettelei und des Landstreichens begnügen dürfe; man müsse vielmehr sowohl den einzelnen „ordentlichen Wanderer", der arbeitswillig und arbeitsfähig ist, in der Fremde Arbeit sucht oder als Handwerksgeselle und Saisonarbeiter berufsüblich wandert, fürsorgerisch betreuen als auch den Wanderstrom überhaupt einzudämmen und zu lenken versuchen.

Eine Reihe von Gesetzesentwürfen liegen vor: Entwurf des Reichsamts des Innern 1913; Entwurf von Welck und der drei Wandererfürsorgeverbände 1925/26; Entwurf des Reichsarbeits- und Reichsinnenministers 1927; Entwurf des Vereins für öffentliche und private Fürsorge 1928; Denkschrift des Provinzialausschusses Hannover 1933 (NDV. 1933, S. 143); Denkschrift des Deutschen Vereins für öffentliche und private Fürsorge an das Reichsinnenministerium 1934 (NDV. 1934, S. 39, 75, 140); Entwurf von Mailänder und der drei Wandererfürsorgeverbände 1934 (NDV. 1934, S. 372); Entwurf von Hartmann und Andreae 1935 (NDV. 1935, S. 28) nach Leitsätzen des Deutschen Gemeindetages vom 8. VI. 1934 (NDV. 1934, S. 42).

Die Praktiker der Wandererfürsorge verlangen heute von der reichsrechtlichen Regelung die Verfolgung folgender verschiedener Zwecke (s. Polligkeit bei Seidler a. a. O. S. 64):

a) Durch die Verpflichtung zur Führung eines Wanderbuches, von welcher die Erlaubnis zur Wanderschaft abhängt, ist der Wanderstrom nach Möglichkeit einzudämmen.

b) Durch die Verpflichtung bestimmter Verbände, planvoll Stützpunkte für die Wandererfürsorge in Form von Herbergen, Wandererarbeitsstätten, Arbeiterkolonieen, Wandererheimen usw. zu schaffen, ist die Grundlage zum Erlaß einer Wanderordnung zu errichten, welche die Einhaltung bestimmter Wanderstraßen und Wanderziele, sowie die Dauer der Wanderschaft vorschreibt und den Inhalt der Leistungen der Wandererfürsorge regelt.

c) Es ist durch geregelte Beziehungen zwischen den Einrichtungen der Wandererfürsorge und den zuständigen Stellen der Reichsanstalt für Arbeitsvermittlung dafür zu sorgen, daß die arbeitsfähigen und arbeitswilligen Wanderer sobald wie möglich an eine passende Arbeitsstelle gelangen.

d) Durch eine Regelung der Beziehungen zu den Bezirks- und Landesfürsorgeverbänden ist notfalls für das rechtzeitige Eintreten der öffentlichen Fürsorge zu sorgen, sofern weitergehende Fürsorgemaßnahmen erforderlich sind.

e) Durch Erlaß bestimmter Polizei- und strafrechtlicher Vorschriften ist die zweckmäßige Behandlung von Wanderern zu sichern, welche gegen die Strafvorschriften der Wanderordnung verstoßen.

f) Auf Grund bestehender fürsorgerechtlicher Vorschriften oder des noch zu erlassenden Bewahrungsgesetzes sind die wander- und arbeitsunfähigen Personen aus dem Wanderstrom auszuscheiden und in geeigneter Weise unterzubringen.

g) Neuerdings ist noch ein bevölkerungspolitisches Interesse hinzu getreten: man möchte mit der Wanderordnung ein Mittel in die Hand bekommen, um z. B. die Abwanderung aus ländlichen Gebieten in die Stadt zu verhindern.

Seit einem halben Jahrhundert kreisen die privaten und amtlichen Gesetzentwürfe zur Regelung der Wandererfürsorge um diese Probleme. Die Gründe für das bisherige Scheitern der reichsgesetzlichen Regelung liegen im Folgenden:

In Zeiten einer Wirtschaftskrise nimmt das Wandern zu, entsprechend steigern sich auch die Forderungen nach einer organisatorischen und gesetzlichen Regelung der Wandererfürsorge. Auf der anderen Seite geraten in solchen Krisenzeiten gleichzeitig die öffentlichen Finanzen in Not, so daß die Finanzministerien die Schaffung neuer Einrichtungen aus diesem Grunde ablehnen und die Reform auf wirtschaftlich bessere Zeiten vertrösten. Nimmt der Wanderstrom aber ab, weil die Wirtschaftslage sich bessert, so erlahmt das Interesse an einer gesetzlichen Regelung und die Stimmen mehren sich, welche mit den bisherigen Methoden auszukommen meinen.

An reichsgesetzlicher Regelung gibt es fürsorgerechtlich bisher nur die seither mannigfach geänderten gesetzlichen Bestimmungen in der ReichsfürsorgepflichtVO. vom 12. II. 1924 in der Fassung des G. vom 8. VII. 1926 (RGBl. I, 255), der VO. vom 5. VI. 1931 (RGBl. I, 279), der VO. vom 8. XII. 1931 (RGBl. I, 699), der VO. vom 14. II. 1932 (RGBl. I, 285), der VO. vom 19. X. 1932 (RGBl. I, 499), der VO. vom 13. III. 1934 (RGBl. I, 566), des G. über die Kosten des Anstaltsaufenthalts von Geisteskranken vom 29. IV. 1935 und in den Reichsgrundsätzen über Voraussetzung, Art und Maß der öffentlichen Fürsorge vom 4. XII. 1924, neu gefaßt am 1. VIII. 1931; Änderungen sind ergangen durch die 3. ÄnderungsVO. vom 26. V. 1933 (RGBl. I, 316), die 4. VO. vom 10. II. 1934 (RGBl. I, 99), die 5. VO. vom 21. XII. 1934 (RGBl. I, 1279), die 6. VO. vom 3. XII. 1935 (RGBl. I, 1417). Hier wird unter Aufhebung der alten Bestimmungen des UnterstützungswohnsitzG. von 1870 (§ 28) die Fürsorgepflicht der Fürsorgeverbände auch für die mittellosen Wanderer geregelt; Anweisung von Pflichtarbeit u. dgl. ist vorgesehen. — Arbeitsrechtlich ist im Gesetz über Arbeitsvermittlung und Arbeitslosenversicherung vom 16. VII. 1927 in § 169 festgelegt, daß der unverheiratete Arbeitslose zwischen 18 und 30 Jahren, der eine Lehrzeit beendet hat, unter gewissen Bedingungen von seinem Arbeitsamt einen Wanderschein erhalten kann, um durch Wanderschaft eine geeignete Beschäftigung oder eine berufliche Ausbildung zu erlangen. Als Reiseziel wird ein bestimmter Bezirk eines Landesarbeitsamtes festgelegt. Reiseänderungen sind nur mit Genehmigung der unterwegs zu berührenden Arbeitsämter gestattet; der Wanderschein sichert den weiteren Lauf der Sozialversicherung und berechtigt zum Empfang der Arbeitslosenunterstützung an den Wanderorten. Dieselbe kann auch in Sachleistungen gewährt werden, z. B. in Logis und Kost. Durch die VO. über den Wanderschein vom 30. III. 1928 (RArbBl. I, 98) ist die Dauer des Wanderscheins auf 10 Wochen beschränkt mit der Gestattung von Unterbrechungen bis zu 3 Tagen. — Strafgesetzlich bestehen zunächst die Bestimmungen des § 361 Ziff. 3, 4, 7 und 8; § 362 des StGB. von 1871 in der Fassung des G. vom 24. XI. 1933, in denen Haftstrafen wegen Landstreichen und Bettel angedroht werden. Daneben kann der Strafrichter auf Grund der neuen §§ 42d, 42f, 42i des StGB. — eingefügt durch das G. über Maßregeln der Sicherung und Besserung vom 24. XI. 1933 — die bisher der Landespolizeibehörde vorbehaltene Unterbringung in einem Arbeitshaus anordnen, wenn sie erforderlich ist, um den Betreffenden zur Arbeit anzuhalten und an ein gesetzmäßiges und geordnetes Leben zu gewöhnen; wegen Bettelns ist die Anordnung nur zulässig, wenn der Täter aus Arbeitsscheu oder Liederlichkeit oder gewerbsmäßig gebettelt hat; Arbeitsunfähige können statt in einem Arbeitshaus in einem Asyl untergebracht werden; die erstmalige Unterbringung in einem Arbeitshaus oder einem Asyl darf nicht länger als 2 Jahre dauern; die wiederholte Unterbringung ist an keine Frist gebunden, die Frage der Entlassung muß aber aller 2 Jahre vom Gericht geprüft werden.

Besonderer Aufmerksamkeit bedarf die reichsgesetzliche Regelung für die jugendlichen Wanderer, die von jeher in den Arbeitsmarktkrisen ein großes Kontingent gebildet haben. Bei ihnen muß wegen erhöhter Verwahrlosungsgefahr ganz besonders eine planlose Abwanderung und Wanderung verhütet werden. Dazu dient sorgfältige Berufsberatung, Arbeitsvermittlung und Erfassung der arbeitslosen Jugendlichen durch die Arbeitslosenfürsorge; Arbeitsdienst, Landhilfe, Landjahr und Heeresdienst vermögen einen großen Teil der Jungwanderer der Landstraße zu entziehen. Ist schon die Gefahr einer Verwahrlosung eingetreten, so ist die Anwendung der reichsgesetzlichen vormundschaftlichen Maßnahmen des § 1666 BGB. und § 63 RJWG. (in der Fassung der VO. vom 4. XI. 1932) unter Umständen geboten. Zur Kontrolle der jugendlichen Wanderer dienen in erster Linie die Bahnhofsstellen der konfessionellen Bahnhofsmissionen und der Hitlerjugend, die ständige Überwachung der Herbergen, Spelunken und öffentlichen Anlagen und endlich die Jugendämter. Die Jugendämter prüfen an Hand der Papiere der aufgegriffenen oder sich freiwillig meldenden Jugendlichen durch Rückfrage in der Heimat nach, ob ein Weiterwandern verantwortet werden kann oder ob man ihn in die Heimat zurückbefördern muß oder ihn am Zuwanderungsort unterbringen kann. Für die Betreuung der jugendlichen Wanderer haben die obengenannten Wandererfürsorgeverbände gefordert: a) Alle Jugendlichen unter 18 Jahren müssen dem Jugendamt des Zuwanderungsortes zugeführt werden. b) Grundsätzlich ist jeder dieser jugendlichen Wanderer in die Heimat zurückzuleiten. c) Das Weiterwandern kommt nur mit Genehmigung des Heimatsortes in Frage. d) Gesonderte Unterbringung der 16—18jährigen Wanderer in den Wanderarbeitsstätten und Heimen. e) Anwendung der gleichen Grundsätze auf die 18—20jährigen Wanderer, sofern sie besonders gefährdet erscheinen. Handelt es sich bei dieser Gruppe um aus dem Arbeitsdienst Entlassene, so werden diese Jungwanderer von den Wandererfürsorgeorganisationen in Zusammenarbeit mit dem „Arbeitsdank EV." betreut.

Ob und wann mit einer Zusammenfassung und Ergänzung der schon heute geltenden reichsrechtlichen Bestimmungen zur Wandererfürsorge gerechnet werden kann, steht noch dahin.

Schrifttum:

Adolf Kolping, Für ein Gesellen-Hospizium, Köln 1852. — Derselbe, Der Gesellenverein, Köln 1849. — S. G. Schäffer, Adolf Kolping, der Gesellenvater, 3. Aufl., Paderborn 1894. — J. H. Wichern, Über die Notstände der protestantischen Kirche und die Innere Mission, 1844. — Derselbe, Denkschrift an die deutsche Nation 1849, 6. Aufl., Wichern-Verlag 1914. — Die Verhandlungen der Kongresse für Innere Mission, erschienen im Wichern-

Verlag, Berlin (1. Kongreß zu Wittenberg 1849). — Clemens Theodor Perthes, Das Herbergswesen der Handwerksgesellen, Gotha 1855 (letzte Aufl. 1883). — G. Augener, Die Herbergen zur Heimat und die Vereinshäuser in ihrer sozialen Bedeutung für die Gegenwart, Bielefeld und Leipzig 1869. — v. Bodelschwingh, Vorschläge zur Vereinigung der Arbeiterkolonieen und Organisationen der Verpflegungsstationen, 1883. — Mörchen, Die Herbergen zur Heimat, 1854 bis 1896, Bethel 1897. — Wydmann, Die Wanderarmenfürsorge in Deutschland, M.-Gladbach 1908. — O. Perthes, Werden und Wirken von Clemens Theodor Perthes, Gütersloh 1909. — Mauve und v. Gröning, Das Wandererarbeitsstättengesetz, Berlin 1909. — Ricking, Die deutschen Wandererarbeitsstätten, M.-Gladbach 1912. — Becker, Die Regelung der Wandererarmenfürsorge in Europa und Nordamerika, Berlin 1918. — Hartmann, Fürsorge für männliche junge Wanderer vom Standpunkt der Jugendfürsorge, Karlsruhe 1925. — K. J. Lemmermann, Kirchliche Wandererfürsorge, Berlin 1925. — Derselbe, Auf der Landstraße, Hannover 1927. — Mailänder, Die Wandererfürsorge in Württemberg, Stuttgart 1927. — A. Schell, Der wandernde Arbeitslose im Aufgabenkreis der Arbeitsvermittlung und Arbeitslosenversicherung. Ein Beitrag zur Wandererstatistik, Heft 13 von „Aufbau und Ausbau der Fürsorge", Leipzig 1928. — Winkler, Die berufliche Wanderschaft der werktätigen Jugend, Köln 1928. — Gebhardt, Johann Heinrich Wichern, 3 Bde, Hamburg 1929—1933. — K. Prieser, Brüder von der Landstraße, Wernigerode 1922. — P. Braune, Art. Wandererfürsorge im Handwörterbuch der Wohlfahrtspflege 1929, S. 746 ff. — Derselbe, 75 Jahre Herbergen zur Heimat, Lobetal 1929. — K. Erdlenbruch, Die wirtschaftliche und soziale Bedeutung der deutschen Arbeiterkolonieen, Bethel 1929. — G. Lesemann, Obdachlose jugendliche Wanderer in der Großstadt. Heft 17 von „Aufbau und Ausbau der Fürsorge". Veröffentlichungen des deutschen Vereins für private und öffentliche Fürsorge, Leipzig 1930. — L. Mayer, Der Wandertrieb, Würzburg 1933. — A. H. Seidler u. A., Der Staat als Retter. Der Wanderdienst. Die Lebensschule der Heimatlosen. Im Auftrage des Bayr. Landesverbandes für Wanderdienst herausgegeben, München 1935. — Deutscher Herbergsverein, Bethel, hat herausgegeben: Ratschläge für Wandernde und Arbeitslose, Mustersatzungen für Herbergen zur Heimat, Herbergsverzeichnisse (das erste erschien 1857). Wanderscheine, Herbergsfremdenbücher u. ä.

Zeitschriften: „Der Wanderer" (früher „Die Arbeiterkolonie"). Zeitschrift für die gesamte Wandererfürsorge. In Verbindung mit dem Zentralvorstand deutscher Arbeiterkolonieen und dem Gesamtverband deutscher Verpflegungsstationen (vorm. der Arbeitsstätten), herausgegeben vom deutschen Herbergsverein, Bethel bei Bielefeld. Begründet im Jahre 1885. — NDV. = Nachrichtendienst des deutschen Vereins für öffentliche und private Fürsorge, Frankfurt a. M. Begründet 1919. — Die Innere Mission im evangelischen Deutschland (vormals „Die fliegenden Blätter des Rauhen Hauses"), Organ des Zentralausschusses für Innere Mission der deutschen evangelischen Kirche, Wichern-Verlag, Berlin. Begründet 1905 (Sonderhaft zur Wandererfürsorge: 24. Jahrg., Heft 5, Mai 1929). — „Der Weg", Vierteljahresschrift für Wanderer- und Straffälligen-Fürsorge. Herausgegeben vom deutschen katholischen Caritasverband als Beilage zur Zeitschrift „Caritas", Freiburg i. Br. Begründet 1930. — „Der Kriegsruf", Missionsblatt der Heilsarmee, Berlin. — Speziell für die Wandererfürsorge für Jugendliche: Zentralblatt für Jugendrecht, Berlin.

Neben diesen der Wandererfürsorge besondere Aufmerksamkeit widmenden Zeitschriften s. a. alle übrigen in die Fürsorge einschlägigen Zeitschriften. Ferner die Jahres- und Tätigkeitsberichte der Provinzialausschüsse der Inneren Mission, der einzelnen Herbergsvereine, der städtischen Wohlfahrtsämter usw.

Rudolf Sieverts.

Warenhausdiebstahl.

Das Verbrechen, die schuldhafte, mit Strafe bedrohte Verletzung unmittelbar staatlicher oder vom Staate geschützter Rechtsgüter oder Interessen, hat zwei Wurzeln: eine soziale und eine individuelle. Von diesen beiden Wurzeln verschiebt sich die soziale Wurzel gemäß den jeweiligen Kultur- und Lebensverhältnissen und wandelt sich gleichmäßig mit den sich ändernden Bedingungen der Vollziehung verbrecherischer Störungen der Rechtsordnung. So entstand mit dem Aufblühen der großen Kaufhäuser und Warenhäuser eine neue Abart des Diebstahls: der Warenhausdiebstahl. Die verlockende Aufstapelung der Waren, der Glanz und die Fülle, die bequemen Räumlichkeiten, der hohe Kaufanreiz und die wogende Menge des Publikums boten den rechten Boden sowohl für den gewerbsmäßigen Dieb wie auch für die in ihren sittlichen und rechtlichen Hemmungsvorstellungen irgendwie schwachen Individuen.

Man unterscheidet zwei Gruppen von Warenhausdiebstählen, den Personaldiebstahl und den Kundendiebstahl. Der Kundendiebstahl hat die bei weitem größere Bedeutung. Bei ihm unterscheidet man wiederum den gewerbsmäßigen und den Gelegenheitsdiebstahl.

Der Personaldiebstahl erstreckt sich weniger auf die ausgelegten Waren als auf die den einzelnen Warenhausangestellten gehörenden Sachen unter einander.

Der gewerbsmäßige Warenhausdiebstahl bietet, wie der Personaldiebstahl, keine Besonderheiten, die bisher ein Schrifttum angeregt hätten, und unterscheidet sich vom Warenhausgelegenheitsdiebstahl in der Hauptsache darin, daß die Diebe bei ihm stets mit Überlegung, nie ohne Berücksichtigung des Wertes der gestohlenen Sache, stehlen. Er umfaßt nicht nur den Warendiebstahl, sondern auch den im Warenhaus nicht selten vorkommenden Taschendiebstahl.

Anders liegen die Verhältnisse beim Gelegenheitsdiebstahl, der in mancherlei Hinsicht interessante Probleme, besonders auf kriminalpsychopathologischem Gebiete, bot und deshalb auch bei der Fachwissenschaft, insbesondere der gerichtsärztlichen Fachwissenschaft, Berücksichtigung fand. Leider fällt der größte Teil des Schrifttums in die Zeit des 1. Jahrzehntes des 20. Jahrhunderts, so daß in der heutigen praktischen Erfahrung sich Einiges anders herausgestellt hat, als man ursprünglich annahm. So kann heutzutage darauf aufmerksam gemacht werden, daß es sich gezeigt hat, daß die Frauen und Mädchen durchaus nicht in einem bedeutend größeren Prozentsatze als die Männer und Jungen an den Diebstählen beteiligt sind, sondern daß sich die Diebstähle ungefähr auf beide Geschlechter gleichmäßig verteilen, ja unter den Jugendlichen Diebstähle der Jungen häufiger sind als solche der Mädchen. Vielleicht hat dieses zu Tage tretende Ergebnis seinen Ursprung auch in der Arbeitslosigkeit, die auch den Männern Gelegenheit zur zeitvertreibenden Besichtigung der Warenhäuser gibt. Übereinstimmung aber mit den früheren Ansichten besteht insoweit, als bei diesen Gelegenheitsdieben das Vorliegen einer spezifisch kleptomanischen Krankheit geleugnet wird, ferner darin, daß in den häufigsten Fällen sich nach ärztlicher Untersuchung irgendwelche Zeichen eines krankhaften Zustandes herausstellen, die die Schuld und das Schuldbewußtsein vermindern bzw. sogar gänzlich ausschließen. In der größten Anzahl der von gerichtsärztlicher Seite untersuchten Fälle zeigte sich, daß die Warenhausgelegenheitsdiebe den gewöhnlichen Gelegenheitsdieben nicht gleichen. Häufig lag Paralyse, Epilepsie, Entartung, schwere Hysterie, Neurasthenie, Menstruation, Gravidität, angeborener oder erworbener Schwachsinn vor, wobei dann durch die phantastische auf Sinne und Nerven ermüdend und erschlaffend wirkende Fülle eines Warenhauses die betreffenden Individuen ihre schon innerlich geschwächten Hemmungsvorstellungen immer mehr und mehr außer acht ließen und schließlich sich von einem als quälend empfundenen Drange nach irgendwelchen Handlungen durch Stehlen befreiten. Aus diesen Ursachen heraus erklärt sich auch die Tatsache, daß vielfach im Gegensatz zu den gewerbsmäßigen Dieben nur unbrauchbare und zwecklose Gegenstände gestohlen werden und daß Personen aus durchaus vermögenden Bevölkerungsschichten unter den Dieben zu finden sind. Nun darf man aber die Dinge nicht verallgemeinern und nur krankhafte Menschen in diesen Dieben sehen; Warenhausdiebstähle sind durchaus nicht ein unbedingtes Zeichen für krankhafte Geisteszustände. Und da außerdem der Zusammenhang zwischen Diebstahl und Krankheit dann schwer nachzuweisen ist, wenn sich die betreffende Person sonst moralisch gut gehalten hat, bedarf es stets einer eingehenden und genauen ärztlichen Untersuchung, wenn das Vorliegen eines krankhaften Zustandes behauptet wird.

Es wurde schon oben erwähnt, daß Männer wie Frauen bei den Warenhausdiebstählen ungefähr gleichmäßig beteiligt sind, gleichgültig, ob es sich nun um gewerbsmäßige oder um Gelegenheitsdiebstähle handelt. Wie eine Unterredung mit der Detektivabteilung eines größeren Berliner Warenhauses gezeigt hat, war bei rund 3500 in der Zeit von Mai 1928 bis Juni 1933 aufgedeckten Kundendiebstählen der Prozentsatz der beiden Geschlechter im großen und ganzen gleich, ebenso der Prozentsatz zwischen sogenannten ungebildeten und gebildeten Bevölkerungsschichten; auf die Vermögenslage abgestellt, überwogen sogar die besser gestellten Gesellschaftsklassen. Von diesen 3500 Diebstählen waren 700 von Jugendlichen ausgeführt worden, wobei die Jungen etwas mehr beteiligt waren als die Mädchen. Unter diesen Jugendlichen, bei denen natürlich weniger krankhafte Veranlagungen als der jugendliche Ichtrieb eine Rolle spielen, traten Unterschiede hinsichtlich der Gesellschaftsklassen überhaupt nicht zu Tage; Gymnasiasten, Lyzeumsschülerinnen, Mittelschüler und -schülerinnen, Volksschüler und -schülerinnen, Hilfsschüler und -schülerinnen waren gleichmäßig vertreten. — Hervorzuheben ist, daß seit Anfang 1933, seit Beginn der nationalsozialistischen Revolution, die Zahl der Diebstähle Jugendlicher auffallend nachgelassen hat.

LIPPERT & CO. G.M.B.H., NAUMBURG (SAALE)

Die 19. (Schluß-)Lieferung des HdK. erscheint in etwa Monatsfrist. Sie wird außer den letzten Beiträgen den Titelbogen für Band II sowie das Sachregister des ganzen Werkes enthalten.

FSC
www.fsc.org
MIX
Papier | Fördert
gute Waldnutzung
FSC® C083411

Kolibri 360 GmbH
Ferdinand-Jühlke-Straße 7
99095 Erfurt, Deutschland
produktsicherheit@kolibri360.de